言霊の民俗誌

野本寛一

講談社学術文庫

目次

言霊の民俗誌

平成の市町村合併以前の地名は原則として
初出箇所に新地名を補記した。

序章　誦唱民俗論に寄せて

　竜門岳（九〇四・三メートル）の南麓にある吉野山口神社に参ったのは、平成元年（一九八九）七月二十一日のことだった。強い陽ざしのこととて、社叢《しゃそう》の作ってくれる深い緑陰が何よりもうれしく感じられた。参拝を終え、神域を出ると、右手の民家の軒下で二人の老婆が目を細めながらなごやかに会話をしていた。森口たまゑさん（明治四十年生まれ）と、たまゑさんを訪ねてきた、近所の鶴井まつゑさん（明治四十一年生まれ）である。たまゑさんは、奈良県吉野郡吉野町山口に生まれ育ち、まつゑさんは、吉野郡下市町広橋の高野家からこの地に嫁いできたのだという。折々、さわやかな山の風が暑気をぬぐい去ってゆく中で二人の話にひきこまれていった。

　まつゑさんがまだ実家にいたころ、母親のナラエさん（明治十六年生まれ）は、年ごろになったまつゑさんに向かって、嫁いでゆく家の条件を語った。「柴屋に柴があったか」「棚元に水があったか」――柴屋に柴が詰まっている家はやりくりの良い家で、棚元に水のある家は女が苦労しなくてすむ家だというのである。対して、たまゑさんは、娘のころ親からくり返し聞かされたという次のことばを口にした。「女は買《こ》うてくれとは言われへん」「おそまでおったら〝山の残し木〟と言われる」――「山の残し木」とは、山の「裁面木《さいめんぎ》」、即ち境界木であった。この地における山の残し木は杉か檜で、同じ山の中でも裁面木はひときわ高く、太く、遠目でもすぐそれと知れた。この地では、長い間、「山の残し木」ということばが、自分の娘に、いわゆる適齢期の結婚を勧めるキーワードとなってきたのである。二人が結婚した頃には、結婚相手の特徴や、売り込む娘のセールスポイントを示す次のようなことばが使われたという。「オンヂトキビのような人」――「オンヂ」とは日陰地のことで、「ヒウケ」に対応することばである。オンヂでは里芋だけはよくできるが、その他は何を栽培しても背丈ばかりが高くなって、ナリが遅く、実入りが悪い。「オンヂトキビ」とは、オンヂで栽培した唐黍、すなわちトウモロコシの意で、オンヂトキビのような人とは、背丈だけが高くてあまり丈夫でない人のことを意味した。それに対して、「カラは小そてもリンの駒」という比喩表現があった。未知の地に嫁ぐ娘に対し、親は「味方三分敵七分」と思ってよく努めよと語った。いつの時代でも、親はわが子の将来の幸せを願い、そのために口うるさくなる。そうした親達に対するひそかな抵抗を示すことばとして、「親の十八わしゃ知らん」という口誦句があったという。

一年間の暮らしの中で、自然とのかかわり・農作業・年中行事などに関して、ムラびと達が伝承してきたことがらを口誦句として伝えるものも二人の口から次々とくり出された。

①鶯が鳴いたらカキモチを焼く――餅を鉋で削ったり、庖丁で薄く切ったりして藁で編んで吊っておき、鶯の初音を合図にカキモチを焼いたのである。

②胡麻は節胡麻《せつごま》・粟は中粟《ちゅうあわ》――このように口誦し、胡麻と粟の播種期を伝えた。

③ツツジの芽が出る前に生柴を刈れ――燃料としての柴を刈る場合は、それをツツジの芽が出る前に刈らなければいけない。ツツジの芽が出てから刈ったものには虫がつく。クヌギ・カシなどの割木（薪）は冬に伐るものだと伝えた。

④麦の花ざかりが燕の巣づくり時――「オンヂの家には燕が来ない」と言い伝え、また、「燕が毎年来ていて来なくなると「フヂ」（不幸）が入る」と伝え、人びとは燕に関心を寄せた。

⑤芋の汁食《く》て長夜なべ――旧暦八月十五夜に、月に里芋を供え、自分達も里芋の汁を食べたのであるが、この夜から本格的な夜なべが始まった。藁仕事、足袋の底さしなどを行ったのである。

⑥シイ・カシ・ホソノミ・食われんものはドングリだ――秋になると木の実が落ちる。この地には「シイの餅」と称してシイの実を粉にして団子にする方法があった。また、吉野地方にはカシの実のアクヌキをして粉化し、茶粥に入れる風習があった。カシの実は心臓の病に効くとも伝えている。ホソノミとはコナラの実のことであり、かつてはこれも食べた。ここでいうドングリとはクヌギの実のことである。

⑦十月の亥の日に「亥ノ子餅」と称して、茹でた里芋と飯をつぶしてまぜ、餅状にして小豆の餡をつけて食べた。この日、「イノコロモチのオエハンは……」と口誦した。

この他、暮らしの中には多くの口誦句があった。吉野町山口地区には「フケ田」と呼ばれる、年中水のたまった湿田があり、それに対して、水のない田のことを「アゲ田」と称した。「フケ田の稲はサカが良い。アゲ田の稲はサカが悪い」といった。フケ田の稲の方が穂が重く、実入りがよいというのである。この地では耕牛を飼っていた。牛を働かせる季節には八升鍋で麦を煮て「ヨガイ」(夜飼い)即ち夜食として牛に与えた。牛のヨガイはもとより女の仕事で、女達は、「牛はヨガイしなんだら次の日は働けん。男もヨガイしなんだら働けん」と会話したものだという。山仕事に出かけ、山の中で小便をする時には、「山の神さんちょとごめん」と三回誦してから小便をするものだと伝えている。「藤の花はフヂが入る」として、藤の花を家の中に飾ってはいけないという。

二人は最後に、「オイッコ」即ちお手玉・毬つきに歌った唄を思い出して歌ってくれた。

〽なんにゃ七草　お寺の石草　お千代という子は赤い襷《たすき》をチンドロモンに掛けて

〽お馬よう聞け　伊勢の方では　米が一升十三モンメ　高いな　安いな　買いなはれ　買いなはれ

吉野地方の民俗についての話に耳を傾けてきたのであるが、結婚のこと、一年の暮らしのこと、生業のことなど、その民俗の多くが美しい「口誦句」によって語られていた。口誦を美しく、効果的にするために、洗練された極めて安定度の高い「口誦句」として定着させているのに驚かされた。ムラにおける伝承方法の中心は親から子へ、先輩から後輩への口承である。口承をより確実で定着率の高いものにするためには、すぐれた「口誦句」を形成しなければならなかったのである。

昭和五十一年(一九七六)、「静岡県緊急民俗文化財分布調査」に際して、静岡県藤枝市蔵

田というムラの調査を担当した。その折、藤田賢一さん（明治三十五年生まれ）から話を聞き、随所で藤田さんの口をついて出る口誦句のみごとさに心を奪われた。そして、民俗と口誦の問題が気になってならなかった。藤田さんの伝承は、本書でも、「年中行事の口誦要素」および「民謡をめぐる時と場の習俗」で紹介しているが、ここではそれ以外のものについてふれる。

蔵田では九月十三日に月見を行った。その際、月にはヘソ餅（窪団子）を、神棚には耳餅（耳型の団子）を供えたのだが、月には、その他、栗の実・枝豆（大豆）・里芋を供えた。この三種の供えものを供えながら、「クリまわしよくマメでイモうす」（繰り回しよく健康《まめ》で居申す）と誦した。この「言立て《ことだ》」は、他地では正月に誦するところが多い。こうした言立てによって、月への供えものを伝承し、次代の者に教育してきたのである。十月には亥ノ子を祭るのであるが、「片イノコを祭るな」と称し、亥ノ子を二回祝った。十一月末は、蔵に落ちている米を集めてツボ餅を作る。その時には、「師走川渡らぬ先にツボ餅を」と誦したのだった。ツボ餅は、脱穀や籾摺り《もみす》でこぼれ落ちた米や割れ米を粉にして餡入りにしたもので、「よそへやるとツブが泣く」と称して、必ず自分の家で食べた。

この地では疱瘡《ほうそう》除けに疱瘡棚を作る習慣があった。七寸四方の竹簀の三方にシイの枝葉の囲みを作り、前方だけを開け、七寸四方の赤い紙を垂らした。この棚を中の間の天井に吊り、餅を供えた。赤い紙が、疱瘡（後に種痘）の代替呪術となり、疱瘡の症状を象徴する赤斑を代理感染してくれることになる。藤田さんはこの赤紙に関して、「赤い腰巻ひらひらと疱瘡神さんヤボじゃない」という口誦句を伝えている。さらに、「麻疹《はしか》は命定め疱瘡は器量定め」という口誦句をも伝える。疱瘡が、「アバタもエクボ」と言われるほどに恐れられたアバタをもたらすおそろしい病気だからである。

右に、森口たまゑさん・鶴井まつゑさん・藤田賢一さんの伝える口誦句について述べてきたのであるが、この人びとは、決して特殊な人びとではなく、その民俗生活・言語生活においてむしろ一般的だと言ってもよかろう。総じて、昭和十年代までは、こうした口誦句による口承・伝承はあまりにも当然な日常の営みであり、日本の各地には、その土地の風土と暮らしに根ざした豊かな口誦民俗が満ち満ちていたと言っても過言ではなかろう。文献記録によらない、口頭伝承によって伝えられた常民の生活文化を研究対象とする民俗学の使命を考えるとき、「口誦民俗」という分野に注目しなければならないのは当然であろう。

本書に収めた諸資料を語り聞かせてくれた人びとは、明治二十年代生まれから、昭和十年代生まれにまで及んでいる。明治二十年代から三十年代にかけて生まれた方々の場合、両親が江戸時代生まれであることが考えられるし、子守りをしてくれ、日常生活をともにした祖父母・曾祖父母は確実に江戸時代の生まれであった。

もとより、江戸時代には文字も記録も存在したのであるが、山深いムラ・海辺のムラ・離島などにおける文化伝承の主流は、口誦により、口承によっていた。その方法は、基本的には太古以来のものだと言ってもさしつかえなかろう。時を溯るほどに口承の色あいは濃かったのである。口承という方法に頼らなければならず、それに重きを置いてきた人びとと、活字・ラジオ・テレビ・ファックス・インターネット時代に生きている人びととの間には、口誦・口承に対する認識において大きな隔たりがある。

口承に重きを置いた人びとの、ことばの生活の豊かさは、活字と電波メディアに漬かって育った世代には想像もできないほどである。伝承・伝達を、口誦・口承に頼らざるを得なかったからである。口承の定着をより確かなものにするためには、まず、事象の核心を要約し、正確に示すことのできる、快適で効果的な口誦句を生み出さなければならない。口承された口誦句には、先人たちのくふうと、対句・対語・同音反復・音数律・縁語・掛詞などの多様な表現技巧が自然のうちに積み重ねられている。庶民の知恵と言語感覚の集積が、さらに時の流れの中で濾過《ろか》され、口承されやすい口誦句となったのである。文字記録の徹底、マスメディアの浸透・公教育の普及、さらには、生産集団としての家庭の崩壊、地域共同体の紐帯《ちゅうたい》の弛緩、経験重視の作業形態から、能率重視で機械化・画一化の著しい生産製造方法への転換――こうした状況の中で、口誦・口承要素が急速に衰退してゆくのは当然のことである。

右に見た通り、口誦は口承・伝承の大前提なのであるが、口誦の力はそれのみではない。口誦することによって、ことばに内在する霊力・呪力を発現させ、呪的目的を達成したり、口ずさむことによって暮らしや行為に折り目をつけるといった「ことばの民俗」も多様であった。日本人は、おのが国を「言霊の幸はふ国」と自任し、長い間、ことばとそれにかかわる文化を守り育ててきたのだった。

先にふれた通り、現今の社会状況は、口誦・口承の衰退を招く条件がそろっているのであるが、わが国のことばの生活は、衰退にとどまることなく、さらに悪化の状況を呈していると言ってもよい。無節操な外来語や略語の氾濫・粗野で稚拙な表現を電波に乗せて流行させるもの、省みることなくそれに追随するものの数の多さ、各層・各分野における「ことばの誓い」の軽々しさ、先人達が畏怖し、守ってきた言霊を自ら衰弱させるような傾向が著しい。このことは日本文化の衰退以外の何ものでもなかろう。日本は、急激な近代化の中で実に多くのものを失ってきたのであるが、文化の根幹にかかわることばの分野においても喪失したものは少なくなかった。

さて、口誦・口承、ことばの民俗に隣接するものの一つに「民謡」がある。わが国においても数えきれないほどの民謡が生み出され、歌い継がれてきたのであるが、今や民謡の伝承基盤たる伝統的な生活スタイルや生業が消滅し、民謡は民謡ではなく、座敷唄や流行歌・ステージ歌謡になって淋しい姿をさらしている。もとより消滅してしまった民謡の数も夥しい。伝承基盤に根ざした本来的な歌唱構造や、民謡をめぐる時と場、民謡に使われていることばの本来の意味などを確かめる前に右のような状況にたち至ってしまったのである。民謡にも、言霊と深くかかわる部分があり、民謡は、わが国のことばの民俗を考える上では極めて重要な対象である。本書において「口誦」と「民謡」を並べたのはそのためである。本書を構成する二本の柱は「口誦民俗」と「民謡再考」であり、それを統合すれば「誦唱《しょうしょう》民俗論ノート」とも言うべき標題となる。

それにもかかわらず、敢えて言霊の民俗という大きな標題を掲げたのにはいくつかの理由がある。その一つは、やはり、ことばにかかわる民俗は、その根源において言霊とかかわっており、本書においても、Ⅰの「呪歌《まじないうた》」や、Ⅱの「子守唄」は言霊と深くかかわっていると考えたからである。そしてまた、わが国における現今の「ことばの民俗」「ことばの文化」「社会におけることばの力」の衰退は、言霊の衰退にほかならないと考えたからでもある。

本書の各章、各素材がすべて「言霊」にかかわるものではないし、本書で用いている言霊という概念が、古代の言霊信仰と同等同質というわけでもない。古代に言霊信仰を厳正に守ったこの国の先人達の末裔が、どのような「ことばの民俗」を展開してきたのか、とにかく、民俗としてのことばの問題を見つめてみたかったのである。その過程で、体系的とは言えないが、「言霊」にかかわるものも実感できたような気がする。

「言霊」ということばは極めて魅力的であるため、つい安易な使い方をしてしまう。一般にもその傾向は強いのであるが、そうした傾向に対して厳しい立場も見られないわけではない。

益田勝実氏は、「言霊の思想」において次のように述べている。(1)「〈言霊〉の思想は、言語一般にかかわる民族信仰とされてきたが、それはおそらく拡大すべからざる拡大解釈であろう。ことばによる呪術行為に際して、特に気をくばるべき〈言語霊〉を〈言霊〉として問題にしてきたものと、限定して考えた方が妥当なのだろう」「いまはもう、近世国学の〈皇国《みくに》学《まなび》〉的なものの揺曳を絶ち切ってよい時期だろう。民族固有の思想とされた〈言霊の思想〉は、原始呪術にもどして、その呪術としての日本的形態を突きとめていくべきだろう」――

藤井貞和氏も次のように述べている。(2)「言葉に霊力が感じられるという程度のことならどんな民族の言語にも、唱えごとや、祭りのなかの言語など、霊的な作用を持つと考えられてきたし、今日でもそうだ。それならば問題でない。問題はあたかも神霊や穀霊のように言語に出入りする魂としての「ことだま」なるものを古代人が本当に考えていたかどうかということ、それだけだろう」と述べ、『大鏡』『かげろふ日記』『源氏物語』等の事例を検討した結果、「こうしてみると、「ことだま」は言語のなかの特殊な霊的状態をさしていて、それは神与であったり祝言の和歌にこめられたりするもので、また「こといみ」は「ことだま」信仰に基づき、善言を積極的に唱え、悪言をタブーとして、退けることを称したものらしい」と述べている。

折口信夫は、「ことだま」の広義的なものを「言語信仰」とし、現在までその残存は見られるとしながらも、いわゆる「言霊信仰」は、「文章精霊」「詞章精霊」という表現に示される通り、「精霊」の力にその基点があるとする古代的、狭義的なものだと見ている。(3)折口は、『万葉集』巻十一の「言霊《ことだま》の八十《やそ》の衢《ちまた》に夕占《ゆふけ》問ふ占正《うらまさ》にのれ妹にあはむよし」(二五〇六)の解説の中で、「たそがれどきになると霊魂が浮動して、行きずりの人々の言語の上に憑《よ》つて来るものと考へてゐた」と述べており、「言霊」の「霊」は精霊であり、遊離魂だと考えていたことがわかる。

土橋寛氏は、「言霊信仰」について次のように述べている。(4)「呪物崇拝の根底にある「呪力」(マナ)の信仰は、言葉についても認められる。めでたい言葉はめでたい結果を生み、不吉な言葉は不吉な結果をもたらすが、それは言葉がもつ呪力の作用によるものだとするのが「言霊信仰」である。この言霊信仰は古代はもちろん、現在でも普遍的に見られるもので、新築祝いや結婚式で歌われる「目出度目出度の若松さまよ」は写実ではなく、願望の実現のための呪歌である。これに対して不吉な言葉を避け、目出度い言葉に言い替えるのが「忌み言葉」で、婚礼が終わって退席する時、「帰る」を避けて「お開き」という例、また一般的にも鬚を「剃《す》る」(賭博で無一文になること)を避けて「あたる」といいかえ、「梨の実」を「ありの実」、「葦」(悪)を「よし」(良し)という類である」――土橋氏は、「言霊」を遊離魂とは見ないで「呪力」と見ているのである。

折口の言霊観の根底には、「磐根、木株、草葉も、猶能く言語ふ」時代がふまえられていることがわかる。しかし、日本人の言霊観、言語観が次第に、「固定的な言語霊」や、土橋氏の説く「言葉が内在させる呪力」というふうに流れてきたことも動かせないように思われる。少なくとも、現在、わが国に行われている「ことばの民俗」について見れば、土橋氏の用いる「言霊信仰」に当てはまるものが多いと言えよう。

「草木言問ふ世界」「言問ひ」に関して強い関心を寄せた谷川健一氏は、折口の「言問ひ」は農耕時代の「言問ひ」であるとし、谷川氏自身は、「草木言問ふ時代」を縄文時代あるいは狩猟社会に引きつけて考えてみたいとしている。(5)——言霊の問題を民俗の側から見る場合、決して、古代の、ある特定な状況に呪縛される必要はないと言えよう。本書では、その意味において、「言霊」を弾力的に、広義の理解によって使用している。なお、言霊の問題については、伊藤高雄氏も多面的に考察している。(6)

静岡県磐田郡竜洋町掛塚（現磐田市）を訪れたことがある。掛塚は江戸時代から明治時代まで天竜川河口の港町として栄えた。上流部から流送されてくる木材や、遠州地方の米などを回船で江戸・東京へ運ぶ、その船の母港だった。今でも町を歩くと回船問屋だった家はすぐにわかる。それは、伊豆石で築いた塀や蔵があるからだ。その伊豆石は、江戸・東京からの帰り船にバラスの代わりに伊豆で積んだものだった。荷のない空船は、相模灘は越せても荒波の遠州灘を乗り切ることはできなかった。船を安定させるために伊豆で伊豆石を積み込み、その石で塀や蔵を作ったのだった。

さて、その回船問屋の庭にはどこにも梛《なぎ》の木が植えられている。「梛」は「凪《なぎ》」に通じ、梛の木が海の「凪」を呼ぶと信じられてきたからである。「ナギ」の言霊が梛と凪とを結んでいるのである。便所はこの世とあの世の境界だとする伝承があり、便所の側で転倒すると命を落とすとも言い、そんな時は、便所の側に植えてある南天の木を摑むと難を免れると言われている。「南天」と「難転」を掛けているのである。このように、「言」と「物」（事）を重ねた呪的習俗も多く見られる。このように深く呪的で言霊にかかわる民俗は決して少なくない。

本書で当然ふれなければならないもので扱っていないものも多い。昔話・伝説などの、いわゆる口承文芸・わらべ唄・和讃などもそれであるが、既に独立した研究も多く、本書で扱う用意も、余裕もなかった。冒頭でもいくつか紹介した「自然暦」も重要な問題であるが、これについては環境民俗学の視点から別途に論じてみたい。なお、琉球弧が、言霊の問題や口誦・民謡を考える場合優れた資料の宝庫であることは承知しているが、筆者の力の及ぶ範囲ではない。南島におけることばの問題は、谷川健一氏の『南島文学発生論・呪謡の世界』によって明るい光が当てられたところである。その成果をもとに、これからさらに研究が深められるにちがいない。

本書は、わが国の口誦民俗と民謡の一部について若干の報告をしたものなのであるが、それは、山あいのムラ・海辺のムラの古老の口から直接耳にしたものの集積である。海山のあいだに生きる人びとのことばや唄に対する共感と感動が本書の根底にある。本書の内容は机上からの演繹ではなく、山野・海浜からの帰納である。

I　口誦民俗

一　呪歌の民俗

はじめに

山峡や海辺の村々を歩いていると、古老たちの口から呪歌《まじないうた》を聞くことがある。そして、彼らは、呪歌を唱えることを「うたよみ」という。この国の先人達は、土地魂・国魂を動かさんがために呪言を生み、それを美しい枕詞として固定させ、おのが国を「言霊の幸はふ国」と自任した。古老達の呪歌に耳を傾ける時、言霊の伝統をしみじみと実感するのである。

古くは、藤原清輔の『袋草紙』に「誦文歌」として十八首の呪歌が出ているのだが、古老達の口ずさむ呪歌の中心は『袋草紙』の呪歌と同系で、短歌形式のものが多い。近世に入り、呪術や呪歌を集めた『呪咀《まじない》調法記』（元禄十二年・一六九九）、『陰陽師調法記』（元禄十四年）などが版本として世に出、これらに収められた呪歌が口頭で伝えられるなどして庶民の中に深く浸透し、現在に及んでいる。庶民生活の中で伝えられてきた呪歌のすべてが前記の調法記（重宝記）類に収められているわけではなく、口頭のみで伝えられているものも多い。こうした呪歌については、すでに中島恵子氏の報告があるが[1]、呪歌に関心を示す者は少なく、その調査研究は緒についたばかりだと言ってもよい。

ここでは、そうした呪歌の類型・構造・本質などについて概観し、また、庶民生活の中における呪歌の展開を眺めたい。そして、それらが、呪歌という「歌」の形態をとりながら、いかに「文学以前」の「呪」を継承しているかについても考えてみたい。

ここで扱う資料は、短歌形式の五七五七七型が多いのであるが、必要に応じてそれ以外のものも収めた。また、呪歌ではなく、呪言と言うべきものをも同一小主題のもとに列挙する場合もある。さらに、呪歌との関連で、歌や呪言を伴わない呪術の事例に言及した部分もある。

㈠　呪歌の類型と構造

1　呪いの目的・対象

庶民はどんな時に、また何のために呪歌を唱したのかという点でおよその傾向を知る必要がある。『呪咀調法記』『陰陽師調法記』に収められている歌を、目的・対象によって確認してみると次のようになる。

(1)〈処置呪術〉①病気及び怪我に対する処置　㋐痘《はしか》呪いの事　㋑疱瘡の符（歌）　㋒虫腹の

呪いの事 ㋓生まれ子夜なきの符（歌） ㋔月水のばざる符（歌） ㋕乳のまする呪い ㋖鼻血とまる呪い ㋗腫れ物をなおす呪い ㋘やけどの呪い ㋙疱瘡の神祭る秘事 ㋚めいぼの呪い ㋛おこりおとす呪い ②生活上の諸問題に対する処置 ㋐馬舟に乗らざるを乗せて渡す呪い ㋑渋柿を木ざはしにする呪い ㋒悪しき夢の夢ちがいの呪い ㋓着る物につきたる墨落とす事

⑵〈予防呪術〉①諸害の予防 ㋐人喰犬防ぐ呪い ㋑羽蟻出ざる呪い ㋒厠の虫あがらざる呪い ㋓火事近所にある時の呪い ㋔蚖咬《へびかみ》の呪い ㋕まむしへび人に喰いつかざる呪い ㋖万の事を払い切る秘事 ㋗烏鳴く呪い ②失敗予防・成功祈願 ㋐夜臥して起きたき時起きる呪い ㋑酒の口開く時の秘事 ㋒男の衣服裁つ呪い ㋓女の衣服裁つ呪い ㋔急ぐもの裁つ呪い

二書に収められた呪歌を瞥見したところでは、処置呪術の中心は病傷であり、予防呪術の対象は多岐にわたっていることがわかる。二書以外にも多くの口頭伝承の呪歌があるが、ほぼ、処置呪術・予防呪術という二本の柱で分類可能である。

2　呪歌の類型と構造

⑴　直示型

呪歌の中で最も単純な型は、願望や呪術目的を直接的に詠み込んでいるものである。こうした呪歌の中に、目的や呪術内容を宣言的に詠み込んだ〈宣言型〉と、神に対する祈願を明確に詠み込んだ〈祈願型〉とがある。

〈宣言型〉

①ちはやぶる卯月八日は吉日よかみさげ虫をせいばいぞする

全国各地で広く伝承されている「便所のカミサゲ虫駆除」の呪歌であり、一茶の『おらが春』にも見える。この歌を書いて逆さに貼ることを条件とする地が多い。

②から国のあられえびすの衣なれば時をも日をもきらはざりけり（急ぐもの裁つ呪い・『陰陽師調法記』）。

〈祈願型〉

③天の川苗代水にせきくだせあまくだります神ならば神（雨乞い・『金葉集』能因）。

④ちはやぶる神も見まさば立ち騒ぎ天の戸川の樋口あけ給へ（雨乞い・『小町集』）。

⑤うちとけてもしもまどろむことあらばひきおどろかせ枕神（夜臥して起きたき時起きる呪い・『呪咀調法記』）。

⑥父母のわけてくださる血のあまり血とどめ給へ血の道の神（血どめ・静岡県磐田郡水窪《みさくぼ》町向市場〈現浜松市〉・川下勘三郎・明治三十六年生まれ）。

この型は歌の末尾に「○○神」という形が来るのが一つの特徴である。厳密に言えば、「呪」は自然物や他者を直接コントロールしようとするものであるから、神に祈願する形式を示すこの類型の歌は呪歌とは言えないのであるが、ここでは便宜上並列した。

(2) 秘匿型

呪歌の中には、直接的な意思表示や、解決を示す表現を避け、呪言や呪物を歌の中に詠み隠しているものがあり、さらには、歌全体が謎となっているものもある。

〈呪言秘匿型〉

⑦焼亡《しやうまう》は柿の本まできたれどもあか人なればそこで人丸（火事近所にある時の呪い・『呪咀調法記』）。

この歌の詞書きには、「此うた書き表の戸うらの戸に押すべし火のこもきたらず」とある。この歌では、「柿本人丸」と「垣の本」で「火止る」が掛詞として機能しており、「垣の本」で「火止る」が呪言として秘匿されているのである。さらに「赤人なる」と「赤火となる」も掛かっており、これらによって、「火伏歌」としての呪力が倍増しているのである。

また、桜井満氏は、次の「火伏歌」を報告している(2)。

⑧賤が家の垣のもとまで燃えきても高津と言へばすぐにひとまる（高津・柿本神社）。

⑨ほのぼのと明石の浦は焼くるとも般若防にてやがてひとまる（明石・柿本神社）。

人丸（人麻呂）が防火の神とされ、呪歌に詠み込まれたのは、「火止る」が呪言として秘匿されることになるからである。

ところで、同じ人麻呂にかかわる呪歌に次のものがある。

⑩人丸やまことあかしのうらならばわれにも見せよ人丸が塚（夜臥して起きたき時に目のさむるまじない・『陰陽師調法記』）。

「明石」という地名と、「眼が開く」の「開《あ》かし」が掛詞になり、「開かし」が秘匿されてい

るのである。これについても、桜井満氏は次の類歌を報告している。(3)

⑪ほのぼのとまこと明石の神ならば我にも見せよ人丸の塚（眼疾の呪い・明石・柿本神社）。
やはり、「開かし」が秘匿されており、ここでは眼疾者の「眼」を開く呪力が伝えられたのである。

⑫人丸やまこと明石の浦ならば我にも見せよ人丸が塚（静岡県磐田郡水窪町大野・水元定蔵・明治三十二年生まれ・所蔵『呪秘事録』）。

この歌の題詞には、「夜ふして起きたきに目のさむるまじなひ」とある。これは⑩と同じものであり、「明石」と「開かし」が掛詞として使われており、「開かし」が秘匿されている。

⑬東山かうさが滝の谷葛《たにかづら》本断ち切れば末《うら》は枯ゆく（壁蝨《だに》駆除の呪歌・宮崎県西都《さいと》市銀鏡《しろみ》、銀鏡神社宮司家）。

この歌は、一見、本を断ち切れば末《うら》が枯れるという谷葛のことのみが歌われているように見えるが、よく見ると、「谷」と「壁蝨」とが掛詞になり、「壁蝨」が秘匿されていることに気づく。しかも執拗に喰いついて離れない壁蝨と、しぶとい葛とを重ねて、本を断ち切って末を枯らすという駆除の呪言を生かしているのである。

〈比喩的暗示型〉

⑭朝日さす夕日かがやくからゆむぎよそに散らさでここで枯らさん（腫れ物をなおす呪い・『陰陽師調法記』）。

唐蓬《からよもぎ》を分散させないように、ここで枯らそうという比喩表現によって、腫れ物を拡散させないで、今腫れている所に口を開けて処置しようということを暗示しているのである。宮崎県東臼杵郡椎葉村竹の枝尾ではダニ除けに次のような呪歌を誦した。「七谷八谷タニカズラもと掻き切ればうらはかれゆきたまへ　ナムアビラウンケンソワカ」――庖丁を回しながら十字を描きつつこれを誦した（中瀬守・昭和四年生まれ）。

⑮天竺のカマカセ山のさねかずら根を切り葉を切りもとを切り　一寸きざみや五分きざみ（傷の痛み止め・和歌山県西牟婁《むろ》郡中辺路町西谷〈現田辺市〉・大内貞一郎・明治二十九年生まれ）。

この呪歌は事例番号⑬に似ているようであるが、比喩の段階にとどまるものである。

〈謎歌型〉

⑯長き夜のとおの眠りのみな目覚め波乗り船の音のよき哉

この歌は、『駿国雑志』に、「初夢の呪歌」として記載されている。また、静岡県磐田郡佐久間町（現浜松市）では、一月二日、初夢が悪い時には、紙で二艘舟を作り、この歌を書いて川に流したという。さらに、静岡県掛川市の廃寺、智教院に伝わる慶安五年（一六五二）の文書の中にこの歌が記されており、その直後に、「乃チ此ノ修ムレバ二大事一ヲ、舟乗ハ无キレ難者也」と書かれている。修験系の智教院では、この歌を海難除けの呪歌として使っていたことがわかる。同じ歌が「夢消し」と「海難除け」に使われた理由は何であろう。「長き夜のとおの眠りのみな目覚め」が「夢」とかかわり、「波乗り船の音のよき哉」が「航海」とかかわるといった表面的な理由のみではない。この歌は、上から読んでも下から読んでも同じになるようくふうされた〈回文歌〉なのである。したがって、転覆しても元にもどる「復元の呪力」があると信じられてきたのであった。悪夢はもとにもどして消してしまい、舟が転覆しても元にもどすという呪力が信じられたのである。上から読んでも下から読んでも同じだという秘密が匿された「謎歌」なのである。

高崎正秀は、「呪言」について次のように述べている。[4]「物名歌は聖なる枕言を、わざとその所在を晦ました、謂はば〝謎の文学〟の一種で、嘗つて枕言——呪言が敵を攻撃するための武器でもあつた時代、ぜひともその主力の在り処を隠す必要のあつたことを見せてゐる。神武紀に謂ふところの〈諷歌倒語〉の類でもある。そこには「道臣命大来目部を帥ゐて密策を奉り、能く諷歌倒語を以て妖気を掃蕩《ハラ》へり」とある（「泣血哀慟歌参照」）。久米部は大久米命の、

あめ、つつ、千鳥、真鵐《マシトド》、などさける鋭目《トメ》

に見ても明らかな如く魂込めの謎歌を掌る部曲——くめは即ち籠めの意であつた。いま見る古今集の物名歌は単なる駄洒落の域を出ることのできぬあさましい姿に堕落してはゐるが、ともかくものとは霊物・神霊の名であつた。これをまた込題《こめだい》と呼んでも魂を込めること、鎮魂歌の意に発してゐた」——

ここに、呪言を軸とした、「文学以前」から「呪的文学」への展開の道筋がみごとに道破されているのである。してみると、主として近世に庶民の中に浸透・定着した呪歌、

就中《なかんずく》、「秘匿型呪歌」は、まさしく、「文学以前」の伝統を襲う「魂込めの謎歌」だと断言できよう。しかも、呪言や呪的要素は歌の中に秘匿され、歌に籠めることによって呪力を増幅するのである。これは、「籠りの信仰原理」に適《かな》ういとなみだったのである。こうした呪歌に至るまでには様々な呪的民俗があった。例えば、峠や渡渉点などで、そこを越すために秘匿型の呪言や呪歌を捧げた形跡なども考えられ、これについては既に述べたことがある。(5)

(3)　音韻効果型

⑰血の道や父と母との血の道やこの血は止まれ父のこの道（血止めの呪歌・『北安曇郡郷土誌稿』）。

⑱きちきちときちめく浦にさわぐ血もこのころきけばながれてとどまる（鼻血止る呪い・『呪咀調法記』）。

⑲浅間の山の朝女あともつかずにこげもせず（骨折・怪我などの跡が残らぬ呪い・滋賀県伊香郡木之本町杉野〈現長浜市〉）。

⑳ちゃちゃむちゃちゃやちゃちゃちゃが浦のちゃちゃちゃむちゃちゃちゃやちゃちゃちゃなければちゃちゃちゃもちゃもなし（糸のもつれを解く呪い・群馬県安中市・中島恵子氏採集）。

⑰⑱⑲の・印は同音反復を印したものである。同音反復は、呪言の代表とも言うべき枕詞の中に多く見られ、高崎正秀もこれを整理している。(6)例えば、「ちちのみの父」「ははそはのはは」「打よする駿河」などである。枕詞の中に同音反復が見られることは、それが単に音韻効果のみを意図したものではなく、呪力を増す方法として意識されていたことを思わせる

のである。音韻の効果や呪力は、発声し、さらには歌われる場合に強い力を現わすのである。なお、同音反復・音韻の呪力については「子守唄」の項で詳述する。

⑳の呪歌は⑰〜⑲の呪歌に比べてやや趣を異にしている。たしかに同音がみごとに反復されているのであるが、同時に、糸がむちゃくちゃにもつれている状態を示しているのである。この歌はやはり、この二つの要素によって強い呪力を発しているのである。同系の呪歌に次のものがある。

㉑しゃうけらがねたとてきたかねぬものをねたれぞねぬぞねぬぞねたれぞ（庚申せでぬる誦文・『袋草紙』）。

「しゃうけら」は人の行いを天に報告すると言われる鬼である。庚申の夜、眠ってしまうと「しゃうけら」が天帝に眠った人間の悪い行いを報告すると信じられていたのであった。この歌には、まず、「寝た」「寝ない」を反復し、「しゃうけら」を混乱させ、「しゃうけら」を追い払う呪術が見られるのであるが、同時に、同音反復の呪力も認められるのである。

この他、呪歌の類型には、予防・処理に効験ありとされる「呪物」を詠み込む型があるのだが、これについては次節でふれる。

(二) 呪歌の実際

呪歌の構造や類型はおよそ右の通りであるが、次に、こうした呪歌や、呪歌の根底にある呪術がどのような広がりを見せているのか、また、呪歌は、庶民の生活の場でどのように使われていたのかなどについて言及したい。

1 防火の呪歌

火にかかわる呪歌としては先に「人丸」による火伏せの呪歌を紹介したのであるが、その他にも次の歌がある。

〈霜・露・雪・雨の呪力〉

①霜柱氷の屋根に雪の桁雨の垂木に露の葺草（火伏せの呪歌・神奈川県足柄上郡山北町玄倉）。

これを静岡県駿東郡では「霜柱氷の桁に雪の梁雨の垂木に露の葺草」と唱える。また、木村重利氏は、武蔵地方における新築披露の「ほめ念仏」に、「霜柱氷の柱雪の桁雨の垂木に露の葺草」という詞が唱えられたと報告している。(7) こうした歌が火伏せの呪歌として歌われるのは、この歌に、火を消す力を持つ「水」が、霜・雪・雨・露という様々な形で列挙され、しかも、それらが建築物の部位に冠せられているからである。いわば、霜・雪・雨・露は、火伏せの「呪物」なのである。〈呪物詠み込み型〉の呪歌だと言ってもよい。

静岡県御殿場市印野では、富士の裾野の広大な原野に生える豊富な萱を使って、「結い」によって屋根替えをする伝統があった。屋根替えが終わっていよいよ家移《やうつ》りをする時には小豆粥を煮た。その粥を、尺五寸ほどの萱の箸で家の外周の柱へなすってまわり、その時に、次のような呪歌を唱えた。以下は勝間田多住さん（明治四十一年生まれ）の体験・伝承による。

〽お家の柱が三十六本　氷の柱に雪の桁　雨の垂木に露の葺草　八方やつ棟造り苔うち生やいて　延命長者の家移り粥を進ぜろやい　〈家移り粥を進ぜろやい〉　鶴は千年　亀は万年　コウボウサツは八千年　ミウラオノスケ百六つ　六つの家移り粥を進ぜろやい　〈家移り粥を進ぜろやい〉

全体を音頭出しが唱え、〈　〉内の部分を参加者全員で合唱した。こうして、家移り粥の呪術が終わると、玄関の内側の桁にむかって梯子をかけ、家移り粥に使った約百本の萱の箸を玄関の内側の屋根裏へ「水」の字をなすように挿したのだった。

静岡市美和地区でも家移りの時、柱に家移り粥をなすりながら次の呪歌を唱えた。

〽家の旦那のお祝いで　乾《いぬい》の方へ倉建って　カマドを七口塗りそろえ　福つくづくと軍配団扇で煽りつけ　延命長者の粥すすろう　そもそもこの家と申するは　過ぐる十年辰の年木を伐り始め萱を刈り　雨の垂木に雪の桁　氷の柱露の葺草　延命長者の家移り粥すするよう

この二例の中には、①の呪歌を構成する呪物がみごとに導入されており、その展開を確かめることができる。これらの歌が家移りの儀礼歌（呪言）であるだけに、①の呪歌が、本来、新築・屋根替えなどの場合に多く唱されていたものであることが考えられる。

しかし、露・雨・霜・雪などの呪物は、決して建築の火伏せのみに用いられたのではない。静岡県磐田郡佐久間町今田に伝わる「花の舞」の際の「花の御湯探」（寛政十一年記録文書）にある神楽歌にこれが見られる。一連の神事の中で、「湯伏せ」を行う際に歌う神楽歌に次のものがある。

〽露しげき雨の軒《のき》ばた霜柱　氷の屋根に雪の床かな

2　火傷の火もどし

(1)　呪言「猿沢の池」

①猿沢の池の大蛇が焼け焦げるその火をもどす芹の露々、と誦して芹の葉で火傷部を撫でる（静岡県田方郡函南町馬場・宗藤彦次郎・明治十五年生まれ）。

②猿沢の池の大蛇が昼寝して雨に打たれて焼け死んだ、と火傷部に水を振りながら三回誦した（同大仁町長瀬〈現伊豆の国市〉・木下しげ・明治四十年生まれ）。

③猿沢の池の大蛇が焼け焦げて膿みも崩れもひりつきもせず（同中伊豆町原保〈現伊豆市〉・石井しず・明治三十九年生まれ）。

④猿沢の池のほとりの乱蛇体水にこがれて焼け死んだ、と三回誦して火傷部を撫でる（同戸田村戸田新田〈現沼津市〉・長倉文太郎・明治三十八年生まれ）。

⑤猿沢の池の大蛇がヤケドして膿まず痛まずよく直るこの水をつければよく直る　ナムアブラウンケンサーラバサー、と三回誦して茶碗に入れた水を三回火傷部にかける（同御殿場市印野・勝間田多住・明治四十一年生まれ）。

⑥猿沢の池の大蛇がヤケドして食わず飲まずで苦労する（同静岡市長熊・長倉てつ・明治四十三年生まれ）。
⑦猿沢の池の大蛇がヤケドしてこの水つけると痛み止みする、と唱え、茶碗の水を火傷部につける（同小笠郡大須賀町藤塚〈現掛川市〉・鈴木くら・明治三十二年生まれ）。
⑧猿沢の池の大蛇がヤケドして病まず痛まず傷ならずナムアブラウンケンソワカ、と三回唱えた（同周智郡春野町杉〈現浜松市〉・山本貞子・大正六年生まれ）。
⑨猿沢の池の大蛇がヤケドしてヒリツキもせずビリツキもせずナムアブラウンケンソワカ（同磐田郡佐久間町相月・栗下伴治・明治二十七年生まれ）。
⑩猿沢の池の水底鳥の鳴く声聞けば底なし桶に水たまるらんナムアブラウンケンソワカ、と三回誦した（愛知県北設楽郡東栄町西薗目・菅沼光男・明治三十六年生まれ）。
⑪猿沢の池の大蛇がヤケドして痛まず腫れず傷つかず（同設楽町田峯・柳瀬こわか・明治三十年生まれ）。
⑫猿沢の池の大蛇がヤケドしてぶつなはれるな傷つくな薬となれよ大川の水（『鳳来町誌』）。
⑬猿沢の池の大蛇がヤケドしてあともつかず焦げもせず（滋賀県伊香郡木之本町杉野・松本善治郎・明治四十年生まれ）。
⑭猿沢の池の大蛇がヤケドして膿まずつぶれず汁たれず（埼玉県所沢市久米・中島恵子氏調査）。
⑮猿沢の池のほとりにありけるがあじかの入道おふてこそ入れ（『陰陽師調法記』）。

(2) 猿沢の池の呪力

こう列挙してみると、「猿沢の池の大蛇」が火傷の火もどし（治療）における重要な呪物であり、重要な呪言になっていることがわかる。「猿沢の池」や、その「大蛇」が「火」を鎮める力を持つと信じられた例は他にもある。先に紹介した、静岡県磐田郡佐久間町今田で行われる湯伏せの神楽歌には次の歌詞がある。

〽猿沢の池のおろちの吹く息の激しき風に湯は冷えるなり

修験者がかかわった湯立て湯伏せ系の神楽歌と、民間の呪歌との間に脈絡があるのは、一般の呪歌の伝播に修験者がかかわっていたことの一つの根拠にもなろう。

毎年十二月十二日から十六日にかけて宮崎県西都市銀鏡、銀鏡神社の大祭が行われる。中でも、十四日から十五日にかけて行われる銀鏡神楽は壮観である。その神楽の中心の一つに宿神《しゅくじん》三宝稲荷大明神の舞があるのだが、その神面は様々な伝説をまとっている。その一つに、この神面は、奈良の猿沢の池に沈んでいた楠の巨木で刻まれたものだという伝えがあり、それゆえ、この面には火伏せ、鎮火の呪力があると信じられている。この面を祭る宿神稲荷大明神社、通称宿神社は防火の神として崇められ、神社では「水の符」を出し、信者を守っている。

柳田國男は、「猿沢と川童」の中で「サルサハが死ぬる命はをしまねど姫が泣くこそかはいけれ」などの歌を紹介し、「この一首の狂歌で落ちを取つた、現在の猿聟入話の型がきまる前、別に中間のサルサハといふ水の怪を、中心とした説話があつて、それが格別の異色の無いものであつた為に、いつと無く蛇か猿かのどちらかの話と、融け合つてしまつたのでは無いかといふことである」と述べている。(8)「サルサハ」とはたしかに「水神」である。奈良の猿沢の池は、興福寺の建立とともに作られたと伝えられるが、それに先行する聖池があり、それは、水神猿沢を祀る池だったのであろう。その水神が興福寺の火伏せ神であり、猿沢は時の流れの中で大蛇として伝えられるに至った。猿沢の池も、大蛇も、広く火伏せの呪力を持つと信じられ、火傷の火もどし・湯伏せ・神面の伝説の中へ導かれたのであった。『大和物語』には、人麻呂作と伝える猿沢の池の歌があり、その物語がある。猿沢の池の伝説は豊かである。

①〜⑮の事例は静岡県のものが多いのであるが、これは決して、静岡県のみが特に盛んだったというのではなく、調査地点が多かっただけで、類似の呪歌は全国で広く行われていた。事例を比べてみる時、「猿沢の池」「大蛇」をキーワードとしながらも、伝播過程の中で口誦呪歌がいかに多様な変化を示すかということがよくわかる。

猿沢の池の水は火傷治癒・鎮火に対しての呪力ありとされるのみならず、冬の霜ヤケ・水ぶくれ・爛《ただ》れにも効験があるとされた。奈良県吉野郡吉野町窪垣内や大野は紙漉《かみす》きの本場で、女たちは冬の霜ヤケや爛れに泣かされた。紙漉き女たちは、かつて、旧暦八月十五日の夜、猿沢の池までやってきて手をその水にひたしたという。窪垣内の殿丑太郎さん（明治三十六年生まれ）は、紙漉きをしていた姉のげんさんが猿沢の池の水に手をつけに行ったことを記憶しているという。そうしておけば冬、霜ヤケや爛れから守られると言われていたのである。

猿沢の池はインドの仏跡獼猴《びこう》池に模して興福寺の放生池として作られたものだという。しかし、猿沢の池成立以前から、御蓋山《みかさやま》（三笠山）に水源を発するこの谷筋が水の聖地であったことはたしかであろう。

美しい笠形の山容を示す三笠山は、「笠」ゆえに雨乞いの山として信仰された。『天正狂言本』には「御笠山御笠山人が笠をさすならば、我も笠をささうよ」という唄がある。雨乞いの果ての「雨よろこび」の唄である。「あまの原ふりさけ見ればかすがなるみかさの山にいでし月かも」という阿倍仲麻呂の歌に関連して桜井満氏は、三笠山山麓において遣唐使の安全祈願が行われていた可能性を説いている。三笠山は雨をもたらす神の山であるばかりでなく、風・雷等気象を司ると信じられていたのであり、それゆえ、航海の安全をもたらすとも信じられたのではあるまいか。

三笠山の背後には春日の原生林があり三笠山の奥山的な香山（こうぜん＝高山）がある。そして、高山神社・雷電神社・龍王池がある。奈良盆地や東山の農民にとって、コウゼン様は重要な雨乞いの山であった。奈良市田原の大北正治さん（大正十三年生まれ）は青年時代、コウゼン様に雨乞いに参り、木の枝を折って池の水をかけ合って雨を願ったものだという。

猿沢の池↓三笠山↓春日山（コウゼン）とつながる聖なるラインは、大河川のない奈良盆地およびその周辺においてまことに重要な水の聖地であった。そして、その一角をなす猿沢の池は、その呪力を以て全国に力を及ぼしていたのである。

なお、この他に、静岡県榛原郡本川根町梅地（現川根本町）の後藤定一さん（明治三十二年生まれ）は次のような火傷の処置呪術を伝えている。

⑯朝日さす朝日の中に立つぞ姫　今かけるは高砂の水　ヨツデチーオン　チデチューオンキンジン　ボロボンジャソワカ、と誦してから両手をまわす。

3　マムシ除けの呪歌

吉野から熊野へかけての山中ではマムシのことを「ハビ」と呼ぶ。沖縄の「ハブ」に通ずる毒蛇の呼称である。毒蛇除けの呪術は多様であるが、その一つに呪歌がある。そして、マムシ除けの呪歌にはいくつかの類型がある。

(1)　山立姫型

①われ行く先にニシキマダラの虫あらばヤマゾノ姫に教え知らさん　アビラウンケンソワカ（和歌山県西牟婁郡中辺路町西谷・大内貞一郎・明治二十九年生まれ）。

②われゆく先にアララギのニシキマダラの虫をらば山田の姫に言うてとらする　ナムアブラオンケンソワカ――ここでは「山田の姫」は猪だと伝えている（同東牟婁郡本宮町発心門〈現田辺市〉・野下定雄・明治三十七年生まれ）。

③この山にニシキマダラの虫おるならば早く知らせよ山姫に　ナムアブラウンケンソワカ、と三回唱える。この地では「山姫」は、マメクジラ（ナメクジ）のことだと伝えている

（奈良県吉野郡大塔村惣谷〈現五條市〉・戸毛幸作・昭和五年生まれ）。

④ヨモギマダラの虫おらば山立姫にかくと語らん（静岡県磐田郡水窪町大野・水元定蔵・明治二十二年生まれ）。

⑤アカマダラわが行く先におるならばヤマトの姫に会うて告げるぞ、と三回唱える（同田方郡中伊豆町原保・石井しず・明治三十九年生まれ）。

⑥山田の中にカノコマジリの虫いたら山田の姫とたとうらん、マムシの時期に山へ入る時三回誦してから山に入った（同藤枝市花倉・秋山政雄・明治二十九年生まれ）。

⑦カノコマダラの虫あらばタビタツ姫にかくと語らん、山小屋・出作り小屋などに入る時紙に書いて貼った（同静岡市田代・滝浪作代・明治三十九年生まれ）。

⑧われゆく先にニシキマダラの虫おらば山立姫に会うて語らん（徳島県海部郡宍喰町〈現海陽町〉・東田万次郎・明治三十五年生まれ）。

⑨山また山まで我が行く先におるならば山立姫に語り聞かしょう（宮崎県西都市銀鏡・西森齢治・大正三年生まれ）。

⑩この山にしこくまだらの虫おらば山立姫を呼んでとらする（同西臼杵郡高千穂町・『高千穂町誌』）。

⑪まだ虫やわがゆくさきへゐたならば山たち姫に知らせ申さん（新潟県南蒲原郡・故羽柴古番氏報告）。

⑫あくまだちわがたつ道によこたへば山たし姫にありと伝へん（『嬉遊笑覧』）。

⑬この路に錦まだらの虫あらば山立姫に告げて取らせん（『四神地名録』）。

右に、マムシ除けの呪歌のうち、「山立姫型」とでも言うべき類型を列挙した。伝播伝承過程の中で驚くほど多様に変化してしまっているのであるが、⑬が最も基本的であるように思われる。事例の多くは「虫」と「姫」との対応を骨子としているのであるが、その虫として、「ニシキマダラの虫」とするものが⑬を含めて①②③⑧に見られ、姫は「山立姫」とするものが④⑧⑨⑩⑪⑬である。

この類型の呪歌についてつとに考察を加えたのは南方熊楠であった。(9) 中で、熊楠は、「まだら虫」は「蝮」、「山立姫」は「猪」だと説いている。まだら虫が蝮であることはわかりやすいのであるが、「山立姫」はわかりにくい。じつは、蝮が茅《ちがや》の芽にさされて困っているところを蕨が頭をもちあげることによって助けたという昔話があり、「天竺の茅畑に昼寝して蕨の恩を忘れたか」などという呪歌がマムシ除けとして誦されたのであった。いわば「蕨の恩型」の呪歌である。熊楠は、これと関連させて山立姫の由来を次のように説く。「神代に萱野姫などと茅を神とした例もあれば、もと茅を山立ち姫と言うに、それより茅の中に住んで茅同然に蛇が怖がる野猪をも山立ち姫と言ったと考える」――。熊楠の指摘の通り、山立姫は猪だと考えてよさそうである。「山立姫」は呪歌の中に秘匿された隠語であり、猟師の山ことばとして発生したものと考えられる。秘匿の隠語を使うことによって呪力を強めているのである。マタギの別称は「山立」で、狩猟伝書にも「山立根元」などという表現が見られる。猟師即ち山立が、狩猟対象として常にその尻を追いまわし、関心を寄せる猪を、「山立の姫」と表現したことが考えられる。この一群の呪歌は、明らかに「呪物秘匿」となっている。

猪は、マムシやハブの天敵だとする伝承は広く伝えられている。例えば、「猪がマムシをつかまえると、喜んで、三尾根三迫《さこ》とびまわってから喰う」（宮崎県西都市銀鏡・西森齢治・大正三年生まれ）。「猪がハビを見つけると、喜んでシシ舞いを舞う。シシ舞いをしている間にハビが逃げてしまう」（奈良県吉野郡天川村九尾・柿平勇次郎・明治三十八年生まれ）。「ハビに嚙まれた時には猪の鼻を煎じた汁で洗う」（同十津川村那知合・千葉由広・明治四十二年生まれ）。といった具合であるが、これについてはさらに詳しく述べたことがある。このような民俗を土壌として前述の呪歌が成立・伝播し、伝承されてきたのであった。

事例⑥では、この呪歌を誦することがマムシの季節に山へ入る際の呪術的儀礼になっていたのである。静岡市長熊の長倉てつさん（明治四十三年生まれ）によると、同地には、マムシの季節に山へ入る場合、山の入口に棒を立て、その棒に薄《すすき》（萱）の葉を結びつけながら、⑭この山にニシキマムシがいるならばこの萱にてしめ殺す、と誦してから入山したという。これも呪術的入山儀礼である。この呪歌は、「山立姫型」と「蕨の恩型」の両方の要素を持っていると言えよう。また、八木洋行氏の調査によると、静岡県榛原郡本川根町には、入山に際して、山道に「晴明判」の星型（☆）を描き、真中に小石を三つ置いてから山へ入る習慣があったという。

(2) 蕨の恩型

マムシ除けの呪言には「山立姫型」に対して先にふれた「蕨の恩型」がある。

⑮茅峠のカギ蕨わが恩を忘れたか　アビラウンケンソワカ（静岡県磐田郡佐久間町相月・栗下伴治・明治二十七年生まれ）。

⑯茅峠の赤マムシ蕨の恩を忘れたか　ナムアビラウンケンソワカ、と三回誦する（同周智郡春野町杉・山本貞子・大正六年生まれ）。

⑰茅にさされたマダラ虫蕨の恩を忘れたか（同榛原郡本川根町坂京・上杉義雄・明治三十二年生まれ）。

⑱天竺の茅畑に昼寝して蕨の恩を忘れたかあぶらうんけんそわか（陸中・佐々木喜善・『人類学雑誌』三二巻一〇号）。

これらの呪歌にかかわる昔話については先にふれたが、その昔話や、右の呪歌と関連する異様な呪術がある。以下は、長野県下伊那郡泰阜《やすおか》村漆平野に住む木下さのさん（明治三十年生まれ）の伝承である。マムシの季節に山へ入る時、ナムアミダブツ　ナムアミダブツと唱えながら、指で右まわりに三つ蕨の頭の形を描き、さらに左まわりに三つ蕨の頭を描く。こうしてから山へ入ればマムシの害を除けることができるという。この呪術が、先に紹介した昔話のような言い伝えをもとにして、「蕨の恩」を誇示することによってマムシの害を防ごうとしたものであることは明らかである。木下さんはさらに語る。この呪術をかけて山に入った場合、山から出る時には指を逆にまわして呪術を解かなければならないことになっている。ある人が、呪術を解くことを忘れて家に帰ったところ、マムシが六本の蕨の上に乗ったまま死んでいた。このようなことはよくないことだ――。

それにしても、毒蛇マムシが茅の芽に刺され、茅の芽を恐れるということ、助けてくれた蕨に恩義を感じるという、この昔話・呪歌の骨子は奇怪である。こうした伝承は、蛇の生態を知らなければ荒唐無稽のものとして棄捨されてもしかたがない感じがある。ハブの生態に詳しい中本英一氏は、ハブの脱皮について、「木の枝や蘇鉄の棘や石に鼻や頭をすりつけて皮膜を破り、頭部の皮がとれるとそれを木の枝や石などにひっかけるようにして早くて十分、遅いハブで四十五分以内に皮を裏返しにしながら奇麗に脱皮する」「完全に脱皮したハブは生命力が非常に強く、逆に不完全な脱皮をしたハブは二ケ月と生存できない」「脱皮直後のハブは皮膚が柔かいのであまり脱皮した場所から遠くへは行かない」と述べている。[10]鋭い木の枝・蘇鉄の棘・石の角などは蛇にとって両刃の剣である。脱皮のキッカケに不可欠なものであると同時に、それらは脱皮直後の柔らかい蛇の体を傷つけるものなのである。鋭い茅の芽先は、脱皮直後の蛇においてのみ危険なものだったのだ。蕨が生長して茅に刺されたマムシを助けたという昔話の根底において、こうした蛇の生態がふまえられており、脱皮の時期も蕨の萌えいずる季節と一致する。この話の中では、蕨の生長の早さも語られているのである。しかも、蕨は柔らかいものの代表として登場しており、それは、因幡の白兎と蒲の穂綿の関係を思わせる。『設楽』十五号によると、愛知県の北設楽地方には、春最初に見つけた蕨を、自分の足から足首にかけて塗りつぶしてつけておくと、その年はマムシの害にあわないとする伝承があったと報告されている。これも、「蕨の恩型」の昔話や呪歌と共通土壌による呪術である。

(3) 知立《ちりゅう》サナギの大明神

右のほかにもマムシ除けの呪言がある。

⑲知立サナギの明神様、と三回誦する（愛知県北設楽郡設楽町田峯・柳瀬こわか・明治三十年生まれ）。

⑳知立サナギ大明神、と三回誦する（静岡県磐田郡水窪町向市場・川下勘三郎・明治三十六年生まれ）。

㉑知立サナギの大明神蛇もマムシも出ぬように、と誦してから山に入った（同周智郡春野町杉・山本貞子・大正六年生まれ）。

㉒マムシ除けになるとて草履のはな緒を作るにヒキソをたてて横緒の上で結ぶ。その時次の言葉を三回唱える。「池鯉鮒猿投の大明神長い虫は御無用御無用　ナムアビラオンケンソワカ　オンアビラオンケンソワカ」（『設楽』十五号）。

愛知県知立市の知立神社はマムシ除けの効験があるとされ、これらの呪言は三河・遠州地方で広く行われた。これは呪歌ではなく呪言である。知立神社では今でもマムシ除け・蛇除けを願う者に対して「長虫除御砂・知立神社」と書いた紙袋入りの神砂を分与している。これを受けた者は、屋敷の四隅に砂を撒いてマムシ除け・蛇除けにする。他に次のようなマムシ除けもあった。

左手の母指を曲げ、それを他の四本の指で握りこんでから次のように誦した。
㉓木の葉の下のヤトウムシ除けて通れよアブラウンケンソワカ（三回誦する）。

（4）香煎と鉄の呪力

この他、麦の収穫期に香煎《こうせん》（ハッタイ粉）を作ってそれを屋敷＝母屋の周囲に撒きながら、蛇・マムシ除けを行う形があった。
㉔旧暦五月四日に新麦で香煎を作り、「長虫這うな」と誦しながら屋敷に撒いた（愛知県北設楽郡東栄町月・栗林知伸・明治三十四年生まれ）。
㉕五月六日に屋敷の中と自分の足に香煎をかけながら「なnext這うな」と誦した（静岡県磐田郡佐久間町相月・栗下伴治・明治二十七年生まれ）。
㉖新麦を収穫した時、香煎を作って一升枡に入れ、屋敷の中に撒きながら「ヘービもマムシもドーケドケ　おれは河原のおとむすめ　マンガのコーを真赤く焼いて尻から頭に突き通す」と唱えた（同藤枝市三沢・戸塚清・明治三十七年生まれ）。
㉗七月十七日に麦香煎を作ってキチキチモンジの実と混ぜ、それを家の周囲に撒きながら「ヘービもマムシもドーケドケ　マンガー焼いて尻から頭へ突き通す」と唱えた（同榛原郡御前崎町薄原〈現御前崎市〉・高塚佐右衛門・明治二十七年生まれ）。
㉘八十八夜前後に苗代田をつくり、焼米をつくる。焼米のモミヌカができると、それを籠に入れて住家のまわりに撒きながら、「へんべまむし出て行け　くわがら虫がいま来るぞ」と唱えた（愛知県丹羽郡楽田村〈現犬山市〉・田中鏡一氏報告『民俗』第十七号）。

㉙日はいつとも定まっていないが、高根谷では春苗代に蒔いたスジの残りをしらげて米の方は味噌に入れ、糠は家のまわりに、「ヘイビもムカデもそっちに行け」と言って撒く（新潟県西頸城郡『西頸城年中行事』西頸城郷土研究会）。

事例㉔〜㉗は屋敷内に香煎を撒き、㉘㉙は糠を撒くというものである。一体何ゆえに、蛇除け、マムシ除けに香煎を撒くのかと言えば、それは、香煎即ちハッタイ粉の吸湿性・脱湿性が浮上してくる。この奇怪な呪術の根底には蛇は水神としての記号性があり、その水性を奪うハッタイ粉を使うことによって蛇の霊力・行動力を封じようとする呪術論理が底流しているのである。糠も、そのハッタイ粉に準ずる呪物として登場したものと言えよう。

㉔㉕㉙などは呪言と言うべきであろうが、㉖㉗㉘などは口誦呪歌の形を示している。短歌形式の、いわゆる呪歌とは異なるものの、㉖は叙事性を持ち、一定のリズムをもって唱誦するに適した形として注目すべきである。㉗㉘は㉖に準ずるもので、これらはいずれも、蛇やマムシを威嚇し、蛇・マムシに命令する形の表現をとっている。

事例㉖の「おれは河原のおとむすめ」の部分の意味が不明なのであるが、中田幸平氏の『野の民俗　草と子どもたち』[11]に引かれた、次に示す東京都下の事例を参照するとそれが氷解する。「蛇も蝮も退《どう》けどけ　俺は鍛冶屋の婿どんだ　槍も刀も持ってるぞ」——。また、静岡県榛原郡本川根町寸又では節分に豆を煎る時次のように誦した。「ヘービもムカデもくっつくなこの子は鍛冶屋のオト息子」。これらから考えると、㉖の「河原のおとむすめ」も、本来は、「鍛冶屋の乙娘」だったことがわかる。さらに、㉖の「マンガのコー」がわかりにくいのであるが、これは、㉗と比べれば解決する。㉖㉗の「マンガ」は、千把扱《せんばこ》きの鉄の歯を意味しているのである。

蛇の霊力を封じる呪物として、香煎・ハッタイ粉と並ぶもの、そして、むしろハッタイ粉以上に一般化しているものは「鉄」である。㉖および、中田幸平氏の事例や本川根町寸又の事例に「鍛冶屋」が登場するのはそのためであろう。マンガ・槍・刀は鉄の力の象徴である。してみると、事例㉘の「くわがら虫」の「くわ」即ち「鍬」も鉄の象徴だということになる。屋敷から蛇・マムシを追放するための呪術は、蛇類の湿性・水性を呪奪するハッタイ粉という呪物と、呪言・呪歌によって相乗効果をあげるべく構成されている。その呪歌の中心的な類型の一つに、蛇類の霊力を封じると信じられてきた「鉄」にかかわるものを詠みこむものがある。それをさらに、威嚇・命令的に表現しているのである。なお、ハッタイ粉と鉄の呪力については既に述べたことがある。[12]

4　焼畑地帯の呪歌

焼畑の火入れに際して、高知県土佐郡本川村寺川（現吾川郡いの町）では、「東方湿れ　西方湿れ　南方湿れ　北方湿れ　飛ぶ虫は飛んで逃げよ。這う虫は這うて逃げよ」と唱えた。これは呪歌ではなく呪言である。しかし、こうした呪言を唱する焼畑地帯では呪歌や呪歌的要素の強い季節唄も行われていたのである。

①いにしえの奈良の都の春日森葉を喰らう虫早くたちのけ（粟の虫追いの呪歌・石川県石川

郡白峰村〈現白山市〉・愛宕富士・明治三十九年生まれ)。

ここでは、焼畑の粟に虫がつくと、右の呪歌を紙に書き、竹の先につるして畑の真中に立て、大日如来の掛軸を持って畑の周囲をまわった。「いにしえ」という詠み出しが、「往ね」(行け)という語にかかり、「早くたちのけ」と呼応して虫追いの呪力を発揮するのである。「往ね」の秘匿により呪力が倍加すると信じたのである。

②烏鳴く鳴く鳴く木の下はすごけれどわが行く先は都なりけり(静岡県榛原郡本川根町梅地・後藤定一・明治三十二年生まれ)。
この呪歌が伝承された本川根町梅地はかつて焼畑を生業基盤とした地であり、トウモロコシを多く栽培した。右の呪歌は作物につく鳥を除けるためのものだという。

焼畑地帯には、「粟拾い唄」「稗《ひえ》ちぎり唄」などと呼ばれる雑穀収穫の唄が多く伝えられ、これは、同時に「秋唄」・「秋節」とも呼ばれる。

(ア)〽秋が来たよと鹿まで鳴くになぜにもみじが色どらぬ(粟拾い唄・静岡県榛原郡川根町〈現島田市〉)。
(イ)〽飽(秋)が来たそでもみじがとよむ 確(鹿)と話もせにゃならぬ(同)。
(ウ)〽飽(秋)がきたのかあきらめたのか おいでなさらぬこのごろは(秋唄・静岡県磐田郡水窪町)。
(エ)〽安芸(秋)の宮島廻れば七里 浦は七浦七恵比須(稗ちぎり唄・宮崎県東臼杵郡椎葉村・竹内勉氏採集)。

(ア)の類歌は宮崎県椎葉村・長野県阿南町にもあり、秋唄の代表的な歌詞である。(エ)について、竹内氏は、伝承者の椎葉ハルさんが、秋でなく、安芸であっても「アキなら何でもよいのだ」と強調したことを報告している。[13] (イ)(ウ)には掛詞として「秋」が秘匿されている。(イ)(ウ)(エ)を併せて考えると、秋という季節の神、山の収穫をもたらす山の神を動かす呪力がここに潜んでいるように思われる。

　季節唄に対して最初に注目したのは折口信夫で、「季節謡は、即、週期的儀礼執行の一部として発達し、その行はれる村が、農事を主としたところから、農事に関するものが多くなつた訳である」と説いた。[14] さらに、三隅治雄氏は、奥三河の花祭りや南信濃の霜月神楽に多用される、〽冬来れば……　〽春来れば……という神楽歌に、季節の生命力を喚起し、豊穣を願う祈りが込められていると説いた。[15] 民謡の季節唄は呪歌と同じ基盤の上に成り立っているのである。

5　旅立ちの呪術

①静岡県磐田郡佐久間町今田の高橋高蔵さん（明治四十一年生まれ）は、旅立ちの時、「子《ね》は五つ丑は九つ寅は十寅が十なら酉も十」と誦しながら、子の方位からまわり、旅先が塞がりになっていないかどうかを確かめ、塞がりになっている場合は次の呪術を行ってから家を出発した。玄関の敷居を跨いで内外に片足ずつ踏ん張り、次の呪歌を三回誦する。
「今日は吉日たちゆく者は神の子なればかなうものなし」――また、「月の七日に出てゆく

者は帰るまいぞよ九日に」と言いならわし、どうしても九日に帰着するような場合は隣家に泊めてもらった。

②愛知県北設楽郡東栄町西薗目の菅沼光男さん（明治三十六年生まれ）は旅立ちに際して次の儀礼を行ったという。旅に出ようとする時、庭先に、長さ三尺の竹四本を尺五寸四方ほどに立て、中ほどの高さに竹簀を取りつけてその上にオシロモチ（粢《しとぎ》）を供える。近隣の人びとに集まってもらって、「ハラエタマエ　キヨメタマエ　東方神　エエミタマエ　カンコン　リンコン　リンリコン　タケン」と呪言を誦してもらう。これを百回誦することを一巻と称し、一巻ないし二巻を唱えてもらってから旅に出ると旅の安全が得られると伝えている。

③キシヒコゾ　タツカミキタニ　コトノ子《ね》ノ　トコニハハルヲ　ヨロゾコヒシキ（静岡県磐田郡水窪町大野・水元定蔵・明治二十二年生まれ）。

この歌を門出の時誦すると旅の安全が得られ、無事帰ることができるとした。この歌は先に述べた「呪歌の類型と構造」の中の「謎歌型」に当たるものと言えよう。まず第一に、「キシヒコゾ」（来し日去年）の部分が回文歌風に、冒頭と末尾に据えられている。もとより末尾は、逆から読む形になっている。さらに、歌の真中にある「コトノ子ノトコ」の部分が「子」を中心に回文となっている。この歌が旅の安全祈願の呪歌として誦される所以は、一つの呪歌の中に、このように、二ヵ所に回文構造が用いられている点にある。即ち、二つの回文によって、「出発から回帰」への呪力が発現することを願っているのである。「もとへもどる」という点に意味があるのだと言えよう。

事例①で、旅立ちに際して「子《ね》は五つ」から誦し始め、方位まわしも子の方角から始めることを紹介したのであるが、「子」は十二支の初めであり、旅の初めを意味する。この歌でもその「子」が重視されている。ここでは、「コトノ子ノ」（琴の音の）と用いられているのであるが、文字に表記する場合は、「子」だけを漢字にするのである。注意してみると、「子」は三十一《みそひと》文字の中央に位置づけられており、その前に十五字、その後に十五字が配されていることに気づく。「子」は中心であり、初めであり、回文構造の中心の、回帰すべき位置に据えられていることになる。また、旅立ちの初めに誦される「子」は「北」であり、この歌では、「立つ神北に」と、旅立ちの神の方位として北・子が説かれているのであった。

6　呪歌もろもろ

〈虻《あぶ》・蜂除け〉

①虻蜂はセンバが谷のうじ虫ぞ親の恩を忘れたか、と三回誦する（静岡県田方郡中伊豆町原保・石井しず・明治三十九年生まれ）。

〈蜂除け〉

②人を刺すと子を取るぞ、と息を止めて十回暗誦する（同賀茂郡西伊豆町大城・市川至誠・大正五年生まれ）。

③奥山の瀬に住む蜂が人を刺すとは　アブラウンケン　アブラウンケン　アブラウンケン

（同）。

〈虫歯の痛み止め〉

④八重鎌の利鎌を以て打ち払う　残り草の露も残らぬよう　ナムアビラウンケンソワカ（同磐田郡水窪町向市場・川下勘三郎・明治三十六年生まれ）。

⑤ゴウガワの梅の木を食うとも歯を食うとも思うなよ、と誦して九字を切る（同）。

⑥虫歯とて九に九を重ね悩みけり　八《は》のねも十《と》けていたむことなし（同磐田郡水窪町大野・水元定蔵所蔵『呪秘事録』）。

〈咽喉に魚の骨がささった時〉

⑦エヒマの太郎兵衛さん鯛の骨が咽喉にかかりましたのでおとり下さい、と三回誦する（同周智郡春野町杉・山本貞子・大正六年生まれ）。

⑧鵜の咽喉通す鯛の骨　アビラウンケンソワカ、と三回誦し、骨をとって頭髪に挿すまねを三回してから水を飲んだ（同下田市須崎・横山かねえ・明治四十一年生まれ）。

⑨ほのぼのと……ね……、という形に、上の句の頭に「ホ」を、下の句の頭に「ネ」を詠みこんだ歌を口誦した（同田方郡中伊豆町原保・石井しず・明治三十九年生まれ）。

咽喉の骨にかかわるものはいずれも特徴がある。⑦は「太郎兵衛」なる人物と「咽喉の骨」に関する伝説があったものと想像されるが、やや視点を変えれば一五八頁でふれている「系図の呪力」といった見方をすることもできる。⑧は、鵜の生態観察にもとづき、鵜の吐出力の類感呪術導入によって魚の骨を咽喉から吐出しようというものである。『安曇郡郷土誌稿』四によると、長野県北安曇地方では咽喉に魚の骨がささった場合、「鵜のノド　鵜のノド」と誦しながら左右の手で咽喉を三度撫でおろしたという。奈良県吉野郡大塔村惣谷では、門口に魔除けとして猿の手を吊る習慣があったが、魚の骨が咽喉にささった時は、その猿の手で咽喉から骨を掻き出す所作をしたという（戸毛幸作・昭和五年生まれ）。⑨は、本章でふれた通り、秘匿の呪術であり、「隠し題」「物名」として「骨」が詠みこまれることによって呪力が倍増することになる。なお、⑦を伝える山本貞子さんによると、同地ではこの他、咽喉に魚の骨がささった時は、オモトに針をさしておき、「とれたら抜きますからどうぞとって下さい」と祈ったという。

〈猫を呼びもどす呪い〉

⑩たちわかれいなばの山の峯におふるまつとし聞かば今帰り来む――と紙に書き、猫の飯椀に貼っておく（富山県東礪波郡利賀村阿別当〈現南砺市〉・野原こと・大正四年生まれ）。

〈狐に化かされた時の呪い〉

⑪ソーコーヤ　ソーコーヤ　安達が原に門立てて　そうや　東やらんや　あうらんか　フッ（静岡県田方郡中伊豆町原保・石井しず・明治三十九年生まれ）。

(三)　猿丸太夫伝承

柳田國男は猿丸太夫に心を寄せ、『神を助けた話』の中で猿丸太夫伝承や伝承地を列挙している。(16) 兵庫県芦屋・京都市深草・大阪府堺・京都府宇治川支流田原川上流部・近江勢多奥曾束・信州戸隠山口・加賀石川郡笠舞・福島県南会津奥、これに日光山の猿丸が加えられる。

『日光山縁起』に登場する有宇《ありう》中将の前世は二荒山の猟師であった。母が山に入り、爪木《つまぎ》や菓を拾っていた。「母は寒さふせがむために、鹿の皮をきたりけるが、木の下草深き所にて菓を拾ひけるを、猟士・鹿と思ひて射てんげり」とある。そして、ここでは、有宇中将の孫がまた猟師として名高い猿丸太夫だとされている。ここには後に「誤射発心譚」そして仏教的な不殺生戒と結びついて語られる前の「誤射伝説」が語られている。猿丸太夫と狩猟の関係もここに語られているのであるが、各地を歩いていると柳田國男がとりあげなかった猿丸伝承に遭遇することがある。以下にその事例を紹介しよう。

1　石見の猿丸伝承

島根県邑智《おおち》郡邑智町（現美郷町）の山中に猿丸という小さなムラがある。谷の一番奥に住む藤原よしさん（明治四十一年生まれ）は興味深い猿丸太夫伝説を伝えている。——昔、この地に猿丸太夫とその娘の「アキ」が住んでいた。猿丸太夫は猟が好きだが、娘のアキは猟が嫌いで、何とかして父に猟をやめさせたいと考えていた。あるとき、娘は父の獲ってきた鹿の皮をかぶって藪の中を歩いていた。猿丸太夫は、それを鹿だと思って射たところ自分の娘だったので悲嘆にくれた。そして、以後は猟をやめ、歌の道に励むようになった。「奥山にもみぢふみわけ鳴く鹿の声聞く時ぞ秋は悲しき」の「アキ」はその娘の名前だと言い伝えている。猿丸の谷から十五分ほど歩いたところにアキの墓だと伝えられる墓があり、その近くには猿丸太夫の屋敷跡と伝えられる場所がある。そこには、高い樹木はなく、薄と葛に蔽われていた。

狩猟をやめ、歌の道に専念した猿丸太夫は帝に歌の力が認められ、阿波の鳴門の渦潮を歌の力で止めるように命じられた。命を受けた猿丸太夫は阿波に出かけて行き、ある宿に泊ま

猿丸太夫の娘アキの墓だと伝えられる墓石（島根県邑智郡邑智町猿丸）

猿丸太夫の墓だと伝えられる地に立つタブの巨木
（熊本県阿蘇郡高森町猿丸）

った。すると、女中が「セナスリ」に来て、セナスリをしながら、どうすれば鳴門の渦が止まるのかと質問した。油断していた猿丸太夫は、そこで、帝の命に応えるための呪歌を口ずさんでしまった。その歌は次の通りである。

・山鳩よ道の端なるトトコ草粟になるとはこりゃ不思議

実は、その女中は小野小町で、猿丸太夫の呪歌を耳にした小町は、太夫より先にこの歌を使って、今よりも数段ひどかった鳴門の渦潮を和らげ、今のようにした。このことによって、猿丸太夫は島流しになったという。

藤原さんは、トトコ草のことを「イノコ草」とも言った。エノコログサのことである。エノコログサは粟に似た雑草であるが、粟とは別種で、これが粟になることはない。その厳然たる事実を表面的に詠じ、その裏に、「阿波に鳴門はこりゃ不思議」を込め、阿波から鳴門を切り離すことによって、渦潮を鎮めんとしたことになる。いわば「秘匿型」の呪歌である。

2　阿蘇の猿丸伝承

熊本県阿蘇郡高森町に猿丸というムラがある。猿丸は、高森のマチから宮崎県の高千穂町へ向かう国道ぞいにあり、高森側から坂を登りつめたところにある。かつて二度ほど高千穂・高森間のバスに乗り、車窓から「猿丸」という停留所の表示を見て、即座に下車したい衝動に駆られたものだった。平成四年（一九九二）五月、やっと猿丸を訪ねることができた。高千穂に向かう道路のムラはずれで左側の山道に入る。三分ほど歩くと山中にタブの古木があり、その木の根もとに猿丸太夫の墓と伝えられる碑があった。碑には、「なる神の音をも高き宿人の世を猿丸の奥津城ぞこれ・有雄」と記されていた。猿丸に住む佐藤貞一さん（明治四十年生まれ）によると、有雄というのは、幕末に生きた高千穂の人で、姓は甲斐と称したという。これとは別に、ムラ中にある観音堂に、かつて、地震の時には枝が地面についたという、径一・五メートルほどの樫の巨木があり、その根もとに猿丸太夫の母の墓と伝えられる墓があったという。佐藤さんは、猿丸太夫とその母にかかわる次のような伝説を語ってくれた。——猿丸太夫という人は猟が好きで、ある日猟に出かけたところ雨が降ってきた。母が猿丸太夫のために蓑を持って行ったところ、太夫は母を鹿とまちがえて射殺してしまった。それから、猿丸太夫は猟をやめ、歌の道に精進するようになった――。

3 甲斐の猿丸伝承

山梨県南巨摩郡身延町大垈《おおぬた》では、猪鹿などを千頭獲ると、「千丸供養」を行い、その時に、「奥山にもみぢふみわけ鳴く鹿の声聞く時ぞ秋は悲しき」という歌を誦して猿丸太夫を祭る習慣があった。同地の猟師、佐藤秀章さん（明治三十三年生まれ）は右の習慣とともに次の伝説を伝えている。――昔、猿丸太夫が息子と二人で鹿狩に出て、息子に勢子をさせたところ、息子を鹿とまちがえて射てしまった。その供養のために、千丸供養の際には猿丸太夫作と伝えられる歌を誦するのである。また、千頭目の獲物を狙う時には人が動物に見えるから気をつけなければならないとも語り伝えている。

4 猿丸の収束と拡散

右に三つの猿丸伝承を見てきたのであるが、その共通点として第一に注目すべきことは、猿丸太夫が猟師で、しかも、娘・母・息子といった肉親を誤射していることである。これは、『日光山縁起』ともかかわりを持つ。中で、石見と阿蘇の事例は、誤射を契機に猟師をやめ、歌の道に精進したという展開になっている。こうした伝承から猿丸太夫像を溯源してみれば、猿丸太夫は猟師と歌人の両面を持っていたことになる。

折口信夫は猿丸太夫について次のように述べている。[17]「族人の遊行するものが、すべて族長即、氏の神主の資格（こともちの信仰から）を持ち得た為に、猿丸太夫の名が広く、行はれたものと考へてよい。其諷誦宣布した詞章が行はれ、時代々の改作を経て、短歌の形に定まつたのは、奈良・平安の間の事であつたらう。さうして其詞章の作者を抽き出して、一人の猿丸太夫と定めたのであらう」――また「猿丸太夫は一人の実在の人物ではなく、一つの集団としての猿丸があつた……」とも述べている。[18]

柳田國男の整理した前記の猿丸伝承地や、筆者が紹介した事例と照らして考えてみると折口説が実感的になる。全国に点在する猿丸地名や猿丸伝承地は、偶然の点在ではなく、折口の説くごとく、猿丸族人の遊行の果ての定着地だったと考えてよかろう。猿丸族人の職掌内容の実態は茫漠としてつかみにくいが、先学の様々な示唆がある。高崎正秀は、「唱導文芸の発生と巫祝の生活」の中で小野氏と猿丸の関係や、猿女と猿丸の関係等について多面的に論じている。[19] また、柳田國男は、「秋田藩では猿舞しを「猿ご」とも猿太夫とも言うた。サルゴは恐らくは猿楽の古名で、二者の関係を説明する一の手掛りかと思ふ。猿太夫は塩谷中太夫の中太夫と共に、以前の普通名詞であつたらしい。会津越後日光其他の地方に於て、朝日長者の一人娘朝日御前、京の某中将を聟にして怪力《かいりき》の童子を産む、其名を猿丸太夫と称すと伝ふるは、秋は悲しきなどと詠んだ感傷的詩人とは必ず別人で、やはり其物語を語りあいた猿舞の太夫が、曲中の主人公の名になつたもの……」と述べ、別に、「猿女の神事舞に猿を用ゐたことは、まだ何等の史料を得て居らぬ。併《しか》し猿女公と謂ひ、其祖を猿田彦と謂ふには理由が無ければならぬ。一方には古来行はるる厩の祈禱に猿を舞はしむる風習、之と関係ある厩に猿を繋ぐ東亜一般の旧慣には、何か至つて古い信仰の存在を思はしめ、又猿舞しの特殊の技能は、一定の家筋を伝はつて来たに相違無いから、今後の研究に由つて、猿女と猿屋との関係が見出されるかも知れぬ」とも述べている[20]。

こうした発言に耳を傾けるとき、猿丸太夫は孤立した存在ではなく、猿女・猿太夫・猿舞わしなどと深いところでつながっていることに気づく。いわゆる猿丸太夫は歌人として知られるのであるが、猿丸族人は歌のみならず、猿にかかわる遊芸・多様な語り等広く芸能に通じていたものと考えられる。

猿丸伝承の動態には猿丸族人が、歌人猿丸太夫に収束され、猿丸族人の職掌・技能の多様な側面が「歌」に収斂されるという流れに対し、猿丸という地名や族人の末裔が、それ故に後発の伝承を吸収して太ってゆくといういま一つの流れが存在したと言えそうである。

5　呪歌と動物霊を結ぶもの

猿丸族人の職掌・技能レパートリーの中心の一つに文芸があった。折口が説くように語り、歌謡などの詞章も豊富に伝承されていたはずであり、歌にもかかわったはずである。その歌は、単に文学としての歌ではなく、歌を以て呪術・信仰にかかわる、いわゆる「呪歌」のごときものであったことが考えられる。先に紹介した「石見の猿丸伝承」は、決して古いものとは思われないが、猿丸の職掌を象徴的に語るものとして注目される。そして、名高い、「奥山にもみぢふみわけ」の歌なども、そうした流れの一つだったと考えることもできよう。先に紹介した事例の中で、甲州の猿丸伝承では、猿丸太夫作と伝えられる歌が呪歌として用いられていたのであった。鹿児島県肝属《きもつき》郡大根占《おおねじめ》町（現錦江町）の段平治家は狩猟の家で、狩猟伝書が伝えられている。中に次の呪歌がある。(21)

・おくやまのもみちふりわけみる鹿の声おしるべにいとわしや

一体、何ゆえに狩猟伝書の中に猿丸太夫作の歌と類似のこの呪歌が収められているのであろうか。おそらく、こうした呪歌は、獣の霊の鎮撫のために誦されたものにちがいない。「奥山にもみぢふみわけ鳴く鹿の声聞く時ぞ秋は悲しき」という猿丸太夫作と伝えられる歌も、鹿を中心とした獣・動物霊の鎮祭に誦された可能性は否定できない。ここに、猿丸太夫の歌人と猟師の二面の伝承をつなぐ接点が見える。

猿丸太夫の職掌・技能のレパートリーの一つに、歌・歌謡・語り・猿舞わし等の芸などを以て動物霊の鎮撫を行うという特徴があったのではなかろうか。猿丸にかかわって伝えられる誤射譚は、単純に、仏教的な不殺生戒の伝説化したものだと見るべきではなく、仏教以前から伝わる固有の生命観をひきずり、それを語ることが動物霊の鎮撫と、猟にかかわった者の救済につながると考えられていたと推考することもできる。狩猟にかかわる語り・歌謡として、「誤射譚」の他に、「鹿の愁嘆口説」がある。これについては既に述べたことがあるので、ここでは一例のみを示して考察の資料としたい。(22)

中村肇氏が静岡県榛原郡中川根町梅高（現川根本町）の鈴木喜八郎さん（明治四十四年生まれ）から採録した「飴売り唄」に次のものがある。(23)

〽この山奥の奥山で／紅葉踏み分け鳴く鹿の／寒くて鳴くのか妻恋いか／寒くて鳴くのじゃないけれど／七十四人の狩人に／追いつめられて谷底へ／死ぬる私はいとわねど／あと腹持ちたる腹ごもり／助けたまえよ山の神／この子助けてくれたなら／お手々合わせて拝みます

「飴売り唄」と言われる通り、この歌が、巡回する人びとによって歌われていたことがわかる。同系の歌は全国各地に伝承されており、各地で歌われていたことがわかる。しかも、この歌の中には、「奥山」「紅葉踏み分け鳴く鹿」という、伝猿丸太夫作歌の中心語句が詠みこまれている。(24)もとより、この歌は決して古いものではないが、この歌をヒントにして考えると、猿丸族人が各地を巡回して、狩猟者等に対し、古歌を唱し、動物霊を鎮め、猟者を救済していた姿が彷彿として浮かぶ。古態への溯源は極めて困難な作業ではあるが、右によれば、「鹿の愁嘆口説」の中に、伝猿丸太夫作歌が導入されるという形で、猿丸の歌が歌謡として生きのびたことは厳然たる事実として認められる。

伝猿丸太夫作歌に収斂される前の伝承歌謡や語りは定かではないが、右にあげた「飴売り唄」や、『万葉集』巻十六の「乞食者の詠」のごときものが存在したはずである。猿丸太夫の歌は、単に、秋の鹿鳴に対する感傷ではなかった。わが国において、縄文時代以来続いた鹿狩の方法の一つに「笛鹿」があった。それは、発情期の牝鹿の鳴き声を模した鹿笛を使って牡鹿をおびき寄せて捕獲するという極めて残酷なものである。「薄の穂が三穂出ると鹿のさかりがつく」とする伝承が各地に伝えられており、秋、その発情の季節に鳴く牡鹿の声は確かに哀調を帯びている。「笛鹿猟」は猟師にとっても心の痛むものであった。「声聞く時ぞ秋は悲しき」は狩猟者にとって胸にひびくものがあったにちがいない。

岡田精司(25)・辰巳和弘(26)両氏は、古代、王権者が鹿鳴を聴聞する儀礼があり、それは、稲作豊穣祈願儀礼だったとしている。両氏の主張を踏まえ、それを一歩深めて考えてみると、古代の王権者・首長が、何故に鹿鳴を聴聞しなければならなかったのかをさらに深く問わなければならなくなる。その答えは以下の三点である。

①鹿の発情・妊娠の時と、稲の稔りの時が一致する。したがって、鹿鳴を聞いて、王者が后と同衾等することによって、稲に対して類感呪術的に稲霊強化の力を与える。

②妊娠した鹿は五月に仔鹿を産むのであるが、その五月は、苗代の季節で、稲籾・稲霊が再生する時である。鹿の妊娠から出産までの時間と、稲の稔りから再生へのサイクルが完全に一致している。

③五月、牝鹿の腹から出現する仔鹿は、みごとな、白色の鹿ノ子斑《まだら》をつけて登場する。鹿ノ子斑は出産時において最も鮮明である。その鹿ノ子斑は「米」「純白の米」の象徴である。そして、その白い鹿ノ子斑は、秋の、「稲の豊穣」のこよなき象徴である(27)。

右によって、鹿は、王権者にとって極めて重要な獣となり、鹿鳴聴聞の必然性も理解できる。このように、王者にとって、重要な、聖獣性・霊獣性を持つ鹿も、一方においては実用性を持ち、どうしても捕獲しなければならないものであった。ここに、鹿の霊を鎮撫する必要性も生じたのである。猿丸族人の祖の職掌の一つに、動物霊の鎮祭があったとすれば、当然、王権者の鹿鳴聴聞の対極でそれが行われていたはずである。

Ⓐ夕されば小倉の山に鳴く鹿は今夜は鳴かずいねにけらしも（『万葉集』舒明天皇）

Ⓑ夕されば小倉の山に伏す鹿の今夜は鳴かずいねにけらしも（『万葉集』雄略天皇）

Ⓒ奥山にもみぢふみわけ鳴く鹿の声聞く時ぞ秋は悲しき（猿丸太夫）

Ⓓおくやまのもみちふりわけみる鹿の声おしるべにいとわしや（鹿児島県・段平治文書）

ⒶⒷは、王権者の鹿鳴聴聞にかかわる歌、ⒸⒹは、鹿の霊の鎮撫・鎮祭にかかわる歌と見ることはできないであろうか。

さて、猿丸が鹿や動物霊の鎮祭にかかわる職掌を持っていたとする仮説の根拠はいま一つある。そのヒントは、先に引いた柳田國男の発言の中にある。猿丸が、猿を使っていたことはじゅうぶんに考えられ、猿と動物との関係についても資料はある。「厩猿」は『一遍聖絵』『石山寺縁起』に見られ、『梁塵秘抄』第二巻にも「御馬屋の隅なる飼猿は……」とある。天保十四年（一八四三）刊行の『駿国雑志』に次の記事がある。「〽鎌倉の御所のおにはて小しゅろがしゃくをとる　酒よりさかなより小しゅろがめにつき十三と。猿牽云。此歌を謡ひ猿に衣装を着け、摺鉦を挟撲き、拍子とりて舞はす也。外に管と絃とを鳴らさす。猿は牝を養て馴しむ。其食餌は飯或は菓を用ゆ。正五九の三月、厩に詣り、勝膳経を読誦して舞はしめ、祈禱をなせり。是馬に病災なからしむる也。又小児疱瘡を病ざる已前、猿と盃すれば必軽し」――猿および猿舞わしと馬との関係がよくわかる。猿と馬のかかわりを説くものとして、宮本常一が柳田國男から聞いたという次の話が注目される。柳田は、「牛も馬ももとは放牧していたものである。それを捕えてきて厩につないで飼いならしていく。しかし、それは人間の手だけでは容易でなかった。そこで、猿を厩につないで牛馬の相手をさせる。猿と牛馬は仲がよく、いがみあうことがない。猿が牛馬と遊ぶことによって牛馬がおとなしくなり、また御しやすくなったのではなかろうか」と述べたという。

猿を使う猿丸が牛馬の病を鎮め、牛馬の霊を鎮める力を持っていたとすれば、当然、鹿を初めとする獣の霊を鎮祭するに適したものと認識されてもおかしくはない。

猿丸太夫・猿丸族人の実態は杳《よう》としてわからない。猿丸を名乗る地を訪れ、その地の猿丸太夫伝承に耳を傾けたのを機に、それを基点として、そこから仮想される諸事を並べてみた。

二　口誦と伝承

㈠　類纂発想の基点

口誦発想の一つに「類纂発想」即ち「物尽し」がある。物尽しは、『枕草子』の「ものはづけ」のごときもので、日本人の好む表現形式である。前田富祺氏は、物尽しについて次のように述べている。[1]「〝物尽し〟は恐らくは言霊思想とともに生まれてきたもので、一まとまりの文章として表現するというよりは、声に出して次々と物の名前を詠み上げることに意味があったのである」――まことに妥当な見解である。しからば、言霊信仰にかかわる「物尽し」「類纂発想」の原姿はいかなるものだったのだろう。

Ⓐおしてるや　難波の崎よ　出で立ちて　我が国見れば　淡島《あはしま》　自凝島《おのごろしま》　檳榔《あぢまさ》の　島も見ゆ
放《さけ》つ島見ゆ（『古事記』仁徳記）

右の歌には「島尽し」が見られる。これは、明らかに類纂発想の祖型の一つだと言えよう。しかも、「国見」という儀礼的な状況の中で島々の名が誦され、読みあげられているところに「言霊」とのかかわりを認めることができる。桜井満氏は右の歌について次のような解説を加えている。[2]「俯瞰して国土のたたずまいをならべたて、かぞえあげる――算《ヨ》みあげることがひとつの鎮魂の作法であって、「読歌」（記九〇・九一）「余美歌」（琴歌譜）は〝算み歌〟であり、同時にそれは嘉《ヨ》みする——〝嘉み歌〟としての意義を有したのであった」——注目すべき見解である。王権者の国見儀礼の一つに、視界の地名を次々と誦唱し、言霊を発揚させることによって地霊を活性化させる方法があったものと考えられる。そして、それがやがて、視界から離れた土地であっても、その地名を誦唱することによって地霊を鎮めることができるという省略型も生じたはずである。次に示す事例は地名誦唱の形式を窺わせる。

Ⓑ生める子は、淡道《あはぢ》之《の》穂《ほ》之《の》狭別島《さわけのしま》。次に伊予之二名《ふたなの》島を生みき。此の島は、身一つにして面《おも》四つ有り。面毎に名有り。故《かれ》、伊予国は愛《え》上比売《ひめ》と謂ひ、讃岐国は飯依比古《いひよひこ》と謂ひ、粟国《あはの》は大宜都比売《おほげつひめ》と謂ひ、土左国は建依別《たけよりわけ》と謂ふ。次に隠伎之三子《みつごの》島を生みき。亦の名は天之《あめの》忍許呂別《おしころわけ》。次に筑紫島を生みき。……（『古事記』神代）

Ⓐ Ⓑによると、類纂発想の古層に地名を列挙し、誦するものがあったことが知れ、それは、後の「道行型」の歌や文学・名所めぐり・聖地巡礼・社寺巡拝・諸国名産誦唱の原点になったと見ることができる。

さて、物尽し・類纂発想のいま一つの祖型として次の事例をあげることができる。

Ⓒ生める神の名は、大事忍男神《おほことおしをのかみ》。次に石土毘古神《いはつちびこのかみ》を生み、次に石巣比売神《いはすひめのかみ》を生み、次に大戸《おほと》日別神《ひわけのかみ》を生み、次に天之《あめの》吹《ふき》上男神《をのかみ》を生み……（『古事記』神代）

この、神名の列挙はまさに類纂そのものであり、この形式は、そのまま神楽祭・おこないなどの「神寄せ」の形に継承されているといってよい。例えば、愛知県北設楽郡東栄町小林の「花祭り」の神寄せの中には、次のような部分がある。(3)「是より東海道へと入らせ給へば、伊賀の国には立神大明神　伊勢の国には都婆岐大明神　志摩の国には河原大明神　遠江の国には山先大明神　駿河の国には富士浅間大菩薩　伊豆の国には走湯大権現　甲斐の国には御嶽大明神　相模の国には大山大聖不動明王……是まで一社も残らず。是より北陸道へと入らせ給へば……」――このような神寄せは、その空間的・地理的順序の誦唱において「社寺巡拝」「聖地巡礼」「道行き」の要素を内包しているといってよい。

静岡県周智郡春野町に、折口信夫もその名にひかれて訪れたという「京丸」というムラがあった。現在、京丸本家藤原忠教家の家屋だけは残っているが、平素ここに住む者はいない。京丸の北方に、標高一四六九・一メートルの京丸山がある。京丸山は安産の神様だと言われており、それは山姥だともいう。京丸がまだムラとして機能していたころ、山姥が京丸におりてきた。京丸新屋の屋敷跡には、山姥が腰掛けたという石がある。京丸に出て来た山姥は、八幡様の杉の木の上に坐って、周囲の山や谷を指さしながら、あれが岩岳山、あれがボンジ山、あれが小俣、あれがノノヒルンタ、あれがヤシタ、あれがニンバ、あれがオクノハタと、山や谷の名前をつけながら京丸の人びとに教えてくれたという。山姥は女性山神の系譜をひく生産の神である。右の伝説は、「山姥の国見」であり「山姥の山見」である。そして、「山姥の山数《よ》み」でもある。山姥は京丸の人びととともに山の地霊を呼びおこし、賛美し、山の生産力を嘉《よみ》したのである。人びとは、山の神たる山姥が、人びとの前で口誦し、人びとに口承してくれた山や谷の名前を大切に守り誦し、子孫に伝え、時に数みあげることによって山の恵みの多からんことを願ってきたのである。ちなみに、京丸の生業は焼畑であり、木地屋でもあった。

㈡「社寺めぐり」と「神仏寄せ」

静岡県天竜市懐山《ふところやま》（現浜松市）泰蔵院で毎年一月三日、修正会《しゅしょうえ》系芸能の「おくない」が行われる[4]。この芸能は、古くは一月五日、懐山新福寺阿弥陀堂で行われていたものであり、いくつかの詞章本が伝えられている。中に、「おきなさしぬきのこと」という部分があり、極めて優れた構造を読みとることができる。その全体は長大であるため、ここでは、大石伝次家所蔵『御祭礼用書』（安政二年本）により、当面の主題にかかわる部分だけを紹介する[5]。便宜上詞章段落の上に整理番号を付すが、冒頭①は「翁」全体の中では十五番目の段落に当たる。

①　先づ一に取りては　唐天竺ひろむらの宝を数へて参ろよ　白金がなんりやうに……三（千）石の粗淅《あらかし》が米と　斯様な宝を数へて参りたよ　翁殿　ひろむらの宝を数へて参りたよ

②　唐土の宝を数へて参ろよ　豹や虎の皮　こつびやつじやら石　麝香が臍までも　斯様な宝を数へて参りたよ翁殿

③　島国の宝を数へて参りたよ　鵠はこがれで　鷲の舞ひ羽　鶴の羽かやし　鴨のもちびる

鳶のくろほろ　烏の濡れ黒　雀のしめ色　斯様の宝を数へて参りたよ翁殿

④鬼ケ島の宝を数へて参りたよ　隠れ蓑に隠れ笠に打ち出の小槌に　延命小袋　浮沓　沈沓　一夜に千里飛ぶ蝶よ　霞が淵（「翁松かげ物語」にかすみかふちとある）とか　斯様な宝を数へて参りたよ翁殿

⑤国々の宝を数へて参ろよ　京に車　大津舟とよ　美濃に白絹　伊勢に伊勢絹　尾張に上品　三河にこそ紬が太夫　信濃に青苧　善光寺に細布　遠江にこそ粗漸《あらかし》が米とか　駿河に斧とか　伊豆に大倉　上総鐙　甲斐に黒駒　父馬百足　母馬百足　武蔵に胸懸　奥州国のこたまちりかい迄も　斯様な宝を数へて参りたよ翁殿　国の宝を数へて参りた

⑥殿ばら達の宝を数へて参りたよ　太刀と刀と　弓と槍と　燕胡　籙面頬　報奨呈上　主の徳とりの烏帽子　小結までも数へて参りたりや翁殿　殿ばら達の宝を数へて参りたよ

⑦女房達の宝を数へて参りたよ　十二単衣の唐の鏡に　五尺の髢に　八尺の掛け帯　額脇の笄迄も数へて参りたりや翁殿　女房達の宝を数へて参りたよ

⑧翁こんなまろが宝こそ多けれ　先づ一にとりては　是より西の筑紫博多に積むもの候よ　大鍛冶（大舵とかける）が船をば小鍛冶（小舵とかける）が舵取つて　小鍛冶が舟をば大鍛冶が舵取つて　搗い師が持つて来て杜氏に渡いて　杜氏が持つて来て搗い師に渡いて　同じく軸をば帆柱と定めて　読まねど書かねど　法華経八巻　帆面に打ち上げ　十二の菩薩は艫辺に結へて　翁こんなまろは便船にさし乗り　福石徳石　並ぶ石をば　ちよんと漕ぎ巻いて　新宮湊に舟をば着けたりや翁殿

⑨　新宮湊へ舟をば着けて　新宮は阿弥陀　本宮は薬師　那智の御山に十羅千手の観音に
熊野に三社に行歩と参らせ　善哉善哉と漕ぎや持つて来て　京が小島へ舟をば付けたりや
翁殿

①〜⑦は「唐土」「島国」「鬼ケ島」「国々」「殿ばら」「女房達」の宝数えである。これは「類纂もの」「物尽し」の系譜に属している。⑤は「諸国名産尽し」である。この形式は「神寄せ」と類似しており、諸国の産物の豊かなるを祈ることにもつながる。⑧では「翁こんなまろが宝こそ多けれ」で始まり、「宝数え」「宝数《よ》み」の形式で始まるのであるが、「宝数え」は⑧を以て船旅の形式を併せることになり、結局、その船旅は寺社めぐりということになる。「翁こんなまろ」の真の宝は寺社にほかならないのであり、翁が庶民を諸国の寺社の仏神に引き合わせるという構造になっているのである。

寺社めぐりの舟旅はさらに続く。

⑩　京が小島へ船をば着けて　京にまします瑠璃光如来　北野に天神　愛宕の御地蔵に　行
歩とて参らせよ　善哉善哉と漕ぎや持つて来て　鷺湊へ船をば着けたりや翁殿——

⑪　鷺湊へ船をば着けて　伊勢にまします内宮外宮に百廿末社　天の岩戸に大日如来　朝熊
に虚空蔵行歩とて参らせよ　善哉善哉と漕ぎや持つて来て新井（新居）湊へ船をば着けた
りや翁殿

⑫　新井の湊へ船をば着けて　三河の国こそ一宮二宮大山が宮とか　鳳来寺にまします十二
神の御薬師　白山白山役の行者　角谷にまします白鳥早鳥金剛童子　本宮石まき　豊川弁

財天神　小松原に馬頭観音に　行歩とて参らせよ　善哉善哉と漕ぎや持つて来て　天竜川路へ船をば着けたりや翁殿

⑬　天竜川路へ船をば着けて　遠州国にこそ一宮二宮鹿苑大菩薩　雨の宮明神に　川根に竜神　十六所の明神　木原にましまする若一王神　こうにましますをろをさ天神　法多観音に中泉に八幡　池田子安の明神　曳馬の観音　浜松にましまする五社のお宮も　諏訪の御宮も鴨江の観音　竜泉寺の御楽師　井伊ノ谷に八幡　浜名に神明　方広寺に開基開山　仏坂にましまする十一面観音に　御嶽に蔵王　たちすの明神に宮口にましまする庚申仏とか　高根山の観音に　岩水に御薬師　椎ケ脇の水神に　鳥羽山観音に　光明の山に虚空蔵　秋葉に観音に　山住の権現に　神妻の明神　行歩とて参りたよ　善哉善哉と漕ぎや持つてきて阿多古川路へ船をば着けたりや翁殿――⑭「阿多古川路へ船をば着けて」を受けて次に続ける。

「翁」詞章の構造は第1図に整理した通りである。実にみごとな構造化がなされており、叙事的な展開を持っていると言える。翁面の由来を説き、翁の紹介がある。翁が、いかに長寿であるかをくり返して述べ、翁の聖者としての性格を印象づけてゆく。宝数えはみごとであり、「鬼ケ島の宝」は、「桃太郎」に見える鬼ケ島の宝を彷彿とさせる。「国々の宝」は「諸国名産尽し」となっているのである。特に注目されるのは、「翁の宝数え」である。この部分は、「宝船の道行き」といった形式をとっており、その宝が、諸国・諸地の神仏の御名である。形式的には「行歩」即ち、船を降り、徒《かち》めぐりの修行参拝をすることになっている

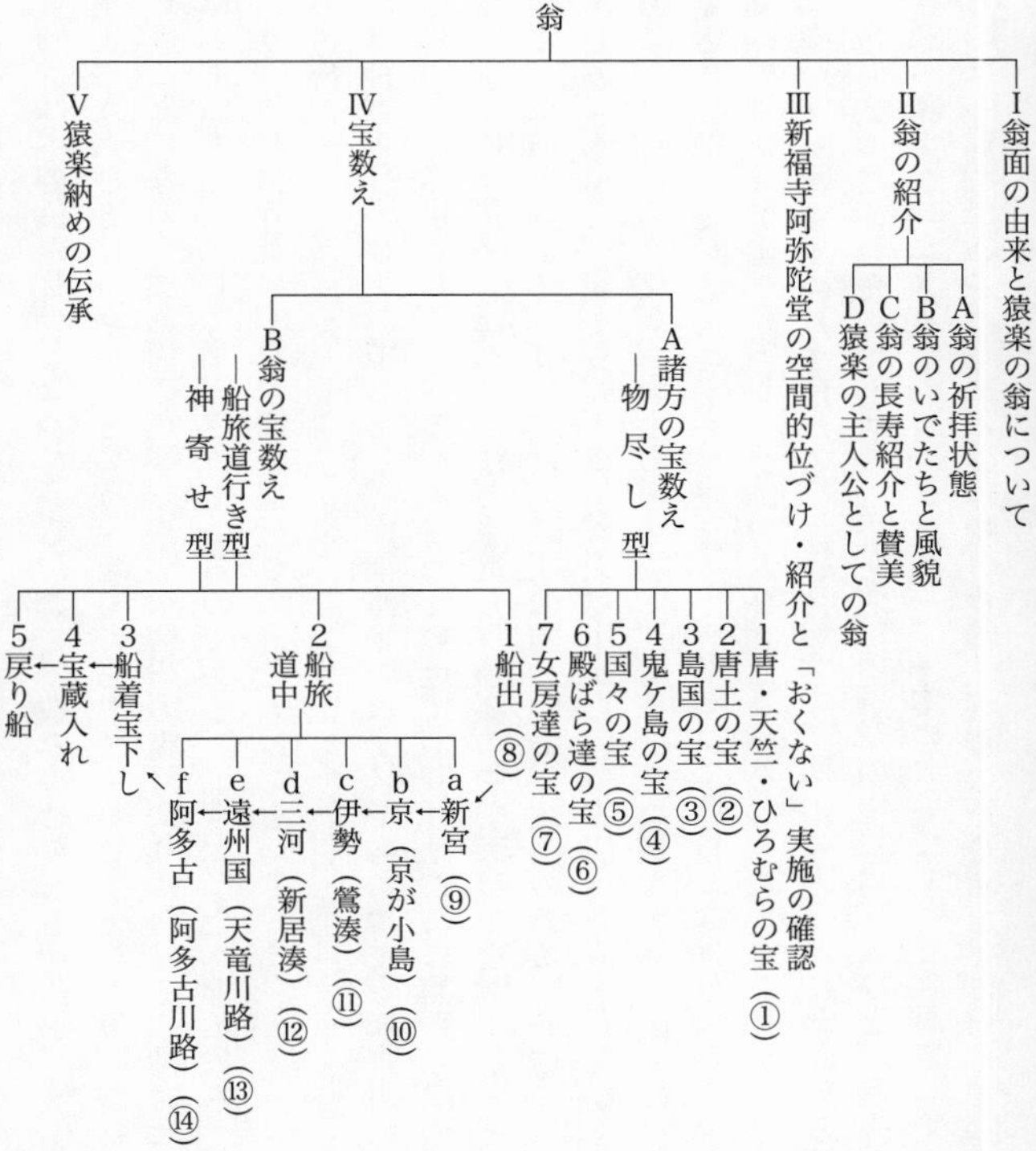

第1図　懐山のおくない「翁」詞章の構造、（　）内は詞章整理番号

が、実質的には「神仏寄せ」となっている。ここで数《よ》み寄せられる神仏が、懐山新福寺阿弥陀堂に集まった人びとに「幸い」という宝をもたらしてくれることになり、翁はそのとりつぎ役ということになる。奥三河の花祭りや、南信州の霜月祭りにおける「神寄せ」がここにおいては「神仏寄せ」として誦唱されているのである。「神仏数え」「神仏数《よ》み」になっているのであり、それは寺社めぐりの巡礼道行きの形を兼ねてもいる。

「宝船の道行き」の構造はみごとで、まず、西方から来た船が新宮に着くところから始まる。それは神武東征のコースでもあり、徐福渡来のコースでもあった。熊野川河口右岸にある蓬萊山は、翁が常世から到着するにふさわしい地であり、そこには熊野三山の聖なる世界があった。さらに、伊勢↓三河↓遠江と東進し、遠江の中で天竜川を溯上し、その支流阿多古川に至る。東進のコース、さらには、遠江の国の中で、懐山のある阿多古に焦点をしぼってゆく求心的な構造と、海から、天竜川、天竜川から阿多古川へと溯上してゆくコースがみごとである。それは、文化が、海上の道を経て、川を伝いながら次第に山中に浸透してゆく様をみごとに象徴しているのである。次に、「戻り船」に注目しなければならない。翁は、宝船で諸国の神仏を懐山へ案内し、懐山の人びとに幸いをもたらしてくれたのであるが、その翁殿は幸いをもたらすのみではなく、「戻り船」で、懐山の人びとにかかわる諸害・諸悪をすべて持ち去ってくれたのである。「戻り船」の詞章の中には、人びとが除去してほしい諸害・諸悪・諸災が列挙されている。その中で、「中に於いても」と強調されて呼び立てられているのは「鼠」であった。鼠は農作物・食糧・養蚕の蚕や繭などに対して甚しい害を与えていたのである。この詞章の最後に、「翁こんなまろが戻り帰る後姿」を叙しているところは、まさに神を送るイメージが鮮烈に出ていて印象的である。翁は常世からムラを訪れ、常世へ帰ってゆくのであった。

「懐山のおくない」の中の「翁の詞章」には『古事記』の記述で確かめた、「地名列挙」「神名列挙」という「類纂発想」の祖型をふまえ、発展させた、社寺巡拝・神仏寄せが渾然として展開されていた。さらに、「諸国名産尽し」まで含まれていたのである。

㈢　口誦＝口承＝教育

類纂発想型の口誦や民謡は各地でさかんに誦唱された。次に示すものは、長崎県対馬の豆《つ》酘《つ》で歌われている「島めぐり」である。

〽今日は吉日日柄よし　船江の浜で船に乗る　船江立亀したしらき　野良崎鼻を乗りいだす　小阿須千歳の姫小松　大島鼻や黒島や　寝ても寝られぬ今宵かな　夜は何時や明方や　夜もほのぼのと明け白む　鳥の声ともろともに　大綱小綱を乗りいだし　荷船をつなぐ志多の浦　尾崎まわれば阿連小茂田　久根や上槻荒磯で　瀬端を乗るな船子ども……(以下略)

静岡県藤枝市には『村附往来《むらづけおうらい》』という口誦用資料の記録がある。成立年代は不明であるが、内蔵正治氏所蔵文書には「嘉永七寅年仲春写之」の文字がある。以下にその一部を紹介しよう。

そもそも田中の御城下は　枝葉の町も栄えつつ　松にからみし藤枝の市の辺を市部村……五十海を棹さし見れば時ヶ谷の方に蔵王と水の音　藪田に住みし番い鶴　物むつまじき中之郷　葉梨に聞きし白藤の　滝の西方北方に　桔梗刈萱女郎花　咲き乱れたる花倉に今朝置き初めし下之郷……（以下略）

『村附往来』に詠みこまれた地名は、現在の藤枝市・島田市・焼津市・岡部町（現藤枝市）の広範囲にわたっており、掛詞なども巧みに使われているなど、かなり文学的素養のある者が作ったと考えられる。これは、おそらく、寺子屋などで、郷土の地理教育の一環として口誦・暗誦素材とされていたものにちがいない。口誦資料において類纂発想が盛んになった土壌には、文字以前の時代に培われた「口誦の場における口承」「口誦による伝承」という強い原理性が存在したものと考えてよかろう。伝承のためには口誦が前提となり、口承による伝承方法には類纂形式が効率的だったとも言えよう。そして、それは「教育」という面でも大きな力を発揮してきたのである。

日常生活の中でも類纂発想により一定の主題を一定の音数律のもとに定着させ、口誦をくり返すことによって伝承してきた例も少なくない。

①西谷蒟蒻《こんにゃく》　北郡茶《ほくそぎ》　峰牛蒡《ごんぼう》に　高原大根（和歌山県西牟婁郡中辺路町西谷・大内貞一郎・明治二十九年生まれ）。

②節供一日　コトヒナカ　間《あい》の休みはヒトチカラ（兵庫県宍粟郡一宮町倉床〈現宍粟市〉・小室勘一・明治四十三年生まれ）。

③バンタバクローバカデッポー（静岡県引佐郡引佐町〈現浜松市〉）。
④四十四の尻子　四十八の恥かき子（同磐田郡豊田町富里〈現磐田市〉）。
⑤四悪十悪相手はおよし（同）。
⑥芹薺御形蘩仏の座菘清白これぞ七草（各地）。
⑦六丸や四七柿の実八玉子九つ時の糸の細さよ（『農具揃』⑥）。
⑧新米（新間）の米を大腹（大原）で食って糞《くそ》を放《ひ》るいど（昼居渡）尻《けつ》を洗いざわ（洗沢）（静岡県榛原郡本川根町犬間・菊田秀安・昭和五年生まれ）。
⑨良い尻（井尻）黒股（黒俣）帯（大尾）の下せせりもせずに孕みいし（孕石）（同掛川市・原田傳佐司・昭和九年生まれ）。

①は「諸国名産尽し」の地域版とも言えるもので中辺路町南部の地名と特産物が詠みこまれている。②は、この地の休日、休みを類纂口誦し、教育的に伝承しようとしたものである。節供は一日休め、コトの日は半日休め、その他は仕事のあいまの一服だけだというのである。③は、主として、安定性のない鉄砲撃ちに対する揶揄を込めたもので、ここでは、「バ」を重ねることによって面白味を出している。静岡市中平では、「バンタ　バクローノデッポー」と称し、別に「殺生三文稼ぎ」という口誦句も語った。⑤は、結婚相手との年齢差の俗信で、四歳ちがい、十歳ちがい、同い年を嫌った口誦句である。「相手」はこの場合同年を示している。この地では「姉《あんねえ》かっかあ蔵が建つ」と称して姉女房をよしとした。⑥は全国的に知られたもので、春の七草を、五・七・五・七・七の中に詠みこんだもので、こ

れこそ類纂発想の口誦による教育と伝承を意図し、それが徹底されてきた好事例と言えよう。⑦は、猫の眼の形状によって刻限を知ることの口誦資料である。これも短歌形式への定着によって口誦効率をあげ、教育と伝承を確かにしようとしたものである。

⑧は、静岡市街地を離れ、藁科川ぞいに、溯上し、本川根町へ向かう道ぞいにあるムラムラの地名を詠みこんだ、あまり品のよくない地口であり、いわば、「道行き型地口」ともいうべきもので、戯《ざ》れのうちに地理教育をしているとも言える。この地口は、本川根の人びとが静岡に出る道筋とムラを教えているのである。菊田秀安さんは、これを、少年の頃、慶応二年生まれの祖父菊蔵から教えられたという。

⑨も掛川市在の地名を集めた卑猥な戯れ唄である。「大尾」は「おび」と読み、大尾山顕光寺の「大尾」を意味している。また、「孕石《はらみいし》」は、「子生み石」を祭る「孕石神社」のあるムラの名である。⑧⑨ともに、掛詞の技法によっている。

もとより、『枕草子』の物尽しは、伝承・教育を越えて文学的であるが、その意味では、『梁塵秘抄』『閑吟集』の物尽しも美しい。このことは、類纂発想・物尽しが、誦唱はもとより歌唱に適していることを証言するものである。

〽よくよくめでたく舞ふものは　巫《かうなぎこ》　小楢葉《ならは》車の筒とかや　やちくま侏儒《ひきまひて》舞手傀儡《くぐつ》師　花の園には蝶小鳥

〽をかしく舞ふものは　巫小楢葉車の筒とかや　平等院なる水車　はやせば舞ひ出づる蟷螂《いぼうじり》　蝸牛《かたつぶり》（『梁塵秘抄』）

〽ひくひくひくとてなるこはひかで　あの人の殿ひく　いざ引く物をうたはんや　いざひく物をうたはん　春の小田には苗代の水引く　秋の田にはなるこひく……（以下略）（『閑吟集』）

『閑吟集』の「引くもの尽し」と同一発想は「鹿児島小原《おはら》良節」の「囃《はや》し口《ぐち》」の中にも見られる。「道端大根　引かずにのすかい　思うに様どん引かずにのすかい　ちゃんちゃん茶釜の蓋とる間もね　かわいお前さんの袖ひく間もない」――

㈣　口誦と序数発想

口誦発想の一つとして「序数発想」をあげることができる。それは、日常会話に登場する短い語句の中に「民俗伝承」「伝承知識」を定着させたもの、例えば初夢について「一富士二鷹三なすび」と誦するようなものから、数え唄に至るまで多様である。

①一犬二足三鉄砲（宮崎県東臼杵郡椎葉村大藪・静岡市井川ほか）。この口誦は全国的に語られており、猟師の獲物捕獲成果をあげる条件を語ったものである。

②一ゾリ二ダイラ三セムシ（静岡県磐田市匂坂中・青島弥平治・明治三十七年生まれ）。草屋根職人の技術伝承で一五二頁でふれた通りである。

③一合雑炊二合粥　三合飯に四香煎　五合ボタモチ六団子（岐阜県揖斐郡徳山村〈現揖斐川町〉）。

④一合雑炊二合粥　三合飯四合ボタモチ　五合御幣六合団子（静岡県引佐郡引佐町寺野・伊藤八十八・明治三十年生まれ）。米食系食物の序数的物尽しになっているのであるが、一米の調理法による消費量の差異を並べたものである。

⑤一焼き二ナマス煮て食べれ（新潟県村上市瀬波）。

村上は三面川《みおもて》のサケで知られる地であるが、当地ではサケの食法のうまい順として右の序列を語りついでいる。右のような口誦句の他に、数え唄がある。例えば『松の葉』の「和歌の浦」は次の通りである。

⑥〽和歌の浦には名所がござる　一に権現二に玉津島　三に塩がま四に妹背山……数え唄は、毬つき唄・お手玉唄・地搗唄などに多く、枚挙に遑《いとま》がない。次に、石川県石川郡白峰村の小田きくさん（明治二十四年生まれ）の伝える田植唄の一部を紹介しよう。

⑦〽一番目のソートリメは計りよい米じゃ　一万一千一百石　一十石一十斗一斗一升一合一勺一才まで　計り納めて二番目に渡いた

〽二番目のソートリメは計りよい米じゃ　二万二千二百石　二十石二十斗二斗二升二合二勺二才まで　計り納めて三番目に渡いた

⑧一番はじめは一の宮　二はまた日光の東照宮　三は讃岐の金毘羅さん　四はまた信濃の善光寺　五つ出雲の大社　六つ村々天神さん　七つ成田の不動さん　八つ八幡の八幡さん　九つ高野の弘法さん　十でところの氏神さん　これほど信心かけたのに……（各地）

こうして見てくると、序数発想も、前提の類纂発想と深くかかわり、むしろ類纂発想の一種だということがわかってくる。序数発想は、類纂的な内容に序数という秩序を与えることによって、類纂的な内容をより合理的に配列し、口誦をしやすくしていることに気づく。口誦効率がよいということは、口承・伝承力においても優れているということになる。

⑥は名所めぐり、道行き的であり、⑧は「毬つき唄」として歌われることが多いが、内容的には、社寺めぐり的な面と神寄せ的なものを兼備しており、伝承的な教育力をも持つ。

㈤　口誦と連鎖発想

前田富祺氏は、「牡丹に唐獅子竹に虎、虎をふまえる和藤内　内藤様は下り藤……」「お正月は宝船　宝船には七福神……」といった事例をあげ、〝尻取歌〟と〝物尽し〟の関係に注目している[7]。口誦発想の一つには、確かに「連鎖発想」ともいうべき尻取り法がある。手毬唄として広く歌われた次の唄は尻取唄でもある。

①〽あんた方どこさ　肥後さ　肥後どこさ　熊本さ　熊本どこさ　センバさ　センバ山には狸がおってさ……

次の唄も手毬唄であり、尻取りと、「トル尽し」の両方が見られる。

②〽窪津鯨取る　鯨で油取る　油で金取る　大名は知行取る国取る　家来は草履取る　イヤサー　ヨイサノサッサ（高知県土佐清水市津呂・林兼次・明治四十一年生まれ）。

枕詞や序詞の中に同音反復型のものがあるが、これも連鎖的であり尻取型の発想だと言えよう。

右に、口誦における「類纂発想」「序数発想」「連鎖発想」について見てきたのであるが、類纂発想の古層には言霊によって地霊を発揚させるための「数《よ》みあげ呪法」があったと考えられる。いまひとつ類纂発想の基層に、「神数《かみよ》み」「神寄せ」的なものが存在したと想定される。さらに、文字以前からの伝統として、口誦を反復することによって口承し、伝承するという伝承原理が考えられ、口誦効果・伝承効果をあげるために、音数律や定型、序数発想・連鎖発想などのくふうが重ねられてきたことがわかった。口誦の反復とそれによる口承が重んじられる民俗社会の状況の中では、口誦・口承が即教育になっていたことも諸資料にふれる過程で実感できた。

三　年中行事の口誦要素

はじめに

奈良市長谷町の永岡正次（大正二年生まれ）家では、大晦日の深夜、松明をともして、〽福万回　福万回、と唱えながら門口まで年神を迎えに出る。また、奈良市和田町の大北正治（大正十三年生まれ）家では、若水汲みを今でも次のように行っている。若水汲みの桶の中に、ナカグロ箸[1]の一端に丸平餅二個・みかん・柑子・トコロを刺したものを入れる。この箸を井戸に供え、いよいよ若水を汲む時、〽フクマルさんどうぞ　〽フクマルさん入っておくれ、と唱える。長谷町の谷脇勇（明治四十一年生まれ）家では、元旦に、膳にウラジロを敷き、重ね餅・暦・財布を載せ、これを持って南を向いて拝む。その時、〽センマイセンマイ新しい年を迎えさせていただいてありがとうございます、と唱える。

三重県鳥羽市国崎では一月七日、七草の日に、ヒジキ・フノリ・タンプク・ネズミノオンボ（尾）と呼ばれる海藻類とナズナを俎の上で叩いて神棚に供えた。叩く時に、〽なずな七草　唐土の鳥が日本の土地へ渡らぬ先にカキアカシてホトホト、と唱えた（橋本こはや・大正二年生まれ）。春の七草を叩く地方が多い中で、ここは、さすがに海女のムラらしく、海藻を中心にして叩く。この行事のことをこの地では「ナナツナナクサ」と呼ぶ。同音反復の美しい呼称である。同じ七草の唄でも、静岡県磐田郡水窪町有本では、〽唐土の鳥と日本の鳥の七草ナズナで鳩ポッポッポ、と唱えた。この地には水田が全く無く、農業はすべて畑作だったため、山鳩の害にはいつも悩まされていた。そうした環境の中で七草唄が変貌したのであった。静岡県御殿場市中畑の勝又富江さん（明治四十年生まれ）は、「二十日正月目がさめた」という口誦句を語る。一月二十日の初エビスを以てすべての正月行事を終え、「褻《け》」の生活にもどるというのである。また、静岡市中平の見城徳さん（明治三十九年生まれ）は、「正月の三月《みつき》倒れ」と称し、正月の消費が、平素の三ヵ月分に当たると語る。

奈良県吉野郡吉野町山口には「芋の汁食《く》て長夜なべ」という口誦句があった（一一頁参照）。旧暦八月十五夜に里芋を供え、その夜、里芋の汁を食べる習慣があった。芋名月の里芋を食べた夜から「長夜なべ」をする不文律があったというのだ（森口たまゑ・明治四十年生まれ）。愛知県北設楽郡東栄町小林では九月三十日に釜神様を出雲へ送る。その時餅を重箱に入れて供えながら女達は「わしも行きたや親里へ」と語ったものだという（森谷丹一・大正七年生まれ）。

静岡県の旧志太・榛原郡下では十一月二十三日に家々で「大師講」という行事を行った。ボタモチを作って、そのスリコギで玄関の大戸に「大」の字を書いたのである。毎年、同じところに「大」を重ね書きするので板戸に白々と大の字が浮かびあがっていた。これは、収穫祭の一種なのであるが、この行事をめぐって様々な口誦が行われ、伝承されていた。藤枝市花倉の秋山政雄さん（明治二十九年生まれ）は次のような「ナゾ」を語る。「大師講のボタモチとかけて何と解く」↓「沖中の舟と解く」↓「その心は」↓「早くミナト（港と皆戸を掛ける）に着きたい」――また、同市谷稲葉の萱谷たまさん（明治三十七年生まれ）は、唐臼ひき唄として次の歌詞を伝えている。〽島田小作さんは刈り上げに扱《こ》き上げ亥ノ子大師もみな一度――[2]。また別に、同市市場の杉本良作さん（明治三十年生まれ）は大師講のボタモチで書いた「大」という字が凍ると麦の世の中がよい、麦が豊作だ、と伝えている。「大師講の御馳走はエビス様に隠せ」という口誦句もある。民家の建て替えが進み、家々の玄関から板の大戸が消えた。そして、それと呼応するかのように大師講のボタモチも消えた。大師講という秋の年中行事のボタモチをめぐって、これほど豊かな口誦民俗がくりひろげられていたのである。このことは、人びとが、ハレの食物としてのボタモチをいかに楽しみにしていたかを物語るものであり、庶民の、豊かな「ことばの生活」を象徴するものでもある。中国地方ではイノコ祭りに子供達が「イノコさんを祝わん者は鬼産め蛇産め角の生えた子産め」と囃しながら家々を巡る例がある。また、宮崎県の高千穂には、「小豆を食べなければ師走川が渡れない」と称して十一月末に小豆を食べる習慣があった。静岡県藤枝市蔵田には、「師走川渡らぬ先にツボ餅を」という口誦句があり、十一月末日に、稲の落穂や拾い米で作った餅を食べた（藤田賢一・明治三十五年生まれ）。

右に見る通り、年中行事に限ってみてもその口誦はまことに豊かであり、それが民俗伝承の教育要素になっていることがよくわかる。

ここでは、右に見てきたような、年中行事にかかわる口誦要素に焦点を当ててわが国の多くの年中行事の中から今回は、正月・小正月・節分・コト八日、をとりあげた。しかも、正月は、「言立《ことだ》て」に限り、逆に、コト八日では、行事の本質検討に深く食いこむなど、叙述の統一性を欠く部分もある。しかし、いずれも、口誦要素に耳を傾け、目を据えることによって、これまで見逃してきたわが国の民俗文化の襞に光を当て、深層を明らかにしようとしたものである。

(一) 正月の「言立て」と民俗教育

正月の供えものに使う栗や干し柿といった祝儀食物の名を掛詞的に用いて「言立て」をするといった習慣が広く行われている。この祝儀言立ての慣行は、正月というハレの日の供えもの・食物・燃料・飾りもの等について幅広く行われており、発生的には「モノ」が先行し、「コト」(言)がそれに合したものと考えられるが、時の流れの中で互流の動きが生じたことは自然のなりゆきだった。「コト」から「モノ」への動きによって、縁起のよいものが追加される場合がなかったわけではない。もとより、祝儀言立ては正月に限ったものではなく、様々な場面に行われているのであるが、ここではまず、正月にかかわる祝儀言立ての事例を紹介してみよう。

①「借りるより貸すように」という願いをこめて正月には糟汁を食べた。また、「大株になるように」との願いをこめて正月には蕪を食べた(山形県西村山郡大江町柳川・庄司豊

雄・大正二年生まれ)。ここでは「貸す」と「糟」、「株」と「蕪」が掛詞として用いられている。なお、この地では、カノと呼ばれる焼畑で蕪が盛んに栽培されていた。

②正月の鏡餅の脇に栗と干し柿を供え、「クリよくカキとり」と称した。「繰り良く掻き取り」の意で、「家の経済の繰りまわしをよく、収入を多く掻き取るように」という願いをこめたものである(新潟県北魚沼郡入広瀬村大栃山〈現魚沼市〉・大島金七・明治四十三年生まれ)。

③正月、鏡餅の脇に栗と串柿とを飾り、「カキこんでクリまわしのよいように」と称した(岐阜県吉城郡上宝村田頃家〈現高山市〉・清水牧之助・明治四十年生まれ)。ここでも事例②と同様にカキ・クリの掛詞的な言立てが行われている。

④元旦の雑煮の焚きつけには必ず茄子ガラ(保存しておいた茄子の枯茎)とグミの生木を使った。その時、「借金ナスから身上グミ出す」と唱えながら焚いた(静岡県裾野市佐野・鈴木俊一・明治三十三年生まれ)。ナス(済《な》す)とグミ(産み)が掛詞的に用いられているのである。

⑤正月には、一升枡に米を入れ、その真中に栗三個、二つの隅に干し柿と、大豆数粒をのせて歳神棚に供えた。その時、「マメでクリクリカキとりに」と唱えた(静岡県磐田郡水窪町向市場・川下勘三郎・明治三十六年生まれ)。言立ての意味は、マメ(健康)でくりくりと掻き取るように働けますように、との願いをこめたものである。

⑥元旦、主人が氏神白羽神社に参拝し、それからその年のアキ(明き)の方の山に赴き、

樫・栗・萱（薄）を折って帰ってこれを輪切りの大根に挿し歳神棚に供える。これを「トリゾメ」と称し、三つの植物を用いる理由を「カシクリカヤセ」（借りたものは返し、貸しを繰り返せ）の意だと説く（静岡県榛原郡中川根町尾呂久保・土屋猪三雄・大正四年生まれ）。樫は生命力の強い木で古くはその実を食用にした。栗は山地の重要な採集食物であり、萱は大切な屋根材である。

⑦静岡県引佐郡引佐町では「雑煮の下盛り」と称して、餅の下に必ず里芋を入れる。その理由として、「ショイアゲル」（背負い上げる）、「親が子を持つ」——などと言い伝えている。

⑧正月の注連縄には藁のタレを垂らすのであるが、注連縄を張る場所によってそのタレの数を変え、言立てをした。井戸に張るものは二本・五本・三本のタレを垂らし、「ニゴサン」（濁さん）と称し、便所に張るものには四本・五本・三本のタレをつけて、「ヨゴサン」（汚さん）と唱えた。神棚には七・五・三のものを張った（大阪府河内長野市天見・堀切五十次・明治三十五年生まれ）。

⑨正月、次のものを盛った祝い膳を床の間に飾った。①コバンモチ　②ダイダイ　③トコロ　④コブ　⑤栗　⑥串柿——。ダイダイとトコロで「代々所が変わらぬこと」を、コブで「ヨロコブ」を、栗で「カチグリ」を示した。また、串柿は、一串十個で、両端に二個ずつ、中に六個がさされており、「フーフ・ニコニコ・ナカムツマジク」を示しているという（奈良市中畑町『奈良市年中行事調査報告(1)』平成二年度・奈良市教育委員会）。奈良

市和田町の大北正治（大正十三年生まれ）家では、正月、歳神棚に餅・みかん（かつてはダイダイ）・串柿・栗・榧《かや》の実・トコロを供え、歳神棚をおろす時に、「代々所にいるように」と言って、トコロを掘ったところに埋めもどした。

⑩元旦の雑煮は、前年門松の根方に並べ立てた栗または楢の割木と、マメギと呼ばれる大豆ガラとで煮る。マメギを使うのは、一年間「マメ」（健康）で暮らせるようにとの祈りをこめたものだという。雑煮には里芋のカシラ・大根・人参・餅を入れる。まず当主が里芋に箸をつけ、それを刻んで家族に分けた（奈良市大保町・火狭平治・大正七年生まれ）。

正月以外でも祝儀言立てをした。例えば次のような例がある。

(a)節分には茄子のカラと豆ガラで豆を炒った。「マメでナスように」という意であった（静岡県田方郡中伊豆町筏場・塩屋吉平・明治三十年生まれ）。

(b)茄子ガラと豆ガラをとっておき、囲炉裏で燃して豆を炒った。「一年間マメでナスように」という意味である。炒った豆は一旦神棚にあげ、主がアキの方を向いて撒いた（同田方郡天城湯ケ島町箒原〈現伊豆市〉・浅田重子・大正八年生まれ）。

(c)春祈禱にはマメで暮らせるようにとの祈りをこめ、一升枡に大豆を盛り、それに御幣を立てて祈った（同磐田郡水窪町大野・水元定蔵・明治二十二年生まれ）。

(d)正月の焚き初めにバメ（ウバメガシ）の枝を燃し、葉の焼けるパチパチという音を「ゼニカネ　ゼニカネ」と聞きなした（同下田市須崎・小川福太郎・明治三十九年生まれ）。

(e)小正月の団子さしの際、エビス・大黒に供えるものはバメの枝に刺した。団子をさげる時、バメの枝を燃し、パチパチという音に合わせて「ゼニカネ　ゼニカネ」と唱えた（同賀茂郡松崎町池代・山本吾郎・明治四十一年生まれ）。

右に見てきた祝儀の言立ては、年改まり、行事を行うたびに口誦された。それは、家の中で、祈願効果をあげるとともに、一種の民俗教育となってきたのであった。家にとって重要な年中行事の構成要素が、言立てし、口誦することによって伝承されたのであった。

(二)　小正月「ナリ木ぜめ」の演劇性

一月十四日または十五日の朝、柿・栗・梨・梅など、屋敷の果樹を叩いてその年のナリ木の実りの豊かならんことを祈る行事が広く行われている。それは「ナリ木ぜめ」と呼ばれることが多い。この行事は詞章・呪言を伴っており、中には文学性の高いものもある。以下、若干の事例を示そう。

①一月十三日ミズキの枝に団子をならすダンゴサシを行う。家の男兄弟は、十四日の早朝に、藁叩きなどに使う横槌を縄の先に縛りつけたものを引きずりながら屋敷の中の母屋の周囲を三回まわる。一人は十三日の団子サシの折の団子の湯を手桶に入れて持つ。その時、〽ツチンボーのお通りだ　長虫来んな　団子の湯は魔除けだ――と大声で叫びながらまわる。まわり終えると屋敷に生えている柿・梅・栗などの木のもとに赴き、兄が鉈《なた》の背で木を叩きながら〽ナルかナンネーか、と唱えると、弟はそれに対して〽ナリマスナリマ

ス、と答えた。ナリマスと答えると兄が桶の団子汁を木の根にかけた。終わって家に入ると祖母《ばあ》さまが甘酒を沸かして待っていてくれた（福島県南会津郡田島町静川〈現南会津町〉・猪股俊夫・昭和十三年生まれ）。

②一月十四日早朝、横槌に縄をつけて母屋の周囲を引いてまわった。その時、〽ヨコヅチどののお通りだ　長虫来んな虫来んな――と唱えた。これが終わると屋敷の柿の木・栗の木などを鉈の背で叩きながら〽ナルカナンナイカ、と問い、〽ナルナル、と答えると木に団子汁をかけた（福島県南会津郡南郷村山口〈現南会津町〉・酒井末吉・大正十四年生まれ）。

③一月十五日の朝、兄弟で屋敷の柿の木のもとに赴き、兄が〽ナルカナラヌカ、と唱えて柿の木に鉈で少し傷をつけた。それに対して、弟が〽ナリモス　ナリモス、と答えると、兄は柿の木の傷に小豆粥をなすりつけた（静岡県藤枝市蔵田・藤田賢一・明治三十五年生まれ）。

④一月十五日朝、小豆粥を煮、一人がその粥を持ち、いま一人が鉈を持ってサイラクという柿の木のもとに至る。鉈を持った者が、〽ナルかナラぬか　ナラぬと鉈でたたっ切るぞ　鼻をたらすな――と唱えながら鉈で柿の木に傷をつける。すると粥を持った者が〽ナリマス　ナリマス、と応じて粥を薄の箸でその傷になすりつける。「鼻をたらす」は、柿の実が腐って落ちることである（同兵太夫・外村いね・明治三十六年生まれ）。

⑤一月十五日早朝、神前に供えた餅を入れた小豆粥を一尺ほどの樫の木の棒の先につけて屋敷の柿の木や枇杷の木を叩きながら次のように唱えた。〽柿の木柿の木　ナルかナラぬか

千百俵ナロウと申せ　ナラぬと来年ブッ切るぞ　高いとけえナルと鳥が取るぞ　低いとけえナルと子どもが取るぞ　中どこへブラブラたんとナレよ――（静岡県裾野市佐野・鈴木俊一・明治三十三年生まれ）。

⑥一月十五日、子供達が手に手に模造の刀を持ってムラを回り、家々の柿の木の下で次のようにした。まず、〽ナーリマンショ　ナリマンショ　ナンナイとブッタ切るぞ、とA群が刀で柿の木を叩く。すると、B群の子供が〽千八百《せんはっぴゃく》八叺《やかます》ナリ申そう――と応じた。なり木ぜめをしてもらった家々では子供達に祝儀を与えた（静岡県賀茂郡松崎町池代・山本吾郎・明治四十一年生まれ）。

⑦一月十五日には餅を搗き、椿の枝に餅切を刺したものをすべての麦畑に一本ずつ挿した。また、鉈で柿の木を叩きながら二人で次のように唱え餅を供えた。〽ナロウかナルめえかナラずば木戸の脇のダイリュウドネに頼んで切っ倒し申す。これに対して別の者が、〽千人がり万人がりナッともナッとも（宮崎県西都市出身・河野ぎん・明治四十五年生まれ）。

ナリ木ぜめは、東北地方から九州に至るまでの広い範囲で行われていたのである。右の事例の中で、①②③④⑥⑦はすべて問答形式・会話形式であるが、⑤だけは、一方的な命令形式である。この形式は、静岡県御殿場市・同駿東郡長泉町などにも見られる。これによって、ナリ木ぜめの呪言には二つの型があることがわかる。⑤の、「高いとけえナルと鳥が取るぞ　低いとけえナルと子どもが取るぞ　中どこへブラブラたんとナレよ」の部分は、『古事記』応仁記の歌謡、「香ぐはし花橘は　上枝《ほつえ》は鳥居枯らし　下枝《しづえ》は人取り枯らし　三つ栗の中つ枝の……」とみごとに類似していて興味深い。

ところで、ナリ木ぜめ呪言の主流が問答形式であることはたしかであろう。ナリ木ぜめについて高崎正秀は次のように述べている。[3]——福島県相馬地方では木呪《キマジナ》ひ、仙台では餅切り、青森では切脅《キリオド》しなどと呼んで、「生《ナ》るか生らぬか、生らなきや打切る」と脅す人と「生《ナ》ります生ります」と服従の詞を誓ふ人——これを主人と下男とが裃で、いまも実演する土地さへあつて、嘗つては神と木の精の神聖厳粛な抗争であつた事実を物語つてゐる——。まことに鋭い指摘である。「ナルカナラヌカ」というのが神の詞であり、「ナリマスナリマス」というのが木の精の服従誓約の詞になっているのである。事例①②③でいうならば、兄が神を演じ、弟が木の精を演じてその年の木の実の豊穣を誓約していることになる。事例⑦の、「千人がり万人がり」の「ガリ」は、「カルウ」という意で、担ぐことを意味している。ここでは、単に、その年実をつけることを約束しているのではなく、千人万人が担ぐほど大量の実をつけることを誓約しているのである。事例⑥でも「千八百八叺」と豊作の誓約をしている。⑥は、東北地方の鳥追い行事に似た巡回門づけ型になっているところにも特色がある。

後述の節分事例(53)（一一六頁）に、家の主が来訪神の資格で「モロモウ」と叫ぶことについてふれるが、年中行事の中には、このように、問答形式・会話形式を以て、神事的な行事を演劇的に展開するものがいくつか見られる。このことは、演劇の発生・始原の芸能を思わせるものであり注目されるところである。行事の中で、神霊の詞として発せられるものは、呪力と威力の強いものであった。

長野県下伊那郡上村下栗（現飯田市）ではナリ木ぜめのことを「初山ナラシ」と呼び、一月十四日の朝これを行う。屋敷のナリ木を斧で叩き、問答をしてから木に栃粥をなすりつける。静岡市有東木では柿の木をヌルデの粥掻き棒で叩き、木に小豆粥をなすりつける。先に紹介した事例③④⑤でもナリ木に小豆粥を付着させている。こうして見ると、ナリ木ぜめと小豆粥のかかわりが深いことがわかる。事例①②では団子汁をかけており、⑦では餅が供えられる。ここで注目すべきは、団子汁や小豆粥が、問答の場において、「ナリマスナリマス」という誓約の後にかけられ、塗られていることである。もとより、ナリ木に肥料を与えれば実がよく生るということは体験的に知られているのであるが、誓約後にかけられ、塗られる汁や粥は神が木に与える活力剤であり、呪力に満ちた液であるということになる。ナリ木ぜめの対象樹種は、これまであげられた柿・栗・梅などにとどまることなく、愛知県北設楽郡富山村（現豊根村）・静岡県磐田郡水窪町・同佐久間町などにおいては栃の木を対象としている。このことは、ナリ木ぜめという儀礼が、農作物の豊穣予祝に先行する、採集時代の、木の実の豊饒予祝儀礼だったことを物語っている。それゆえ、木の精霊と神の問答という形式が、より根強く、実感的に伝承されてきたのであった。

ところで、事例①②においては、ナリ木ぜめに先行する形で「長もの除け」即ち「蛇除け」の呪術が行われている。一月十五日は小正月であり、十四日は小正月の大晦日ということになる。一月十五日を中心とした「小正月」「モチ」「モチイ」には実に多くの行事が集合し、錯綜する。蛇除けからナリ木ぜめへの展開もその一つである。事例①②における蛇除け呪術の呪言に類似のものがある。次に示すⓐⓑがそれである。

ⓐ一月十五日早朝、木製の横槌に縄をつけて家の周囲をひきずりながら次のように唱えた。

〽ヨコヅチどんの御前だ　モグラモチや内にか　外へ出たらかっつぶせ（新潟県北魚沼郡入広瀬村大栃山・大島金七・明治四十三年生まれ）。

ⓑ一月十五日、麦畑へ出て栗または干し柿を食べてから、子供達が横槌に綱をつけたものを引いて麦畑の中を走りまわった。その時、大声で次のように唱えながら走った。〽ツチンドが来たに　イグラどん（モグラモチ）は逃ぎょうよ（静岡県磐田郡水窪町西浦・小塩光義・明治三十六年生まれ）。

ⓐⓑともにヨコヅチを引いてモグラ除けを行うというもので、事例①②の蛇除けと驚くほど類似している。福島県と新潟県の事例類似は予想されるところであるが、遠く離れた静岡県に類似の行事があることには驚かされる。蛇・モグラと対象物は異なるものの、右に比較した四つの例は、いずれも、横槌に紐をつけて子供が引きまわるという点、小正月に行われるという点、対象物が、地下にもぐる生物で、人に恐怖や害を与える存在である点が共通している。一体、なにゆえにこのように異様な呪術が発生伝承されたのであろうか。第一に「槌の呪力」によっていることが指摘できよう。槌は、物体を破砕する力を持つ。蛇やモグラに対して横槌を示すことは、槌の威力によって、威嚇的に打殺を予告することになり、かつ、蛇やモグラを発生せしめる大地を鎮めることにもなるのである。モグラは、畑を起こし、畦に穴をあけるなど、農業に害を与えるものである。

ナリ木ぜめとモグラ除けがセットになっている事例として『諸国風俗問状答』の「越後長岡領風俗問状答」の中におもしろいものがある。[4]「此日（一月十四日）夕つかた木祝といふ事侍り。家来一人俵と箕を負ひ手に山刀斧など持ち、一人藁うつ横槌てふもの付て、屋敷のうちを廻り、一人、ならうかなるまいか、といへば、一人、ならうと申ます、と云ひながら菓木を山刀斧して少しづつ打つ。又、一人、うぐろもちは御宿にか、といへば一人、横槌殿の御見舞だ、と高らかに唱へて廻る。かくすること家ごとにおなじ様也、民間には十五日にし侍り」——まず注目すべきは、「家来一人俵と箕を負ひ」の部分であるが、これは、いわばマレビト、即ち来訪神の風貌である。折口信夫は、「まれびとの意義」の中で次のように述べている。[5]「簑笠は、後世農人の常用品と専ら考へられて居るが、古代人にとつては、一つの変相服装でもある。笠を頂き簑を纏ふ事が、人格を離れて神格に入る手段であつたと見るべき痕跡がある。神武紀戊午の年九月の条に、敵の邑落を幾つも通らねば行けぬ天ノ香山《カグヤマ》の埴土を盗みに遣るのに、椎根津彦《シビネツヒコ》に弊《やぶ》れた衣に簑笠を著せて、老爺に為立て、弟猾《オトウカシ》に箕《み》を被かせて、老嫗の姿に扮せしめたことが出て居る」——俵と箕は豊穣の象徴でもあるのだが、箕は、右の『日本書紀』の記述内容および、折口の解説を参考にすれば、変身呪具とも解せられるのである。箕を背負う者が山刀斧を持つということは、この人物が神を演じ、柿の木の精霊に豊かなる実りを誓約させていることになるのである。

いま一つ注目すべきは、ウグロモチ（モグラ）をも二人がかりで威嚇している点である。ここでも横槌はモグラを威嚇するのに大きな力を発揮しているのである。横槌の呪力を信じる呪的行為は他にもある。例えば、静岡県袋井市豊沢では、友引の日の葬儀には、ツチンボ即ち横槌に綱をつけて道を引きまわす風習がある。横槌によって友引をする死霊を抑えたのである。

右の事例とはタイプが異なるが、次のようなモグラ除けが行われていた。

ⓒ旧暦一月十四日にモグラ打ちと称し、子供から青年までが集まって各戸をめぐり、各門口で、〽〇〇さんのところのタカナの苗床はどうでござろうか　祝うてよかろうか悪かろうか一つ二つの返答を下さい――と唱えると、家人は〽祝うてくれ　祝うてくれ、と答える。すると、子供達は棒で庭や畑を叩くのであるが、その時、子供達は、〽きたないない　ワタが出るワタが出る、と大声で唱えた。「ワタが出る」とは、モグラが叩かれて内臓が飛び出した様を示すもので、この言いたてがモグラに対する威嚇になっている（熊本県八代郡泉村樅木）。


ⓒは、子供達が来訪神の資格で家々を祝福し、害物を退治する様を演ずるものである。この形は、長野県・新潟県・東北地方に多く分布する鳥追い行事やカセドリと類似するものである。いずれも小正月に行われている点を考えると、小正月は、農耕や、人間生活に害を与える鳥・蛇・モグラなどを予祝的に追放する日だったことがわかる。小正月と蛇除けの事例として、ドンド焼き、トンドなどの灰を屋敷に撒くことを蛇除けの呪術とするものが各地に見られる。本来ならば、ここで鳥追い行事をとりあげ、鳥追い呪言・鳥追い唄等について言及すべきではあるが、その資料は厖大であり、別に述べたこともある(6)のでここでは割愛す

る。

㈢　節分——呪言の類型

節分行事にはまことに多様な呪術要素が複合している。その全体構造の整理・分析は稿を改めるとして、ここでは、節分に誦唱される誦詞や呪言を展望・整理し、併せて、節分の本質についても若干言及することになる。節分呪物の一つに、ヤキクサシ・ヤイカガシなどと呼ばれるものがある。その最も典型的なものは、柊《ひいらぎ》の枝に鰯の頭を刺し、火に焙って焦がしたものである。鰯の頭を焼き焦がす臭気と、柊の葉の突刺性によって不可視の病魔・悪霊・厄災を防除しようとするもので、「焼き嗅がし」の意である。静岡県榛原郡本川根町梅地では、次のような、焼畑の猪除けを「ヤイカガシ」と呼んだ。牡の猪の毛・川芎《せんきゅう》（強臭植物）・檜の皮の三種を叩いてまぜ合わせ、それを分けてスズ竹（三、四十センチ）に挟んで焼き焦がす。雨除けとして竹の先に八センチ四方ほどの板をつける。これを焼畑の周囲二、三メートルおきに立て、三、四日おきに焦がしてまわったのである。こうしておくと、猪は焼け焦げた臭気を嫌って焼畑の稔りに近づかなくなったという。節分の厄災防除呪物と、焼畑の猪除けとが全く同じ名称を以て呼ばれていることの意味は重い。不可視の病魔・悪霊を防除追放せんとする呪術の基層に、人びとの現実の場面における対応経験が横たわっているからである。ここではまず、そのヤイカガシにかかわる呪言から話を進めることにする。

1　隣の婆さん型

①竹竿の先に目籠をつけ、その目籠には柊の枝に鰯の頭とネギの根を挟んだものを挿した。戸口にも柊に鰯の頭・ネギの根を挟んだものを挿したのであるが、その時次のように唱えた。〽ヤイカガシの候　うらん（俺の）隣のばあさんはアカギレ足に足袋セキダ　シャラクーサイ　フグラフー（静岡県藤枝市忠兵衛・仲田要作・明治三十三年生まれ）。

②柳の箸に、樒《しきみ》・蒜《ひる》・鰯の頭を挟んで焦がし、玄関の戸口に挿した。その時次のように唱えた。〽ヤイカガシの候　長々の候　向いのじいさんばあさん　アカギレ足に白足袋はいてシャラクーサイ　ホーイホイ　ヤイカガシの候　向いのばあさん　足袋やセキダでシャラクーサイ　ホーイホイ（同大久保・平口きぬ・明治三十三年生まれ）。

③柊の枝に鰯の頭とネギの細根を挟んで焦がし、戸口に挿した。その時〽ヤイカガシの候うらん隣のばあさんは長いキセルでシャラクーサイ　フフラ　フーン　うらん隣のばあさんは足袋やセキダでシャラクーサイ　フフラフーン、と唱えた（同瀬戸新屋・青島作太郎・明治二十年生まれ）。

④鰯の頭・ネギの根・柊の葉を樒の葉で巻いて柳の箸に挟み、門口に挿した。その時次のように唱えた。また、この日、柊を挿した目籠を竿の先につけて軒端に立てた。〽ヤイカガシの候　おらん隣のばあさんはセキダや足袋ょはいてシャラクーサイ　フフラ　フーン（同兵太夫・外村いね・明治三十六年生まれ）。

⑤ヤイカガシを戸口に挿す時に次のように唱えた。〽ヤイカガシの候　うらん隣のばあさんは足袋やセキダでシャラクーサイ　〽ラフー（同市場・杉本良作・明治三十年生まれ）。
⑥ヤイカガシを挿す時次のように唱えた。〽ヤイカガシの候　おらん隣のじいさんとばあさんは　前歯二本にお歯黒つけてシャラクーサイ（同志太郡岡部町羽佐間）。
⑦柳の箸に柊の葉と鰯の頭を挟んで女の髪の毛を巻きつけて焦がし、戸口に挿した。その時次のように唱えた。〽おらん隣のばあさんは長いキセルでタバコを喫ってシャラクーサイフグラフー（同志太郡大井川町藤守〈現焼津市〉・加藤正・明治三十二年生まれ）。
⑧柳の箸に柊・樒・ネギの根・女の髪を挟んで焦がし、戸口に挿した。その時次のように唱えた。〽おらん隣のばあさんは　ヤキモチ焼いて手を焼いて　ヤイカガシの候、これは長男の仕事だとされた（同焼津市下小田）。
⑨山椒の箸に髪の毛を巻きつけ、削ったカツオ節をすりつけて戸口に挿した。その時次のように唱えた。〽ヤイカガシの候　隣のババサンが屁をへって臭いなあ　フンフラフン（同榛原郡相良町菅山〈現牧之原市〉・紅林平八・明治三十六年生まれ）。
⑩樒の葉に蒜と魚の頭を包み、樒の枝に挟んだものを戸口に挿した。その時次のように唱えた。〽ヤイカガシの候　ナメナメの候　隣のバーは赤いふんどしで白足袋はいてシャラクサイ、また、目籠に柊・ビンカ・樒の枝をつけ、竿の先につけて立てた（同中川根町尾呂久保・土屋猪三雄・大正四年生まれ）。
⑪目籠に鰯の頭・山椒の枝・髪の毛をつけて竿の先につけて立てた。その時次のように唱え

た。〽ヤイカガシの候　おらん隣の婆さんは　シャラクーサイ　フニャラフー（同御前崎町白羽・高塚佐右衛門・明治二十七年生まれ）。

⑫榕の葉とメザシの頭を燻《いぶ》した。その時次のように唱えた。〽ヤッカガシの候——また、榕の枝を門口・道の辻・畑に立てた（同榛原郡本川根町桑野山・森下覚次郎・明治三十七年生まれ）。

⑬切り盤の上で魚の頭と髪の毛をこがして、サルトリイバラの茎を箸状にしたものの先につけながら次のように唱えた。〽ヤイカガシの候　隣のばあさん　屁をへってくさい　しゃらくさい（同小笠郡浜岡町大山〈現御前崎市〉・阿形平八郎・明治三十七年生まれ）。

節分の目籠竿
（静岡県榛原郡中川根町尾呂久保）

⑭板の上に燠《おき》をのせて蒜と髪の毛を焦がし、山椒の箸にこすりつけながら〽ヤイカガシの候　高田のババアが屁をへった　ああくさい　シャラクサイ――と唱えた。武田信玄が戦った時、「高田の馬場の守が兵を退いた」と言ったのがもとになったのだと伝えている（同小笠郡大東町上土方〈現掛川市〉・穂積良作・明治三十五年生まれ）。

⑮正月に食べたサケ・マスの頭の一部を樒の葉に包んで樒の枝で作った箸に挟んで門口に挿し、〽隣のばあさん屁をこいた　おっかあヘッツイで○○の毛を焼いてああ臭い　シャラクサイ、と唱え、音を立てて戸を閉めた（同周智郡春野町花島・『立教大学春野町調査報告』）。

⑯節分には肥桶の縁を天秤棒でこすって鳴らし、「ヤイカガシの候」と唱えた。熊切では肥桶の耳を天秤棒でこすって音を出し、麦畑のモグラ追いをした（同小板・伊藤和三郎・明治四十四年生まれ）。

⑰おらん隣のばあさんは　屁をたれてシャラクサイ　ああ臭い――と唱えた。この日、隣のヤイカガシの鰯を黙って食べると風邪をひかないと伝えた（同平城・藤盛貞蔵・明治三十四年生まれ）。

⑱節分の夜には柳の箸で飯を食べる。その箸に魚の頭を刺し、それに髪を巻いて焦がしたものを門口に挿す。その時、〽ヤイカガシの候　長々お見舞申して　おらん隣のばあさんは屁をへってシャラクサイ　アラフーン、と唱えた（同磐田郡豊田町富里・杉浦庄司・明治四十二年生まれ）。

⑲榧の枝に鰯やサンマの頭を刺して火に焙る。バリバリと音がするのでこれを「バリバリ」と呼ぶ。焙る時に、〽隣のオバーのツビクサイ、と唱えた（同磐田郡佐久間町今田・高橋高蔵・明治四十一年生まれ）。

⑳柊に鰯の頭を刺し、トベラを添えて戸口に挿した。その時、〽隣のばあさん　屁をこいて臭い臭い、と唱えた（同浜名郡新居町松山〈現湖西市〉・高橋やす子・大正十一年生まれ）。

㉑クロモジ・ヒイラギ・シキミ・ニボシの頭・髪の毛を目籠につけ、さらにその籠の中に片方のワラジを吊り、籠を竿の先につけて門口に立てた。髪の毛などを焦がす時、〽ヤイカガシの候　隣のばあさんツビ臭い、と唱えた（同引佐郡引佐町東黒田・柴田隆・大正五年生まれ）。

㉒〽ヤイカガシの候　隣のババアはツブクーサ、と唱えた（同静岡市長熊・長倉てつ・明治四十三年生まれ）。

㉓豆を自分の年の数だけ川へ流し、振り向かないで家に帰った。その時、他家の門口で〽〇〇チンビー　臭い臭い、と唱えた（同田方郡土肥町〈現伊豆市〉）。

㉔萱に鰯の頭を刺し、焦がしてヤッカガシを作った。ヤッカガシを焦がしたり、豆を炒ったりする時、〽鳥の口焼き・雀の口焼き・兎の口焼き・狸の口焼き、と唱えながら「ツッツッツッ」と唾をかけた。また、ヤッカガシを戸口に挿す時に次のように唱えた。〽ヤッカガシも候　長々も候　隣のばあさん屁をへった　うん臭いやれ臭い（同田方郡函南町田

代・渡辺利雄・明治二十九年生まれ）。

㉕鰯の頭を萱に刺して戸口に挿した。その時次のように唱えた。〽ヤッカガシの候　長々の候　隣のババアのツビ臭い――また、この日、同様のものを作って畑に立てると鳥がつかないと伝えた（同裾野市須山・土屋富正・昭和二年生まれ）。

㉖鰯一匹のまま竹串に刺し、それに唾をかけながら火に焙りつつ〽カラスの口焼き　ネズミの口焼き、と唱えた。焙り終えるとそれを門口の羽目板の隙間に挿した。その時、〽ヤッカガシも候　長々も候　隣のお方も長栄《ながさか》え候　隣のおばあのツビ臭い、と唱えた（同御殿場市印野・勝間田多仕・明治四十一年生まれ）。

㉗ビンカ・樒を籠に挿して頭にかぶり、夜、メザシの頭を榧の枝に刺して、〽稗虫　粟虫ヤイカジカ、と唱えながら焙る。そして、〽うらん隣の婆さんはシャラクーサイ、と唱えて戸口に挿した（同静岡市小河内・望月繁福・明治三十一年生まれ）。

㉘鰯の頭柊を挿すことは一統なり。此日黄昏に鰯の頭を大豆木に挿して一つに握り持て、髪毛を少し巻つけ鼻水を加へかけて、扨《さて》豆を焙烙《ほうろく》の下にてこがす事なり。さて後に門玄関などより初めて厠などまでも、口のある所へは皆さす事なり。挿しながら声高に唱る事あり。云〽ヤイカガシヤア　サウラヌカ　インニヤ　マンダア　サウラアヌウ　ナガナガトウ　マアシマセエ　トナリノババアハシヤラクサイ　フフラフン――鰯頭一本ごとに此の唱事一遍づつ也（此唱事甚をかしき也。其趣意も故よしも更々知れず）。右ヤイカガシ終て豆をまく也（『諸国風俗問状答』[7]の「三河国吉田領風俗問状答」）。

さて、右に、節分行事の中で唱えられる呪言の一類型、いわば、「隣の婆さん型」ともいうべきものを紹介してきた。その分布範囲は、伊豆田方郡から安倍川・大井川流域、さらに天竜川流域から浜名湖周辺に至るまで広く静岡県下に及び、かつては愛知県でも行われていたことがわかる。まことに異様な口誦呪言であり、品格を欠く言辞を含むものも多い。一見同じもののように見えはするが注意してみると、二つの型に分類できることに気づく。その一つは、屁または性器の臭いを言いたてるものであり、いま一つは、臭気の原因となるものは一切示さない型である。資料番号によって整理すると第1表のようになる。

阿部正信の『駿国雑志』の駿府村里の「節分」の項に次の記述がある(8)。「……夜飯を食ふ。必塩鰯を焼きて肴とす。食事の後夫婦用る処の杉の丸箸の片かたの先を割り、彼鰯の頭を挟み、唾はきして大声を発して曰く。やかかがしも候ぞ　ながながも候ぞ　隣の御方の玉《つ》門《び》屎《くそ》陰核《まら》糞《くそ》　噫噫《ああ》臭《くさ》　噫噫臭　斯唱て門の左右に差すを風俗とす。按るに、やかかがしは焼鰯の頭　ながながは箸の事なるべし」とある。これは臭気要因誇示型で、このように、江戸時代の書物に収載されていることからすると、秘匿型よりも、誇示型の方が本来的で古いも

隣の婆さん型節分呪言
- Ⓐ臭気要因秘匿型 ― ①②③④⑤⑥⑦⑧⑩⑪㉗㉘
- Ⓑ臭気要因誇示型
  - ⓐ屁 ― ⑨⑬⑭⑮⑰⑱⑳㉔
  - ⓑ性器 ― ⑲㉑㉒㉓㉕㉖

第１表　隣の婆さん型節分呪言分類

のだと考えがちであるが、事実は逆であろう。それは、わが国の言語呪術の伝統の基本に秘匿による呪力増進といった言語呪法があるからである。[9] 事例①②などには、屁・ツービといった臭気誇示物はなく、その代わり、「シャラクーサイ」という形容詞が用いられている。「しゃれたまねをする」「なまいきである」といった意味なのであるが、この語の裏に、掛詞として「臭い」「ヤイカガシがとても臭いぞ」という意味を秘匿しているのである。「臭い」を秘匿することによって、病魔・悪霊を防除追放する呪力を強めているのである。フグラフー（①）フフラフーン（③）ヘラフー（⑤）フンフラフン（⑨）などは、いずれも揶揄・軽蔑を示す語であると同時に臭気を嗅ぐ状態の擬態語として掛詞的な機能を持っており、嗅覚擬態が秘匿されていることになる。しかも、これは呪言全体の中では囃《はや》し詞《ことば》の機能を持っているのである。

『駿国雑志』には「ヤガカガシ」（ヤイカガシ）とともに「ながなが」が登場し、それが「箸」であると解説されている。事例②㉕㉖にも「長々」が見え、⑱はその変形である。「ながなが」は一般的には蛇を意味するのであるが、この場合、病魔・悪霊を防除することを目的とした強臭呪物のヤイカガシと並列されるものとして、蛇は適切だとは考えにくい。また、「箸」も「長々」と称するには威嚇呪力に乏しい。悪霊・病魔に対する威嚇呪物として「長々」という形容を受けるにふさわしいものとして、刀・槍・長刀・棒などが考えられるのであるが、これについてはさらに検討を加えたい。

ところで、右に見てきた隣の婆さん型の節分呪言の事例の中で、㉔㉖㉗には特に注意しなければならない。それは、この三例では、隣の婆さん型の呪言の他に、それに先立ち、ヤイカガシを焙りながら㉔では烏・雀・兎・狸などの口焼きを唱え、㉖では〽カラスの口焼きネズミの口焼き、㉗では〽稗虫　粟虫ヤイカジカ、と唱えているという点である。これらは、畑作物や人間生活に害を与えるものの口、あるいは害物それ自体を焼くという状態を模擬的に演じる体を示し、それを言い立てて、害物を威嚇する形になっているのである。これらを「口焼き型」と総称することができよう。してみると、㉔㉖㉗は、「口焼き型」と「隣の婆さん型」を併用していることになる。以下に、「口焼き型」の事例を示そう。事例番号は通し番号を用いる。

2　虫の口焼き型

㉙ヒジロ（囲炉裏）で柊・樒を燻して、榧の枝に刺した鰯の頭を火に焙りながら、〽稗虫ジヤジヤ　粟虫ジヤジヤ、と唱えた（静岡市藤代・鈴木幸一・明治三十三年生まれ）。

㉚〽稗の虫も粟の虫もジーヤジヤ、と唱えた（同戸持・秋山藤蔵・明治四十四年生まれ）。

㉛鰯の頭・柊の葉を萱の箸に刺して焦がしながら〽ヘービの口焼き　マムシの口焼き　毒虫の口焼き、と唱えた（静岡県田方郡伊豆長岡町長瀬〈現伊豆の国市〉・木下しげ・明治四十年生まれ）。

㉜鰯の頭を串に刺し、唾をかけて焦がしながら、〽稲虫もジーヤリ　大根虫もジーヤリ　菜ッパ虫もジーヤリ、と唱えた（同天城湯ケ島町箒原・浅田あい・明治三十六年生まれ）。

㉝萱の串に鰯の頭を刺して唾をかけ、焙りながら、〽烏の口焼き　ムジナの口焼き、と唱えた（神奈川県足柄上郡山北町中川・井上団次郎・明治三十三年生まれ）。
㉞大豆のカラに鰯の頭を刺して焙りながら、〽粟の虫の口を焼く　アブラ虫の口を焼く、と三回唱えた（埼玉県秩父郡荒川村白久〈現秩父市〉・山口元吉・明治二十九年生まれ）。
㉟大豆のカラに鰯の頭を刺して焙りながら、〽雀　セットウ（鶉《うずら》）の口焼き　ネズミの口焼き、と唱えた（山梨県南都留郡道志村白井平・水越美男・明治三十八年生まれ）。
㊱鰯、サンマなどの頭と尾をY字型の又枝の先に刺したものを火に焙りながら、それに唾をかけつつ、〽ネズミの口焼きツッツッツ　ヘビの口焼きツッツッツ　ケムシの口焼きツッツッツ　カノスット（桑の葉を喰う虫）の口焼きツッツッツ、と唱えた（山梨県東山梨郡牧丘町西保中〈現山梨市〉・竹川　篤・明治三十一年生まれ）。

㊲節分の豆を炒る時、火に樅の葉を入れ、また、別に、樅の葉とメザシの頭を箸に挟んだものを焙りながら、〽カラスセットウの口焼き　雀セットーの口焼き、と唱えた（山梨県西八代郡六郷町岩間〈現市川三郷町〉・有野幸七・大正十二年生まれ）。

㊳一月六日のことを「六日ドシ」と称し、この日、ゴマメの頭を萱に挟んで焦がしながら、〽何焼くか焼く　四十二クサの虫の口を焼く、と唱え、これを戸口に挿した。併せて、紙に「カニ」と書いて萱に挟み、これも戸口に挿した（長野県諏訪市真志野・藤森真琴・明治三十二年生まれ）。

㊴節分に、薄を折ってゴマメを挟み、〽米の虫も麦の虫も　四十八作何の虫も一切ジリジリ

だ、と唱えながら火に焙ってこれを戸口に挿した。併せて、胡桃の枝を割って、紙に「カニ」と書いて挟み、これも戸口に挿した（長野県上伊那郡長谷村奥浦〈現伊那市〉・小松祐唯・明治三十六年生まれ）。

㊵榧の葉を一枚一枚ちぎって囲炉裏で燃し、その火で、アサギにゴマメ・榧の葉を挟んだものに女の髪を巻いて焙りながら、〽ブトの口　蚊の口　蚤の口　虻の口　蛭の口　マブシ（マムシ）の口　百足の口　その他もろもろの悪い口を焼く、と唱え、焙り終えてから戸口に挿した（福井県遠敷郡上中町三田〈現若狭町〉・池上三平・明治三十七年生まれ）。

㊶榧の葉を一枚一枚切って、豆を混ぜて炒りながら、〽蚤の口　虱の口　壁蝨《だに》の口　口いう口はみな焼きましょう、と唱える。半紙に豆と榧を包んで、息を三回かけて体中を撫で、山中へ捨てる（福井県大飯郡高浜町音海・東本勇・昭和二年生まれ）。

㊷柊の枝に魚の頭を刺して焦がす。これを「ヤキクサシ」と称し、焦がす時に、〽何焼くか焼く　四十四品の作り喰う虫の口を焼く、と唱える（和歌山県東牟婁郡串本町高富〈現東牟婁郡串本町〉・白井春男・大正四年生まれ）。

㊸柿を刻んだもの・みかんの皮・ジャコを割り箸に挟んで松葉とバベ（ウバメガシ）でクスべながら、〽見りゃ眼焼く　立ち聞きすりゃ耳焼く　みな焼く、と唱えて戸袋に挿した（和歌山県東牟婁郡本宮町皆地・田畑清乃・明治四十二年生まれ）。

㊹大豆の茎に鰯の頭を刺し、柊を添えて門口や蔵の入口に挿す。焙る時に、〽蚊の口もブトの口もヤリヤリ、と唱える（奈良市大保町・火狭平治・大正七年生まれ）。

㊺大晦日、鰯の頭を萱の根に刺して火に焙りながら、〽焼きぞめをします　山の獣《けもの》一切の口を焼きます　鹿・猪・狐・兎・狸の口を焼きます　山鳥一切の嘴《くちばし》を焼きます　鳶・鷹・鶫・烏・雀の嘴を焼きます、と唱え、後にすべての戸口に挿した（岡山県真庭郡勝山町星山〈現真庭市〉・中西惣太郎・明治二十七年生まれ）。

㊻〽ナムシ口焼こ　猪や猿の鼻焼こ　おんごろもち（土竜）の鼻焼こ　げんし坊主の寝言には　剃刀持て来い砥を持て来い　尻ヒゲまらヒゲ剃ったるぞォ　焼いたるぞォ　焼いたるぞォ（大阪府河内長野市滝畑・『民間暦』(10)）。

㊼〽やくやく　金亀の虫口焼く　猪猿の口焼く　菜虫の口焼く　浮塵子の口焼く（和歌山県有田郡・『民間暦』(11)）。

「口焼き型」呪言の事例として㉙〜㊼を示したのであるが、これらに共通する点の第一は、「隣の婆さん型」が、ヤイカガシを戸口などに挿してまわる際に唱えられるのに対して、この型の呪言は、鰯の頭などを火に焙って焦がす際に唱えられるという点である。次に確認すべきは、「口焼き」即ち、口を焼くことによって害を防止し、封じなければならない対象物の問題である。収載事例における対象物を整理すると第2表の通りである。

節分は追儺《ついな》行事の影響を受け、多様な展開を示しているが、その根底に、転節の時に際して、人間生活万般に害を与える諸害物を追放せんとする願望が存在することはまぎれもない。右に見た節分呪言の中の「口焼き型」に込められた対象物を見ると、焼却・追放すべきものがいかに多いかがわかる。ここで、先ず注目すべきことは、「追儺」とのかかわりで広く行きわたっている「鬼」が、この呪言においては登場していないということである。ここには、追儺と習合する以前の、節分の原質が窺えるような気がする。対象物を通覧する限りにおいては、焼却・追放の対象は万般に及ぶものの、その中心は農耕にかかわるものだと言えそうである。それは、東北地方から新潟・長野にかけて広く分布する小正月の「鳥追い行事」（一部には「シシ追い」もある）や、田遊び系芸能に含まれている「鳥追い演目」と共通する、害物追放による、新春の豊穣予祝だと見ることができよう。しかも、「口焼き型」の呪言を見る限りにおいては、「畑作」の比重が重いように思われるのである。害獣の猪・鹿・猿等の実態については既に報告したことがある。節分に大豆を用いることも、畑作との

口焼き型呪言における焼却・追放対象

- Ⓘ農作物等に害を与える虫
  - ⓐ作物名明示 ― 稗の虫（㉗㉙㉚）・粟の虫（㉗㉙㉚㉞）・稲の虫米の虫（㉜㊴）・麦の虫（㊴）・大根虫（㉜）・菜っぱ虫（㉜）・菜虫（㊼）
  - ⓑ虫名明示 ― アブラ虫（㉞）・カノスット（㊱）
  - ⓒ作物総称 ― 四十二クサの虫（㊳）・四十八作の虫（㊴）・四十四品の虫（㊷）
- Ⓘⓘ農作物等に害を与える鳥獣
  - ⓐ鳥 ― 烏（㉔㉝㊲㊺）・雀（㉔㉟㊲㊺）・セットウ（㉟㊲）〈鳶（㊺）・鷹（㊺）・鵯（㊺）〉
  - ⓑ獣 ― 猪（㊺㊻㊼）・鹿（㊺）・兎（㉔㊺）・鼠（㉟㊱）・猿（㊻㊼）・土竜（㊻）〈狐（㊺）・狸（㉔㊺）・ムジナ（㉝）〉
- Ⓘⓘⓘ日常生活において人に害を与える虫（爬虫類等も含む） ― 蛇（㉛㊱）・蝮（㉛㊵）・百足（㊵）・蛭（㊵）・蚊（㊵㊹）・ブト（㊵㊹）・蚤（㊵㊶）・虻（㊵）・虱（㊶）・ダニ（㊶）・ケムシ（㊱）
- Ⓘⓥその他 ― 覗き見・盗み聴き等の、人間の邪悪な行為（㊸）

第２表　口焼き型呪言における焼却・追放対象分類

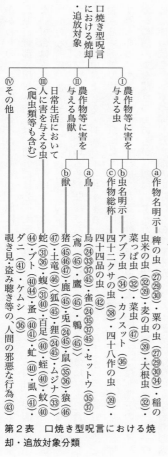

かかわりの深さを思わせるのであるが、他に、節分と麦とのかかわりを示す事例もある。奈良県吉野郡天川村坪内では、節分には必ず麦飯を食べる習慣があった。この日、麦飯を炊かない場合は麦を三粒でも入れなければならないとした。この日麦を食べる理由として次の伝承がある。昔、弘法さんがインドから麦の種を持ってくるときフンドシに入れて持ってきた。ムギもフンドシをつけているし、弘法さんの恩を忘れないために節分には麦を食べるものだ――（中谷よしえ・明治三十五年生まれ）。なお、奈良県吉野郡下市町でも節分に麦を食べる。静岡県周智郡春野町にも節分の日に麦飯を食べる習慣があり、ヤイカガシを畑に挿す例もある。小論の事例㉕もそれに当たる。静岡県榛原郡本川根町土本では、節分のヤイカガシに樒の葉を使うのであるが、門口にヤイカガシを挿すと同時に家の近くの定畑《じょうばた》一枚一枚にも樒の枝を一本ずつ挿した。畑の虫除けなのであるが、これも節分と畑作のかかわりの深さを示す事例の一つだと言えよう。

口焼き型呪言における焼却・追放の対象物の中心は右に見た通り畑作に対して害を与えるものなのだが、その他、第2表に示す通り、日常生活において人に害を与える蛇・百足・虫類などが列挙されており、果ては、覗き・盗聴といった、人の邪悪な行為までとりあげ、これを封じようとしている。事例㉟の「雀セットウ」、㊲の「カラスセットウ」の「セットウ」は、鳥類の並列であるところから「鶉」の山梨県の方名で、鳥を示すものではあるが、セットウと「窃盗」とが掛け詞として使われていることになり、その意味では事例㊸に近いことになる。

3　節分のマレビト

節分呪言にはこれまで見てきた二類型の他にさらに多様な形が行われている。以下、そのいくつかを紹介してみよう。

㊽椢の枝に鰯の頭を刺して焙るのであるが、この時〽鰯の頭やーくやく、と唱えた（大阪府河内長野市流谷・二階淳内・昭和十八年生まれ）。

㊾大晦日および節分に、柊の枝にタツクリの頭を刺し、焙って門口に挿す。その時、〽アラクサ　アラクサ　爺も嗅げ　婆も嗅げ、と唱えた（三重県鳥羽市石鏡・浜田みちこ・大正三年生まれ）。

㊽の「鰯の頭やーくやく」は、隣の婆さん型における「ヤイカガシの候」と、口焼き型の「○○焼く」との二つの要素が合した形とも言える。㊾の「アラクサ」は「あら臭い」という意味であり、隣の婆さん型における「○○臭い」に通じている。「爺・婆」の「婆」も隣の婆さん型に連なるものである。三重県志摩地方では、節分呪物とその呪物を挿すことを「アラクサ」と称している。

㊿萱の茎にコンブとタツクリを挟んで火で焦がし、戸口に挿した。豆を撒く時、〽福は内　鬼は外　鬼は外　天打ち地打ち四方打ち　鬼の眼玉をぶっつぶせ、と唱えた（山形県西村山郡西川町大井沢出身・富樫音弥・明治三十六年生まれ）。

51タツクリの頭を豆ガラに挟んで焦がし、戸口に挿した。豆撒きの時、〽福は内　鬼は外鬼のマナコをぶっつぶせ、と唱えた（福島県大沼郡三島町名入・小柴定雄・大正六年生まれ）。

㊾家の主が、〽鬼は外　福は内、と唱えると、家庭内の他の男性が、〽ごもっとも　ごもっとも　抑えましょう抑えましょう、と唱え、箒を使って鬼を抑える所作を演じる（福井県今立郡池田町水海・田中うめ・大正二年生まれ）。

㊿節分の日、「鬼の目」と称して、波打ち際の小石を小さな笊に入れてくる。それをイマメ（ウバメガシ）の枝とともに門口に飾り、イマメの枝で豆を炒る。家の主が、豆に鬼の目を混ぜて、屋根に向かって、「福は内」と三回唱えながら投げる。この時家の雨戸は閉めてある。投げ終えて家に入る時、「モロモウ」という。妻は「ドウネ」と称して雨戸を開ける。主は、家の中から外に向かって「鬼は外」と三回唱えながら豆と鬼の目を撒く（三重県度会郡紀勢町錦〈現大紀町〉・坂口由良夫・昭和八年生まれ）。

㊴柊の枝に鰯の頭を刺し、火に焙ってから戸口に挿す。豆撒きの時、〽オー臭さ　あ痛《いた》たオー臭さ　あ痛た、と叫んで逃げる様を演じる（京都府船井郡園部町竹井〈現南丹市〉・森田周次郎・明治四十二年生まれ）。

右の、㊿㊿㊾㊿には、「鬼は外」「福は内」といったことばが見え、これは節分呪言として最も一般化し、世に浸透しているものである。他の呪言や呪術要素が衰退消滅しても、この呪言と豆撒きは広く継承されており、このことばと豆撒きの人気のほどがわかる。この形は、追儺行事と古層の節分要素が習合して以後一般化されたものと考えられるのであるが、これを、前述の二類型に対して「鬼追い型」と規定しておこう。節分呪言の三類型は、おのおの一定行為とともに唱えられるものであった。それはおのおの事例報告の中で述べてきたのであるが、ここに整理してみると次のようになる。

Ⓐ隣の婆さん型――ヤイカガシを挿し立てる時が多いが、一部にヤイカガシを焦がす際に唱える例もある。

Ⓑ口焼き型――ヤイカガシを焙り焦がす時が多いが、一部に豆を炒る際に唱える例もある。

Ⓒ鬼追い型――豆撒きに際して唱えられる。

もとより今後の調査を待たねばならないのであるが、ⒶⒷⒸの節分呪言の空間分布を見ると、Ⓐは静岡県に集中しており、伊豆の西部から駿東、安倍川・大井川・天竜川流域、浜名湖周辺と、隣の婆さん型が静岡県内に広く分布している。これを取り囲むように伊豆・神奈川県・山梨県・長野県にⒷの口焼き型が見られ、さらに、その口焼き型は、福井県・和歌山県・大阪府・岡山県などの広範囲に見られる。Ⓐは呪言によってヤイカガシの臭気を強調し、それによって、家に侵入せんとする不可視の病魔・悪霊を防除せんとするものである。それに対して、Ⓑは、前述の通り、農耕や日常生活に害を与えるものを直接的に言いたてて、それの焼却・追放を象徴的・威嚇的に行うことを意図したものである。Ⓒは「鬼」という観念形象の追放を目的とするものなのであるが、実在を超えた象徴的形象に対し、Ⓑで扱われている害獣・害虫の具える現実性を見つめる時、Ⓑの古層性が自ずから浮上してくると言えよう。

さて、次に考えてみたいのは、節分呪言における演劇性の問題である。事例㉜では節分の夜、家の中で主の呪言に対して、男が鬼を抑える演技を行っている。また、事例㊴では、家族が鬼になって、その家で作ったヤイカガシの柊の棘《とげ》が「ああ痛い」、ヤイカガシの鰯の頭が「おお臭い」といって退散する様を演じている。鬼に扮した者が退散する様を演じて、節分行事の目的を効果的に達成しようとしたものである。

ところで、右にあげた事例の中で最も注目すべきものは㊳である。ここには、単なる演技にとどまらない、日本の、古層の信仰原理が内包されているからである。事例によれば、節分の日、この家では雨戸を閉ざしていたことがわかる。雨戸を閉ざすということは、単に鬼の侵入防止を意味するものではなく、一歩進めてみても、不可視の病魔・悪霊の侵入の防止にとどまるものでもなかった。雨戸の遮閉は何よりも、家の「物忌み」を強く示していると見るべきであろう。その物忌みの目的は、節分の物忌みである。節分は、文字通り、冬から春への節を分ける日であり、冬から春への転節の日である。このような季節の変わり目、時の変わり目には、季節霊が衰弱したり、時の空隙ができたりして、その空隙に人や家が病魔・悪霊に犯されやすいと考えたのである。よって、このような「トキ」には、扉を閉ざし、音をたてずに物忌みをし、行いを慎んだのである。

既に人と家に付着している厄災や邪悪なものを棄捨するのに、それを豆に転着させ、放投していたものが、やがて鬼追い豆に転化したことについては五来重《ごらいしげる》氏が述べており、(12)筆者も実例を以てこれに言及したことがある。(13)後述するように、突刺性の強い植物・臭気の強い魚・毒性の強い植物などを門口に挿し立てるのも、転節のトキ・その間隙に邪悪なものが侵入することを防ぐ呪術となっているのである。

雨戸を閉ざし、忌み籠りしているのは本来は家族全員であるのだが、ここでは家刀自《いえとじ》である妻が籠もる人を代表している。夫は、その家に福を持ってやってくる来訪神に扮しているのである。さらに言うならば海の彼方からやってくるマレビトに扮していると言ってもよかろう。なぜならば、主人の撒く豆、「福は内」と唱えて撒く豆には、清浄な波打ち際から迎えられた小石が混ぜられているからである。その小石は、清らかな潮、常世波に洗われたものである。来訪神と化した主は、わが家に入る時、「モロモウ」と叫ぶ。言うまでもなく、「モノ申す」という来訪の挨拶である。家刀自は、それを受けて「ドウネ」（どうぞお入り下さい）と来訪神を迎える。マレビトは渚の小石の混じった豆を撒いて家を浄めるのである。

折口信夫のマレビト論形成に強い影響を与えた沖縄県八重山のマユンガナシ・アカマタ・クロマタ・アンガマなどは、すべてムラを単位として展開される。神人来訪の祭りであり、秋田のナマハゲもまたムラ単位の祭りである。ところが、ここではマレビト型の信仰が個人のイエを単位として、夫と妻が神と家刀自の関係を演じているのである。イエを単位としたマレビト型信仰としては、兵庫県津名郡北淡町舟木（現淡路市）のヤマドッサン(14)（山年さん）や、静岡県引佐郡引佐町のニューギサマ(15)などをあげることができるが、来訪神としての行為や「モロモウ」という古風な挨拶ことば、物忌みの残存など、紀勢町の事例は、わが国の来訪神信仰・古層の節分の姿を明らかにする上で極めて重要な事例だと言えよう。

夫が戸外に立ち、妻が雨戸を閉めきった家に籠もっている様は次の東歌を想起させ、いかにも古風である。

・にほどりの葛飾早稲を饗《にへ》すとも　そのかなしきを外《と》に立てめやも（三三八六）

・誰ぞこの家の戸おそぶるにふなみに我が背をやりていはふこの戸を（三四六〇）

4　節分の呪物と植物

事例の抽出地点に片寄りがあるため、節分呪物構成の植物・魚類等を厳正に分析することはできないのであるが、小論所収の事例に限ってみても、節分呪物構成要素の概略を知ることはできる。ヤイカガシを構成する魚類の中心は鰯が圧倒的である。他にサンマ＝⑲㊱、サケ・マス＝⑮、メザシ＝⑫㊲、ゴマメ＝㊳㊴㊵、ニボシ＝㉑、ジャコ＝㊸と、イワシ系が多い。植物は多岐にわたるが、およそ次のように整理できる。第3表により、節分に用いられる植物を概観することができるのであるが、例えば、ここに入っていないものではタラノキがある。タラノキの突刺性が重視され、高知県・愛媛県などでは多用される。毒性のあるアシビも奥三河では節分呪物の構成要素となる。節分呪物として用いられる植物は、いずれも生活環境の植生に連動するものであり、例えば、トベラは海岸部で多く用いられ、榧・樅などは山中で用いられることになる。このことについては既に述べたことがある。[16]

なお、植物ではないが、小論でとりあげた事例の中の①④⑩⑪㉑などに、節分に、目籠を竿の先につけて立てる形が見られる。事例が抽出であるため、散在といった印象を受けるの

第3表　節分呪物の構成植物

- 節分呪物の構成植物
  - Ⓐ突刺性による厄災防除
    - ⓐ柊＝①③④⑦⑧⑳㉑㉘㉙㉛㊷㊹
    - ⓑ榧＝⑲㉙㊵㊶
    - ⓒ樅＝㊲
    - ⓓ山椒＝⑨⑪⑭
    - ⓔサルトリイバラ＝⑬
    - ⓕ（タラ）
  - Ⓑ強臭または香気による厄災防除
    - ⓐ葱の根＝①③④⑧
    - ⓑ蒜＝②⑩⑭
    - ⓒトベラ＝⑳
    - ⓓクロモジ＝㉑
    - ⓔ山椒＝⑨⑪⑭
  - Ⓒ毒性による厄災防除
    - ⓐ樒＝②⑧⑩⑫⑮㉑㉗㉙
    - ⓑ（アシビ）
  - Ⓓ生命力による厄災防除
    - ⓐ柳＝②④⑦⑧⑱
    - ⓑ萱（薄）＝㉔㉕㉛㉝㊳㊴㊺
    - ⓒ大豆ガラ＝㉘㉞㉟㊹
    - ⓓビンカ（イヌツゲ）＝㉗

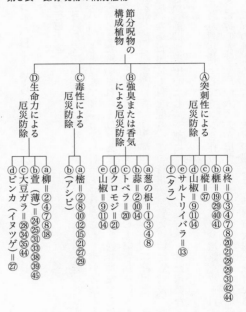

であるが、これは駿河・遠江・三河に広く分布したものであり、コト八日との呪術流動の点からも見逃すことのできない存在である。

(四) コト八日――やらい詞と行事の原質

1 コト八日の行事内容

二月八日と十二月八日を特別な日として餅を搗いたり、呪術行事を行ったりする地方は多い。この二回の「八日」をとりたてて「コト八日」と呼びならわしている地も少なくない。ところが、その本質はまだ解明されたとは言えない。この日に、送り神などと称して厄災を追送する行事も多く見られ、それには「やらい詞《ことば》」とも言うべき囃し詞を伴うものが多い。ここでは、「年中行事の口誦要素」という視点から、まずやらい詞に注目し、それを緒として、やらい詞を伴わない行事にも目を配り、この行事の原質についても言及したい。資料収集のフィールドは、静岡県を中心とし、一部に、隣接する長野県・神奈川県などの事例も加えた。

①二月八日と十二月八日、檜と竹でミコシを作り、法印が家々や道路を赤と白の幣で浄め、その幣をミコシに挿した。一戸一人大人が出てミコシを担ぎ、村はずれの地蔵ボツへ送った。その時、〽風邪の神よ送るよ、と大声で唱えた（静岡市大間・砂有次郎・明治三十七年生まれ）。

②二月八日、ユルイ（囲炉裏）で楠の木を燻し、〽風邪の神を送り出せ、と叫んで小布杉境まで送った（静岡市三ッ野・寺坂すぎ・明治二十三年生まれ）。

③二月八日、子供達が大声で〽風邪の神よ送るよ、と叫んで、大山さんのお札を持ってムラ境まで赴き、お札を竹に挟んでムラ境に立てた。また、「ニンガツヨウカハヤマヨウカ」と言い、「キソウモクノウマレルヒ」（木草木の生まれる日）だと伝え、山休みにして木を伐ってはいけないと言い伝えた（静岡県藤枝市大久保・平口きぬ・明治二十三年生まれ）。

④十二月八日、六つの隣組で、おのおの色紙の旗（幣）を作って辻に立て、隣組の人びとがその旗のまわりに立って神主に祓ってもらい、おのおのについている病魔・悪霊を旗に追い込んだ。この時、藁の馬に藁の人形を乗せたものを杉の葉で作った輿の中に入れ、若者が担いでいる。別の六人の若者が六組の旗を持ち、ムラ境の河原に至って輿と旗とを流す（静岡市水見色・佐藤隆一・明治三十六年生まれ）。

⑤十二月八日、漆の木と檜葉で輿を作り、家々を巡回する。家々を祓った御幣をその輿に挿し、そのままの状態で大井川に流した。この時、子供達が、〽オックリガミオックレヨオックリガミオックレヨ、と囃したてながらムラを回った（静岡県榛原郡本川根町梅地・後藤定一・明治三十二年生まれ）。なお、静岡市田代でも類似の行事を行い、〽オクリンガミヲボイコクレ　オクリンガミヲボイコクレ、と囃して輿を川に流した。

⑥二月八日と十二月八日の二回、送り神（八日送り）を行う。檜葉の輿（台）に幣束六本を立て、丸山教行者の森竹東一さんがその幣に人や家の病魔・悪霊を移し、参加した人びと

は般若心経を唱する。終えて、粢《しとぎ》を食し、当屋が、輿を大井川の川べりまで運び、そこに幣を移し立てる（静岡市閑蔵）。

⑦二月八日、「八日送り」「オンベ送り」を行う。子供達が書き初めの紙で御幣を作り、家族と家の各部屋を祓ってから、十二個の米粉団子・麦少々・蒜二本を紙に包んで御幣にしばりつける。白羽神社の境内まで列を作って歩き、そこに御幣を挿し立て、後をふりむかないで帰ってくる（静岡県榛原郡中川根町尾呂久保）。

⑧十二月八日を「コトコト様」と称し、禰宜がタカラ（御幣）を持ってムラ中をまわり、子供達が鉦・太鼓を打ちながら、〽コトコト婆さん　激しいなあ、と大声で叫んでついてまわった。各戸では、豆と干し柿を紙に包んで禰宜に渡し、禰宜が子供達に分け与えた（静岡県磐田郡水窪町草木・守屋喜与司・明治三十五年生まれ）。

⑨二月七日と十二月七日、タカラと呼ばれる御幣を作り、鉦・太鼓で囃しながらムラをめぐった。子供達は、〽コトコト婆さんを送れ、と大声で囃した。二月は南のムラ境の「浅間」へ、十二月は北のムラ境の「バトカン」（馬頭観音）まで送った。この日は当屋で里芋の煮ころがしを出すことになっていた（同針間野・林　実雄・大正十年生まれ）。

⑩二月八日と十二月八日をコトの神送りと称し、組境に注連縄を張り、大ワラジの片方をつるし、子供達が鉦・太鼓でムラ境までコトの神を送った。その時、〽コトコト婆さんを送るよ、と大声でくり返し叫んだ（同西浦・小塩光義・明治三十六年生まれ）。

⑪二月八日をコトハジメ、十二月八日をコトオサメと称し、団子を串に刺して門口に挿し

た。ムラびと達は神主の家に集まり、二組に分かれて次のようにした。一方の組が、御幣を持ち、鉦・太鼓をたたきながら、〽何の神を送るぞ、と唱えると、もう一方の組の者達が〽オコトの神を送るぞ、と唱えた。こうして囃しながらムラ境まで送った（静岡県磐田郡龍山村白倉〈現浜松市〉・大石保太郎・明治二十四年生まれ「昭和51・52年度静岡県民俗文化財調査報告」）。

⑫二月八日・十二月八日を送り神と称し、子供達が鉦・太鼓で「送り神を送るぞ」と囃し、ムラ境まで送った。なお、各戸では、「コトコト様」と呼ばれるソバ団子一個を棒に刺して門口に挿し立てた。子供達がこれを取って歩いた（同佐久間町大井・藤沢弥平・大正二年生まれ「昭和51・52年度静岡県民俗文化財調査報告」）。

⑬二月八日と十二月八日、鰯の頭を竹串に刺して戸口に挿した。子供達はオタカラ（御幣）を持って〽オークリガミョオークルヨ、と囃してムラの中をまわった（静岡県磐田郡佐久間町今田・高橋高蔵・明治四十一年生まれ）。

⑭二月八日は悪い神をオタカラ（御幣）へ入れて送った。この日は米の粥をたべて「お籠り」をした。十二月八日は、御幣につけた悪い神を、大人・子供のムラ中の者が出てムラ境まで送った。その時、〽トートの神を送れ、トートの神を送れ、と大声で囃した（長野県下伊那郡南信濃村池口〈現飯田市〉・松下唯繁・明治二十九年生まれ）。

⑮二月八日と十二月八日、「風邪の神祭り」と称して各戸でタカラ（御幣）を切って家の中を祓い、子供達がそれを集め、二月は下のムラ境まで、十二月は上のムラ境まで送った。

その時、〽イチのホッポをシャンヤリヨ　トートの神よ送るよ、〽イチのホッポをシャンヤリヨ　風邪の神を送るよ、と唱して歩いた（長野県下伊那郡南信濃村此田・山崎百子・大正四年生まれ）。

⑯二月八日・十二月八日は「コトの神」「送り神」と称し、子供達が、鉦を叩いて上・下の境まで風邪の神を送った。その時、〽デンデン　チャンチャン　風邪の神を送るよ、とくり返し大声で囃した。この日、子供達には豆腐の汁が与えられた。この日に豆腐の汁を飲むと風邪をひかないと伝えた（長野県下伊那郡上村程野・前島正一・大正八年生まれ）。

⑰二月八日に、「八日送り」と称して風邪の神送りをした（長野県下伊那郡上村小野・成沢作男・明治四十五年生まれ）。

⑱二月八日に風邪の神送りと称して子供達がムラの金比羅碑の周囲を鉦に合わせて次のことばを大声で唱えながら歩きまわった。〽トートの神を送るよ　チーチーオッポにサンヨリヨ、さらに、子供達はこれを大声で囃しながら各戸を回った。その時家々ではおのおの、囲炉裏のカギにかけてある鍋やテツビンなどをおろしておいた。最後は山の神まで送った（長野県下伊那郡上村下栗・野牧政夫・明治三十四年生まれ）。

⑲二月八日「オコト」と称して餅を搗いて食べた（長野県上伊那郡長谷村奥浦・小松祐唯・明治三十六年生まれ）。

⑳二月七日に「山の講」と称して山の神祭りをした。七日は山の神が講の酒に酔って頭巾を紛失し、八日にはその頭巾を探して歩くので、その邪魔をしないように七日・八日は山へ

入ってはいけないと伝えた（静岡県磐田郡龍山村東雲名・太田又市・明治二十八年生まれ「昭和51・52年度静岡県民俗文化財調査報告」）。

㉑二月七日を「山の講」と称して山の神祭りをした。この日は、山の神様が木の数を数える日だから山へ入ってはいけないと伝えた。また、二月八日は、山の神様が七日に山でなくした頭巾を探す日だから山へ入ってはいけないとし、この二日間は山へ入ることを禁じた（同周智郡森町三倉・原木主一・明治三十三年生まれ「昭和51・52年度静岡県民俗文化財調査報告」）。

㉒十二月八日、この日を「送り神」と称した。小学校一・二年生＝下臈、同三・四年生＝中城、それ以上＝本城、の子供達が青竹の先を二つに割ったものを振り立てて音を出し、その音に合わせて、〽送り神カンカンジ　貧乏神ゃー出よよ　福の神ゃー入れよ、と大声で唱えながら家をまわった。各戸では二厘から五厘の金を与えた。明治三十五年ごろの話である（同榛原郡御前崎町白羽・高塚佐右衛門・明治二十七年生まれ）。

㉓十二月八日夜、小学生が各自笹竹を持って家々をめぐり、その笹で軒先を祓って歩く。その時、〽ナアリ神送れ　師走八日送れ、と大声で叫ぶ。家々では子供達に祝儀を渡す（同相良町片浜・富山昭『静岡県の年中行事』[17]）。

㉔二月八日と十二月八日、家々では餅を搗き、シデをつけた女竹で家の中を祓って、その竹を軒に立てておく。一方、恵比須神社境内で、長さ一・五メートルほどの椿の枝にデコ坊と呼ばれる人形をくくりつけたものを用意する。午後四時ごろ子供達は家々から笹竹を集

めて神社に集まる。僧による祈禱が済むと、子供達のある者が椿の枝を引き出す。すると、他の子供達は鉦のリズムに合わせて、〽大倉戸のチャンチャコチャン、〽大倉戸のチャンチャコチャン、と大声で囃しながら女竹でデコ坊を叩く。家の病魔・悪霊は、女竹の笹に移され、竹に移された病魔・悪霊がこうしてデコ坊に移されるのである。二月八日には東のムラ境から西のムラ境に向かって送り、十二月八日には西のムラ境から東のムラ境に向けて送る。この椿の枝をバンドウブネと呼び、この行事のことを「師走八日のバンドウブネ」とも呼んで、かつてはデコ坊を乗せたバンドウブネを表浜の海へ流していたという（静岡県浜名郡新居町大倉戸⑱）。

㉕二月八日と十二月八日にハタキ餅を搗いた。暮らしの苦しい人びとが、この日顔が見えないように頬かむりをして家々をまわり、顔を横にむけ、手を出して、「お八日さんをよんどくんなさい」（八日餅を恵んで下さい）と言って八日餅をもらった（静岡県藤枝市忠兵衛・仲田要作・明治三十三年生まれ）。

㉖二月八日を「コトハジメ」と称し、小麦の団子を笹の葉で包んでツトにし、東の方の立木に掛けた。十二月八日を「コトオサメ」と称して同様のものを西方の立木に掛けた（愛知県北設楽郡東栄町月・栗林知伸・明治三十四年生まれ）。

㉗二月八日、事始の事、長き竹の末に目籠を付て門口に建る事あり。又、餅を搗く家もあり。農家にては大かた餅を搗くなり。八日餅と云ひて親族また入魂の者へ贈り、或は招で饗する事もあり。江戸にておこと汁といふ物はなし。其類の事もなし。但、郷村にては送

り神と云ひて、先づ家々竈の上の煤を払ひ大道へ持出し、藁にて人形を作り紙幟などを作り、彼人形をば竹などつけて持ち、さて鉦太鼓を打て囃したてて家々を廻り、終には村の端、又は川辺などに持行て捨置き、足早に逃帰る事也。これいづれの郷村にもあり、少しの違ひはありても大凡は同じ、囃し詞は〽ヨオイトウ　ヨオイトウ　ヨイトコヨイトウ　また〽オクリガミヨオオクレヨウ　エイトウエイトウ　など云ふのみなり（『諸国風俗問状答』の「三河国吉田領風俗問状答[19]」）。

㉘二月八日と十二月八日には目一つ小僧がくる。昔、ある人が、二月八日（十二月八日とも）に風呂に入っていたら、目一つ小僧が来て風呂ごと担いで行こうとした。その人は裸のまま、側に生えていた柊の木の枝につかまって助かった。こういうことがあったので二月八日と十二月八日には風呂へ入ってはいけないと伝えている。また柊の木で助かったのでこの日には柊の枝を門口に挿して目一つ除けとする。柊はただ挿すだけでなく、目籠に挿し、その目籠を玄関先に吊るす。その下には米のとぎ汁を入れた桶を置く。目籠の目の多いことと、それがまた桶のとぎ汁に映って倍になっているのに驚いて目一つが逃げだすためだと伝えている。それとともに、丸大根に墨で目玉を書き入れたものも玄関口に飾った。この日は赤飯を炊いて握り飯にし、囲炉裏の鉄器で焼いてから唸りながらこれを食べるものだとした。目一つに病人がいると思わせるためである。また、最後には囲炉裏の炉縁に目一つ小僧の分の握り飯を置いた。目一つ小僧がやってくると、握り飯に、小豆の目があまりにたくさんあるので驚いて逃げ帰るのだという。目一つ小僧は十二月八日にその

家の様子を帳面につけ、その帳面を塞《さえ》の神にあずけておき二月八日に受けとりにくる。それで、目一つがその帳面を塞の神から受けとると困るので、一月十五日のドンド焼きの火で塞の神を焼くのである（静岡県田方郡天城湯ケ島町箒原・浅田あい・明治三十六年生まれ）。

㉙二月八日と十二月八日には風呂をわかしてはいけない。昔この日に風呂に入っていた人が風呂ごと目一つ小僧にさらわれたが、目一つが柊の木で休んでいるとき柊の枝につかまって風呂からぬけ出して助かった。目一つは、「休んだら軽くなった」といって風呂桶だけかついで去った。この日目籠に柊の枝を挿し、その下に白水（米のとぎ汁）を置くのはそのためである。この日、小豆飯を丸い握り飯にして焼き、家族で分けて食べた。これを食べると風邪をひかないと伝えている。また、この日風呂に入ると風邪をひくともいう（同中伊豆町原保・石井しず・明治三十九年生まれ）。

㉚二月八日に目一つ小僧が白い馬に乗ってくる。米のとぎ汁を桶に入れて玄関に置くと、馬がそれを飲んでそのまま行ってしまう（同伊豆長岡町長瀬・木下しげ・明治四十年生まれ）。

㉛十二月八日を「ヨーカゾー」と言い、目籠を竿の先にかけて庭先に立てる。この日、下駄を外へ置くと目一つ小僧が下駄に判を捺す。下駄に判を捺されると病気になるからこの日に履きものを外に出しておいてはいけない（同御殿場市印野・勝間田多住・明治四十一年生まれ）。

㉜二月八日と十二月八日、一ッ目小僧が来る。目籠を竿の先に掛けて門口に立て、この日は仕事を休んだ。モチアワに小豆を入れたオコワを神仏にあげ、グミの生木を燃やすと臭いので一ッ目小僧が来ないといって囲炉裏でグミの生木を燃やした（神奈川県足柄上郡山北町玄倉・山口さく・明治二十五年生まれ）。

事例①～㉜までを通覧すると、コト八日の内包する実に様々な問題点が浮かびあがってくる。静岡県を中心としてコト八日の信仰形態を整理したのが第1図である。もとより、これは模式的・概略的なものではあるが、これによって大方の傾向を鳥瞰することはできる。コ

コト八日の目籠と米のとぎ汁
（静岡県田方郡天城湯ケ島町箒原）

第1図　コト八日の行事形態類型

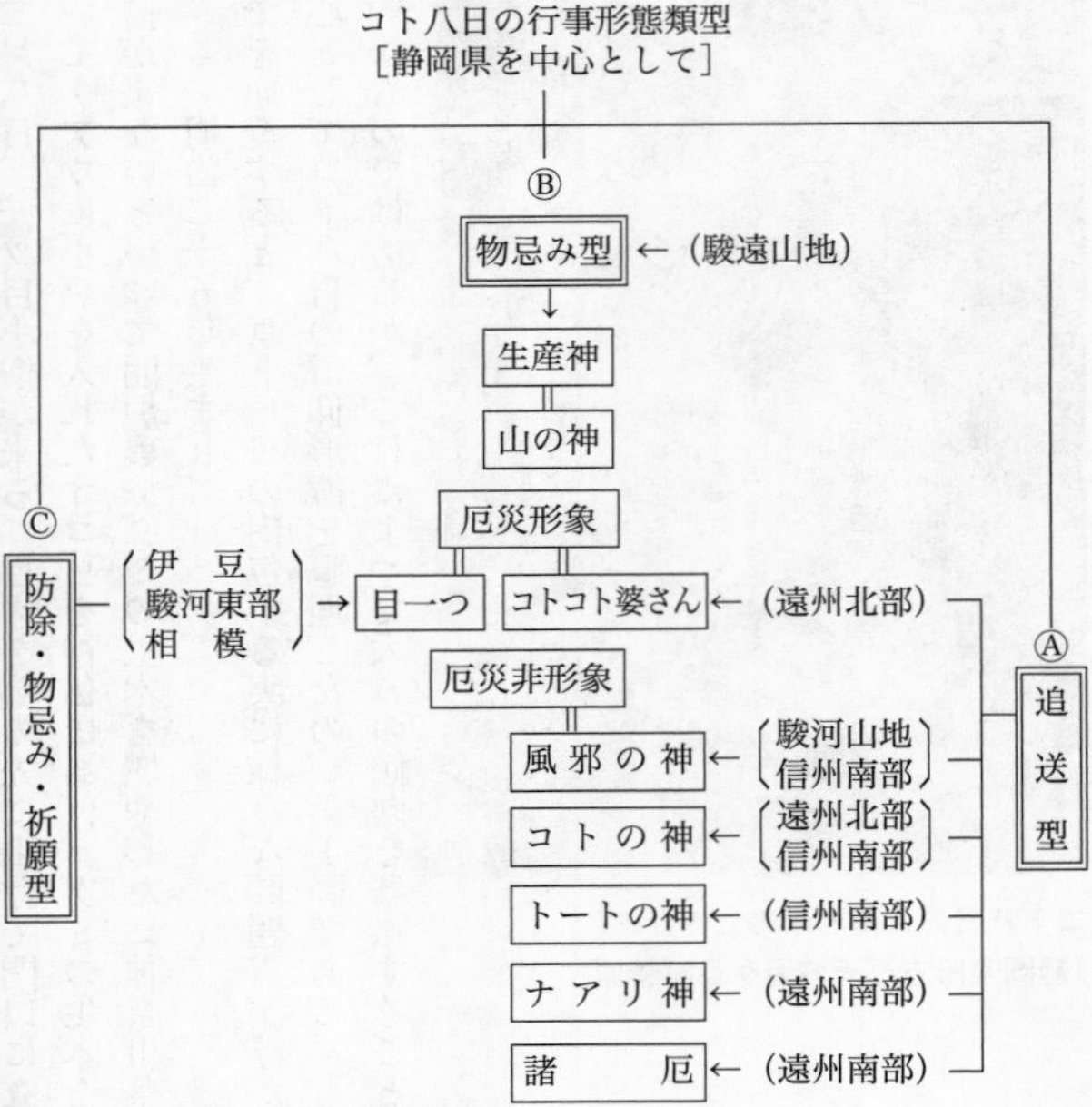

ト八日の行事内容としてまず注目したいのはⒶの追送型である。

2 「やらい詞」と「追われる神々」

二月八日・十二月八日に追われるのはどんな神々なのであろう。その一つに「風邪の神」がある。風邪の神を送るのは、事例①（安倍川支流藁科川水源部）、②（朝比奈川水源部）、③（大井川支流伊久美川水源部）といった駿河西部の山地と、⑮⑯⑰⑱の、天竜川支流遠山川ぞいの遠山谷のムラムラである。「カゼ」は、気象上の「風」と混同されがちであるがコト八日にかかわるものはいずれも「風邪」である。「風邪は万病のもと」とも言われ、コト八日に挟まれた期間が実質的な冬季であり、風邪の流行季節であることからも納得できる追送である。事例⑯で、この日豆腐汁を飲むことが風邪除けになるとしている点も、カゼが「風邪」であることを実感させてくれる。

次に「トートの神」がある。⑭⑮⑱にこの名称が見られるのであるがその実体は明らかでない。佐久間町には、コト八日に、ムラびとが行列を組んで、〽トードの森へ送るよ　スワの森へ送るよ、と囃した例があるという。これらは、七草粥の鳥追い唄の、〽トードの鳥が日本の国へ渡らぬ先に　七草ナズナでストトントン、といった「トードの鳥」とかかわるものと考えられる。七草唄の場合は、普通トードは「唐土」と書かれたりするが、その鳥は害鳥と認識されていることは明らかであり、「トート」の神・「トード」の神もその系譜をひくものと見てよかろう。「ナアリ神」については柳田國男がオナリ神とのかかわりを指摘しているが、[20] 事例が㉓の一例しかないので断定はしがたい。コトの神ないしはコトコト様といったものが、⑧⑨⑩⑪⑫⑯と、天竜水系の静岡・長野両県にまたがって見られる。これは、言うまでもなく「コト八日」の「コト」にかかわるものであり、「コトコト婆さん」のもとになったものと考えてよかろう。「○○婆さん」なる妖怪的存在は他にも例があるが、静岡県磐田郡水窪町を中心に、コトコト婆さんの伝承がコト八日とのかかわりで根強く生き続けていることは注目すべきことである。コトコト婆さんが、コト八日に人びとを脅かす病魔・悪霊・厄災を形象化したものであることは確かである。そのコトコト婆さんの風貌や性格は事例の範囲では明確でない。事例⑧に、〽コトコト婆さん激しいな、という囃し詞があり、これが唯一、コトコト婆さんの性格を語るものである。この他、磐田郡佐久間町には、「二月八日、十二月八日に針を使うとコトコト婆さんがユルイ（囲炉裏）の中から出る」という伝承がある。二月八日、十二月八日を針供養とする地は多い。この日に針供養をすることは、仕事を休んで物忌みをするということを意味すると同時に、「針の穴」＝「目一つ」という暗号読解により、目一つを鎮める呪術になっていたと考えることができよう。

さらに注目すべきは、コトコト婆さんの原郷がユルイ（囲炉裏）だという点である。筆者はかつて、静岡県周智郡春野町川上の高田角太郎さん（明治三十四年生まれ）から、角太郎さんが子供の頃、祖母に、「ユルイの灰をつつくとユルイ婆さんが出るぞ」と注意されたことがあったという話を聞いたことがあった。囲炉裏が住居の中心であり、聖域であることは種々の資料によって証明できるが、ユルイ婆さん・コトコト婆さんもその囲炉裏の聖性と深くかかわっている。遠州北部には、ユルイ婆さん・コトコト婆さんと呼ばれる妖怪の伝承が根強いのである。「コトコト婆さん」の「コトコト」がコト八日の「コト」にかかわるものであることは当然であるが、北遠の人びとの心意の中において、それは単なるコト八日の略称ではなかった。ユルイに焦点をしぼってみると、「コトコト」は湯の沸騰によって生ずる鉄瓶の蓋の音となる。また、それは、行為を慎むべき夜、身を浄めて家族が籠もる家の表戸をコトコトと叩く訪いの音でもある。柳田國男は、因幡の「ホトホト」について、「ホトホトは多分戸を叩いて訪れる態《さま》を口で真似たものであらう……」と述べている。[21]「ホトホト」が来意を示して戸を叩く擬声語だというのならば、むしろ、「コトコト」の方が数段実音・実態に近いことになる。言霊にかかわる呼称、言語呪術にかかわる表現においては、重層や、掛詞的表現は何ら不都合なものではない。コト八日と、その日にやって来ると伝えられるオトナイの擬声語を負う婆の名が一致するところに、むしろ神秘の実感が存在したのであった。

遠州の海岸部や大井川上流部には、厄災や神名を特定せず、追送すべきものを「送り神」と表現するものも多い。追送の形を眺めてみると、神輿型の作りものに厄災を集めて送るものとして①④⑤⑥などがある。これは大井川上流部・藁科川流域に集まっている。この形は、本来、家々を巡回し、悪霊や厄災を受けた幣を輿に受け、その輿を川に流すという一貫した構造を持つものであったことがわかる。事例㉔では、椿の枝を舟としており、㉗も笹竹を舟としている。これらにはともに厄災を受ける人形が使われており、人形を乗せた舟が海や川に追流される形があったことがわかる。この形は、志摩における追送舟や、沖縄における鼠送り、虫送りの舟などとも通じるところがある。なお人形は事例④にも登場する。全国的に見ると、人形は、虫送りの実盛人形、盗人送りの人形など追送行事とは深くかかわっている。

ところで、コト八日の信仰形態の一中心をなす送り神、即ち厄災追送行事の一つの特色は、この行事が、基本的に〽〇〇〇を送れ、〽〇〇の神を送るよ、といった「やらい詞《ことば》」即ち、追送詞章を伴い、しかも、それが鉦・太鼓に合わせて大声で唱されるところにある。この習俗の根底には、追送すべき厄災・悪霊等を呼び立て、囃し立て、その言語呪力によって追攘効果をあげようとする心意がある。詞章の伝承によって、この信仰行事の目的が明確になっている例は少なくない。

3 「鼠送り」と「やらい詞」

多くの詞章の中には意味が判然としないものもある。例えば、事例⑱の〽トートの神を送るよチーチーオッポにサンヨリヨ――がそれである。あまりに不思議な詞章であるため、昭和五十六年二月、野牧政夫さんの口からこれを聞いて以来、このことばが折々無意識に心によみがえっては消え、また思いがけない時に心に浮かんだ。そうして、この詞章を諳んじていたため、昭和六十二年の伊豆の調査の折、全く別の資料を得て、両者が地下の水脈でつながっているのではないかという実感を得ることができた。伊豆には「鼠送り」の行事があった。次にその行事の際に唱された詞章を示す。

ⓐ〽チーチーヤイ　ニゲロヤイ　ニャーニャー　ネコが送るわい

ⓑ〽チーチーニゲロ　ニャーニャー来るぞ

ⓐは、静岡県賀茂郡松崎町池代の山本吾郎さん（明治四十一年生まれ）の伝承による。山本さんは次のように語る。鼠の害は主として檜と萱（薄）だった。この地では、萱は屋根材と、炭俵用として重要な生活物資だった。ところが、折々、萱野が鼠のために全滅することがあった。そうした害を予防する呪的行事として、日は特定していないが鼠害が出た時「鼠送り」を行った。ムラびと達が列を組んで、鉦・太鼓を打ちながらⓐを繰り返し唱して、下のムラ「大沢」境の「神送り淵」まで送った。

ⓑは静岡県賀茂郡西伊豆町大城の市川至誠さん（大正五年生まれ）の伝承による。鼠の害があった時、「鼠送り」と称して、ムラびと達が一斗缶の空缶・鉦・太鼓を叩いて尾根から川へと鼠を追い下し、海に向かって追い出した。その時、空缶・鉦・太鼓に合わせてⓑを、繰り返し大声で唱したのだという。

鼠は萱のみならず、粟・黍などの農作物・養蚕の蚕・米などに、人間生活の様々な場面で様々な害を与えた。鼠害については筆者も既に報告をしたことがあるが[22]、柳田國男も、『郷土研究』二巻八号によって次のように述べている[23]。「伊豆の北部などの村々では鼠送りという行事が近年までも行われていた。野鼠の害がひどい場合に、その一疋を捕えて輿に乗せ、鉦・太鼓で囃しつつ送って行って神官の祈禱の後にこれを海に放す。そうすると今まで山野を荒していた鼠群が、海を渡って去ってしまう。あるいは大島へ行くともいっていた」――

ⓐⓑおよび関連伝承によれば「鼠送り」は伊豆北部だけではなく、伊豆半島全体で広く行われていたことがわかる。

さて、右のⓐⓑの詞章を以て、先の事例⑱の詞章をふりかえってみるとき、「チーチー」が「鼠」を意味するものであることが自然に理解できる。そして、「オッポ」は、鼠の姿態を象徴する長い「尾」であることもわかる。「ヨリヨ」は、「撚れよ」（ねじって綯《な》えよ）の意だとも考えられるが、事例⑮と並べてみると、「チーチーオッポ」で、長い尾を持つ鼠を象徴し、「サンヨリヨ」は、「さあ遣れよ」と囃しているとも考えられる。事例⑮も⑱と類似のやらい詞である。ここに見られる「イチのホッポ」は、⑱によって考えると「チーチのオッポ」即ち鼠の尾の意と解することができる。⑮の「シャンヤリヨ」の「ヤリ」は「遣り」で、本来は「遣れ」だったにちがいなく、追放を意味したものと考えられる。ともあれ、これらの囃し詞の威力・呪力によって、人間生活に多大な害をもたらす鼠を威嚇していることはまちがいなかろう。子供やムラびと達が列を組んで鉦・太鼓を打ち鳴らし、ムラ境まで鼠を追いたてるという形式と、コト八日に、不可視の風邪の神、それに象徴されるすべての厄災を追送するという行為とは基本的に一致しているのである。即物的・可視的な鼠、具体的な害悪をもたらす鼠送りのようなものが基層にあり、不可視の病魔・悪霊を、その方法をふまえて送るようになるというのが自然の流れである。ちなみに、事例⑱の行われたムラは、南アルプスの兎岳・聖岳が眼前に迫る、日本で一番天に近いムラと形容された、水田皆無の畑作のムラである。ムラびと達は、長い間、畑作物や蚕を鼠に荒らされてきたのであった。こうした地のコト八日においては、追送すべきものの中に、どうしても暮らしに実害を与えるものが入るのである。風邪の神の中に鼠が潜入していたのであった。

4 コト八日と目一つ小僧

コト八日に「目一つ小僧」がやってくるとする伝承は伊豆・駿東から神奈川県にかけて広く分布するのであるが、この伝承が決して右の地域に限られたものでなかったことは、目一つへの対応として伝えられる八日の目籠立てが三河にも見られるからである（事例㉗）。ここではまず、コト八日と目一つ伝説の結びつく事例の特徴を眺めてみたい。まず注目すべきは、事例㉘㉙に示されている通り、この日、風呂に入ることを禁じている点である。これは物忌みの一種であると見てよかろう。また、㉛にある「履物を外に出しておかないこと」、㉜に見える「仕事をしないこと」も物忌みの具体的な側面である。コト八日は物忌みの日だったのである。次に、柊が登場するのであるが、これは、柊の葉の有棘性・突刺性が邪悪な侵入物、この場合目一つに象徴されるものを防除追放すると考えられているのである。目籠の目の多さが、目一つの、「目が少ない」という弱点を威嚇するという伝承も根強い。事例㉘に見える、丸大根に目を墨書する呪術、小豆の入った握り飯の小豆粒を「多目」と見立てる呪術など、コト八日の行事内容において、「目一つと多目」を対立概念的な主題とする部分が大きな柱となっている。

御殿場市ではコト八日を事例㉛のように「ヨーカゾー」と呼ぶ。柳田國男はコト八日の呼称の「八日塔」や「ヨーカゾ」（神奈川県）に関心を寄せ、次のように述べている。[24]「相模川沿岸の目一つ小僧区域から、この小田急沿線のミカハリ婆地域にかけて、弘くこの八日の日の怪物を、ヤウカゾと呼んで居ることも私には注意せられる。このゾは助詞であつて、ぶつぞなぐるぞのゾも同じやうに、けふは八日なるぞといふことを、強める目的しかもつて居なかつたと思ふ」――。筆者は、「八日ゾ」「八日ゾー」の「ゾー」は、「八日竿《ざお》」の転訛だと考えている。なぜならば、コト八日を「ヨーカゾー」と呼称する地域は、この日に目籠竿を立てる地域とみごとに一致しているからである。「八日竿」については後に述べるが、先に柳田國男の文中に登場した「ミカワリ婆」にふれておく。石井進氏は次のような報告をしている。[25]「やや広く川崎市細山附近に分布しているのは次のようなものである。二月八日と十二月八日にはミカリバアサマ又はミカエリと発音するが、とにかく恐るべきもの、化け物だと思われており、この時にヨウカゾウがくるというところ（川崎市細山小字バンドウ、同萬福寺）ではヨウカゾウ、即ちミカリバアサマ、即ち化け物と考えている……」これによると、コト八日には、これまで見てきた、目一つ小僧の他に、ミカリ（ミカエリ）婆さまの出没が伝えられていたことがわかる。さらに、「ヨウカゾウ」も妖怪だということになる。ミカリ婆は、コトコト婆さんとの関係で特に注目されるところである。柳田國男は、「自分は、ミカワリは物忌のことで、常日頃の肉体を、神を祭るに適するように身を改めること、すなわち身変りではなかったかと思っている」と述べ、さらに、「八日の日の畏《かしこ》さを守護しようとした霊物の名が、ミカワリからミカエリに移り動いたということは、むしろほほえましい自然の変化とも私には受け取られる」とも述べている。(26)『改訂綜合日本民俗語彙』に、「ミカワリ」の項があり、「ミカリとも。千葉県安房、上総地方では、旧暦十一月二十六日から十日間、忌み籠って、山に行かず、機織りをせず、音も立てぬようにしてすごす習わしがあった」とある。(27)こうした例や、コト八日の物忌み的要素を考えると柳田説は捨て難い。コト八日の「コト」からコトコト婆さんが生まれたように、籠りによる「身変り」から、おそろしい顔で見返るというイメージを伴う「ミカエリ」に転じていった流れにも魅力がある。ところが、柳田國男自身が使っている「箕借《みかり》」という文字(28)も妙に気になる。その点で、宮本常一が気軽に書いた表記の中にミカリ婆さんの謎を解く鍵が潜んでいるように思われる。それは次の一文である。(29)「東の方では一つ目小僧、目かり婆さんなどという妖怪を考え、日も節分ではなく、二月八日のオコトの日に目かごにヒイラギの枝をさして棹につけ、家のまえにたてておくところが多い」——ミカリ・ミカワリ・ミカエリなどと流動する妖怪の名称を、宮本は、「メカリ」とし、「目かり」と記録しているのである。ここで初めて、東国の妖怪「目一つ」と「目かり」が「目」というキーワードを介してつながりを持つことになる。目一つ・一つ目については柳田國男の「目一つ五郎考」(30)「片目の魚」(31)、高崎正秀(32)・若尾五雄氏(33)など様々な考察が続いてきた。谷川健一氏は、それらの学説を吟味した上で、さらに石塚尊俊氏の『鑪《たたら》と鍛冶』(34)の報告をふまえて、「たたら炉の仕事に従事する人たちに、一眼を失する者がきわめて多く、それゆえに、彼らは金属精錬の技術が至難の業とされていた古代には、目一つの神とあおがれたと私は考える」と述べ、さらに、「一本足」もたたら踏みで足や膝を酷使した金属精錬業者の宿命だとした。よって、一つ目一本足の妖怪、一本ダタラのごときものは「目ひとつの神の衰落した姿である」という卓見を獲得するに至った。[35] 目一つの出自と系譜に関してこの説は不動のものと言えよう。

ところで、こうした運命を背負う目一つが、一体、いかなる理由を以て伊豆・駿東・相模に、コト八日に限って出没しなければならないのであろうか。この伝承地域がびっしりと製鉄や金属精錬とかかわっているわけではない。このことは、コト八日になぜ目籠竿を立てるのかという問題とも深くかかわっている。この二つの問題について考えてみることは、謎に満ちたコト八日の本質解明にとって、避けて通ることのできない関門である。

柳田國男もコト八日には強い関心を寄せ、コト八日について繰り返し発言している。柳田もコト八日について決定的な説を立てているわけではないが、次に引く部分は重要な発言である。[36]

「江戸の学者の早くから不審を抱いて居たのは、(ア)二月八日のオコトをば事納めと謂ひ、却って師走八日の方を事始めと呼んで居たことであった。これも新年の大節をコトと称していたものとすれば、顚倒でも誤伝でもないのであって、(イ)この日も卯月八日の天道花《てんとうばな》と同じく、棹を高くたててその上に目籠などを掲げ、邪神の近よるを防ぐといっていたのも、即ちまた門松や注連のやうに、この境最も清浄なりといふ小標識であったらう。何にもせよ、(ウ)正月十五日を中心とし、(エ)月の上弦の七日目が厳重の物忌の始めだったとすると、それからさらに溯って十二月の八日までが、恰も散斎の三十日間になるのである。ただし祭りが過ぎてから後の方の日限は、物忌でなかったためか今の規定は何もないが、それにも亦次の月の上弦の日まで、段々の附属儀式が連続していたのかも知れない」――。

我々はこの柳田國男の発言から様々なことを学ぶことができる。(ア)の見解について、柳田自身これとは逆の解説をしている。「江戸の近郊を含めた全国の農村では、二月十二月の八日を祝う限り、すべて二月の方をコト始めといっており、他の一方が当然にコト納めである。コトは節日または祝祭日を意味する古語であったらしく、しかも正月だけはコトのうちではなかった」――このように揺れ動く表現を見ただけで、コト八日の問題がいかにむつかしい問題であるかがよくわかる。(イ)は、コト八日の目籠竿を、邪神防止の標識とする見解であり、これは、目一つ伝承と対応するものとして理解しやすい。しかし、目籠竿については、この他、忌み籠りの標識とも解され、さらに別の理解も可能になるがこれについては後に述べる。(ウ)は、いわゆる正月に対して「小正月」を示すものであるが、これによって、柳田自身、コト八日の問題を考える場合、より古い正月である小正月を基点に据える方が妥当だと考えていたことがわかる。(エ)も極めて重要である。これは、コト八日の「八日」が、何を基準にして選び出された日であるかをよく示している。それは、この日が、循環する朔望《さくぼう》月《げつ》の十五日間の中間に当たることを指摘しているのである。七日から八日に転ずる時間が重要だったのである。

コト八日、即ち十二月八日と二月八日の間に正月が入り、その前後が重要な期間となっているということは柳田國男の言説によってもよくわかる。筆者は、小正月をはさむこの期間は、新しい年の太陽の恵みを求め、太陽を祭る期間ではなかったかと考えている。冬至によって象徴される、冬の衰えた太陽の力を、この期間に復活・増大させ、よって新しい年の採集・農耕活動、その他人間生活万般に恵みを得ようとしたのではなかろうか。その期間の初めの十二月八日と、終りの二月八日は格別な忌み籠りの日となるわけであった。この両日に門口に高々と立てられる目籠竿、その先端の籠を太陽の形象と見るのである。たしかに、籠目の星形の突起が魔除けになるという解釈は成り立つのであるが、一方、丸い目籠を太陽の形象と見ることも否定できない。

折口信夫は「髯籠《ひげこ》の話」の中で次のように述べている。(37)「我々の眼には単なる目籠でも同じことの様に見えるが、以前は髯籠の髯籠たる編み余しの髯が最重要であつたので、籠は日神を象り、髯は即後光を意味するものであると思ふ。十余年前粉河で見た髯籠の形を思ひ浮べて見ても、其高く竿頭に靡くところ、昔の人に、日神の御姿を擬し得たと考へしむるに、十分であつたことが感ぜられる」ここに述べられている髯籠竿は祭礼時のものであり、コト八日のものではない。しかし、竿の先に籠をつけて立てる点は両者に共通する。折口の指摘によって見れば、コト八日の目籠竿はまぎれもなく太陽の形象だということができる。これは、来たるべき年の太陽の恵みを庭先に予祝することにほかならない。

目一つ小僧の出自は先にふれたが、その本質は「目を失ひし者」、即ち「光の喪失者」である。零落した目一つの神は妖怪であり、人びとに害を与えるのである。目一つが人びとに与える害は「光の剝奪」であり、「暗黒」である。さらに言うならば、太陽を奪わんとする存在だということになる。喪失した光の世界を求めるのである。宮本常一の表記によって、目一つ小僧と並んだ「目かり婆さん」もまた、失った光を、目を借り求め、狩り求めることによって復活せんとする悲しい妖怪である。右のような宿命を持つ目一つ小僧や目かり婆さんに、居座られ、家を乗っ取られることは、光の喪失を意味し、冬至で衰えた太陽の力の復活に反するところである。よって、目一つ・目かりはいかにしても追放しなければならないのである。籠は、その円形において太陽を形象するにとどまらず、籠目の多さによって、目の多さ、光の多さを象徴した。そして、その星形の突起を以て魔除けと見なされた籠目の多量の星形も、そのまま、光に満ちた世界を形象することになってくる。したがって、多目でしかも、太陽の形象物たる籠を庭先に高々と押し立てることは、目一つ・目かりを屈伏・追放し、その年の太陽の恵みを予祝することになり得たのである。事例㉘に見える大根マナコや小豆握り飯の目なども重要な意味を持つことになる。

コト八日の期間は太陽の恵みの予祝の期間であり、春の季節霊・新しい年の年霊を充実させ、山野の生産力の充実を願い、人びとが自身の活力を充実させる期間でもあった。したがって、十二月八日・二月八日には、それらを阻害する外来の厄災を防除し、人や家に付着した病魔・悪霊・厄災を追放する追送行事も盛んに行われたのであった。

コト八日の厄災追放のための呪物としては目籠の他に次のものがある。柊＝㉘㉙に見える、その葉の突刺性によって悪い外来物を防止せんとする呪物である。楠の木＝②、グミの木＝㉜などを燃やし、その匂いと煙燻によって邪悪なるものを防除せんとするもの、蒜＝⑦、その強臭性によって悪を防がんとするもの、など、その他、事例㉘㉙㉚に米のとぎ汁が見える。本書九二頁、小正月の頃の事例①には団子の茹で汁が登場する。さらに類似のものとして次の例がある。十二月八日に「ウニムチー」（鬼餅）を作る。ウニムチーは鬼除け・魔除けのためのもので、トーンチミ（唐黍＝ソルガム）の粉を煮てそれを臼で搗く。赤色で、これが魔除けになるとも言われた。この時、トーンチミを煮た汁をヒンプンの外に撒いておけば魔除けになると言い伝えている（沖縄県島尻郡〈現南城市〉久高島・西銘シズ・明治三十八年生まれ）。遠く離れた久高島で、コト八日にあたる十二月八日に類似の行事が行われていたことには驚きを覚える。本土と沖縄のコト八日の比較は別途に行うとして、ここでは汁の呪力のみについて指摘しておきたい。

コト八日の目籠竿と全く同様のものを節分に立てる事例は本書の「節分」の項でも紹介しているが、その理由等については後に述べる。

だいぶ迂回をしたがここで、第1図Ⓑの「物忌み型」についてふれておく。事例③の中に、「二月八日はキソウモクの生まれる日だから山へ入るな」という伝承が語られている。この日は山の神祭りの日でもあり、春の季節霊・生産神たる山の神の力が籠りによって充足し、いよいよ発動する日だということになる。木や草木が生まれる日だから人は行為を慎んで物忌みをしなければならないのである。事例㉑も同系のもので、山の神が山の木の数を数え、不足物を誕生させる日となっているのである。⑳には木や草のことは語られてはいないが、山に入ることを忌むべきだという禁忌が示されている。和歌山県東牟婁郡熊野川町大山（現新宮市）では、旧暦二月七日は山の神様が木を植えて歩く日なので山へ入ってはいけないと言い伝えている（久保武男・大正三年生まれ）。これらの事例によると、二月七日八日は山の神が活動を始める日、草木が生え初《そ》める日だから人は行いを慎むべきだとする伝承が根強く存在したことがわかる。十二月八日・二月八日の二つの忌み日に挟まれた期間は、いわば籠りの期間でもあり、二月八日を境として本格的な、万物生成の季節、春を迎えることになっていたのではあるまいか。採集・農作業はこのトキを以て始まったのである。

5　呪術要素の流動性

本書中の事例に限ってみても、節分とコト八日の間に呪術要素の共通性が見られる。その第一は、目籠竿であり、柊等の防除呪物である。本書所収資料以外のものまで展望すれば両者の共通性はさらに多面的になる。例えば、長野県伊那市吹上では節分の夜、門口に松葉を敷き、その上に魚の頭を置いて点火し、さらにその上にモミガラを径一尺、高さ五寸ほどに盛って燻す。また、同県上伊那郡長谷村奥浦では一月十四日の朝、玄関口に火のついた炭を一塊置き、その上にトウガラシを載せ、さらに、その上に約五升のソバヌカを盛って燻した。これを「キドウヤシ」と称した（小松祐唯・明治三十六年生まれ）。この二例は、コト八日の事例②の楠の木燻し、㉜のグミの木燻しに通ずるもので、煙燻による厄災防除として概括できる。長谷村の事例は、修験道の南蛮燻しの基層となった呪術でもある。修験道の場合、内在する悪なるものを燻り出し再生を図ることが目的となる。

本書の中の、節分呪術の事例㊳・㊺は便宜上節分の項に入れてあるが、㊳は「六日ドシ」、㊺は「大晦日」の呪術である。しかし、その実態は多くの節分呪術と共通するものである。さらに、先に引いた長野県長谷村の事例は一月十四日、即ち小正月前日、いわば小正月の大晦日の呪術である。三重県上野市諏訪（現伊賀市）では一月十四日夜、「蛇の口　ブトの口　シラミの口」と唱えて餅をちぎって食べた。こうしてみると、(a)節分　(b)コト八日　(c)六日ドシ　(d)大晦日　(e)小正月の大晦日、といった異なる年中行事の中で呪術要素が流動していることがよくわかる。これらの行事時間の持つ共通性は、それが旧年から新年へ、冬から春へといった、時や季節の転換のトキだということになる。この、「転換のトキ」「転節のトキ」には、年霊や季節霊の間隙が生ずるものと考えられ、霊が安定を欠くと考えられたのであろう。そうした状況なればこそ、その空隙のトキを狙って厄災・病魔悪霊が侵入しやすいと考えたのである。突刺性・臭気・毒性などによって外来の厄災を防除せんとしたのはそのためであった。右のような事情で呪術要素が行事間で流動したのであったが、中でもコト八日と節分の間の目籠竿の流動性は特に注目される。

先に、コト八日の目籠竿、その目籠を太陽の象徴と見たのであるが、節分の目籠竿も、冬から春への転節のトキに当たって、春の太陽の恵みを祈願するためのものだと考えてよかろう。二者の間の流動方向については今のところ、「コト八日から節分へ」と考えておきたい。二十四節の「節概念」が中国から導入され、それが民間に定着する以前に、すでに天体現象の月を基準にした「原コト八日」的なものがあり、それに太陽の形象物が用いられていたのではないかと考えるのである。

山梨県で一月十五日に立てられる道祖神祭りの飾り竿には太陽の形象たる髯籠状の「ヤナギ」が飾られるし、(38) 熊本県では阿蘇地方を中心に、端午の節句に髯籠竿が立てられる。(39) また、静岡県御殿場市には六月八日に目籠竿を立てる習慣があった。(40) 阿蘇や御殿場の場合は、田植後の日照を求める、農作業随伴的な太陽希求であるが、コト八日・節分・甲州小正月、道祖神祭りの竿は「陽光の予祝的祈願」だと考えることができよう。さらに、近畿地方で広く行われていた四月八日の「天道花」などをも含め、太陽にかかわる形象や祈願については今後さらに資料収集・考察を続けなければならない。

なお、一般に、コト八日には「八日餅」と称して餅を搗いて食べる例が多いとされている。たしかに、この日餅を搗く例は多いのであるが、実際には、コト八日の儀礼食は多種多様であった。本書所収の資料を見ても次の通りである。粢＝⑥、米団子＝⑦⑪、ソバ団子＝⑫、小麦団子＝㉖、餅＝⑲、ハタキ餅＝㉕、米の粥＝⑭、里芋＝⑨、小豆飯の握り飯＝㉘㉙、粟オコワ＝㉜——。この他、事例⑱で示した、子供達が巡回してくる時、囲炉裏のカギから鉄びんや鍋をおろすという例は物忌みの表示と考えられること、事例㉕で、コト八日に、貧者が餅もらいと称して顔を横に向けて各戸を訪問する様は「来訪神の面影」を彷彿させるなど、今後考察すべきことは多い。

なお、コト八日については、大島建彦氏の編集による『コト八日　二月八日と十二月八日』（双書フォークロアの視点8・岩崎美術社・一九八九）に諸論が収められている。それらの論考や小論の資料をふまえ、さらに調査を進めて、追ってコト八日の問題を全国的な視野から考えてみたい。

四　暮らしの中の口誦

㈠　技術と口誦

特定の技術によって暮らしをたてる職人はもとより、狩猟・農業などにかかわる人びとに至るまで、技術のポイントやその生業にかかわる留意事項などを、格言・ことわざのような口誦スタイルにして定着させている例が見られる。それは、生業の場において、師匠や先輩が、弟子や後輩の前で口誦を反復することによって口承され、それによっては技術のポイントや留意事項が伝承されるという動態を持つ。こうした「技術口誦」は、「口承」「伝承」の効率をよくし、定着性を高めるために、⑴音数律と定型表現　⑵序数表現　⑶類纂発想　⑷同音反復表現　⑸対語・対句表現——などじつに様々な表現修辞をこらしている。「技術口誦」は、民俗の伝承という視点からも極めて重要な分野である。以下に、その事例の一部を紹介しよう。

①コテが三年ハサミが二年（静岡県磐田市匂坂中・青島弥平治・明治三十七年生まれ）。これは、草葺屋根の屋根葺職人の技術訓練・技術習得の期間の目途を語るものである。コテも、ハサミも屋根ガヤなどをそろえるために使うのであるが、技術が低いと面に凹凸が出るので、その凹凸をなくすために技術の鍛練が行われたのである。

②一ゾリ・二ダイラ・三セムシ（同）。屋根の傾斜面が八日月の弦部のように反っているのはよいが、十日余りの月の弦部のようにふくらみのあるのはよくないとされた。

③土練り三年（静岡県榛原郡金谷町志戸呂〈現島田市〉）。志戸呂焼と呼ばれる陶器製造の職人になるために陶土練りの修業を三年間積まなければならないと伝えた。

④土練り三年轆轤《ろくろ》八年（同周智郡森町・中村陶吉）。

⑤削り十年（同賀茂郡西伊豆町田子・北原熊太郎・明治二十七年生まれ）。鰹節製造工程の中に〈削り〉がある。荒節の一部を削って鰹節としての形を整える。その際、ツキ鑿《のみ》・ツキ出刃・マガリ・背引きなどの刃物を使う。この仕事を覚えるのに十年かかると言い、長年続けると姿勢が変わると伝えられている。

⑥泣いて研いで笑って刈れ（同田方郡函南町丹那出身・古屋みつ・大正元年生まれ）。草山で肥草を刈る時はすぐに鎌が切れなくなるので、特に鎌研ぎに力を入れることを奨励した。

⑦寝ている手斧は親よりこわい（同浜名郡雄踏町山崎〈現浜松市〉・神田慶吉・昭和四年生まれ）。船大工の仕事場に手斧を寝かしておくとそれを蹴って足を切ることがある。注意を促す口誦句である。

⑧内鉈は山の神が嫌う（青森県西津軽郡鰺ヶ沢町白沢・豊沢丑松・大正三年生まれ）。伐木・皮むきなどの際鉈を手前に向けて使うと危険であることを意味している。当地にはまた、次の口誦がある。

⑨立ったままで斧を使うな（同）。立ったままの姿勢で斧を使うと斧で足を切ることがある。斧は体を曲げて、股を開いて使えと言われている。

⑩ミキリ七分犬かけ三分（静岡県磐田郡水窪町草木・高氏安精・大正五年生まれ）。狩猟、特に猪狩の際、ミキリという偵察行為の比重が七割で、あとの三割が犬かけだという意味である。

⑪サゲのサゲ、アゲのアゲ（同）。射撃の位置と獲物の位置の関係として、上から下を狙う場合は銃口を下げ、下から上を狙う場合は銃口を上げるとよい、という意味である。

⑫一矩《かね》二斑《むら》三細工《さいく》（同引佐郡引佐町金指・平井勇次・大正五年生まれ）。畳職人の口誦で、第一は寸法、次にムラなく平らに作ること、その次がへりなどの細工だというのである。

⑬一尋《ひとひろ》矢引《やびき》（新潟県東蒲原郡上川村〈現阿賀町〉・江川宗夫・昭和十一年生まれ）。荷縄の長さの標準は、一尋と矢引で、矢引は、伸ばした片腕の長さプラス胸幅プラスいま一方の腕の肘を曲げた長さを意味している。

⑭囲炉裏一隅一人役（同）。炉縁づくりが困難な作業であることを示している。炉縁の一隅の工賃が一日の日当だという。

⑮橇一艘米一俵（同）。人力用の橇一艘の工賃が米一俵だと言われている。

⑯メンパは四十八回物を持たないと金にならない（静岡市井川・海野想次・大正十五年生まれ）。メンパとは輪っぱの弁当箱のことで、檜の柾を板にひくところから始まり、下地塗り、漆の本塗りに至るまで、その製作には驚くほど多くの手がかかるということを語るも

のである。

⑰百姓百品（静岡県磐田郡豊田町富里出身・鈴木次太郎・明治三十七年生まれ）。農業を営む者はあらゆる状況に備えるためになるべく多くの作物・品種を栽培するのがよい。「種継ぎ」を心がけなければならない。

⑱麦蒔き百日麦刈り一日（同）。麦の播種期間には幅があるが、麦は一斉に結実するので収穫の段取りには特に注意しなければならない。雨降りが続くと畑で実から芽が出ることがある。

⑲二十歳《はたち》過ぎての子の意見彼岸過ぎてのツンボ肥（徳島県美馬郡木屋平村川上〈現美馬市〉・梅津多金美・明治三十六年生まれ）。春の彼岸を過ぎてから麦に肥料を施しても効果がないということを教えている。

⑳舅どんの庭と麦畑は踏むほどよい（静岡市井川・長島角太郎・明治三十四年生まれ）。人生の知恵と農耕技術伝承を組み合わせて説くという点で事例⑲と共通している。

㉑三《み》月《つき》蕎麦は縁起が悪い（静岡県志太郡岡部町玉取・沢崎するゑ・明治三十五年生まれ）。蕎麦をハサに掛けた状態が三ヵ月におよんではいけない。二ヵ月のうちに打って脱粒せよということである。

㉒七日八日の板ガラマ（佐賀県鹿島市東塩屋・倉崎次助・明治四十一年生まれ）。「カラマ」とは有明海沿岸で「小潮どき」のことを意味する。旧暦の七日・八日は小潮どきであるため、干潟を走るための、当地の重要漁具である「ハネ板」「ガタスキー」即ち「板」に

っているのである。

「空間《からま》」ができるというのである。小潮で潮がひかないため、ハネ板を使って漁をすることができない、したがって、七日・八日は農業などのオカ仕事に専念せよという教えにな

(二) ムラの雑言口誦

口誦民俗の中に、近隣のムラムラの名をあげ、その地の地形や習慣を誹謗し、揶揄するものがある。おのれの住む地の「土地ぼめ」の反対の形となるのだが、もとより表だったものではなく、ことばの遊びである。誹謗対象として誦するムラムラとは婚姻関係も協力関係もあるのだから、これらはごく軽い気持で誦されてきたものだと言える。しかし、誹謗された地に住む人びとは決して良い気持ちのものではない。こうした口誦民俗の淵源を探ってみれば、ことばの威力により、大声を出して囃したてることによって敵を屈服させる民俗に行き当たるはずである。こうした口誦も今ではすっかり忘れ去られているのであるが、ここに口誦民俗の事例としてそのいくつかを紹介する。内容が内容であるため、伝承地と、伝承者は省略した。

①戸中両久頭《とちゅうもろくず》桶の底　見えるところは空ばかり。

戸中も両久頭も調査地の隣町の地名であり、両久頭はダムの建設にともない湖底に沈んだ。こうした事実を見ると①はたしかに地形的特徴を心にくいほどに語っているとも言え

よう。
②間庄《ましょう》香煎瀬戸茶玉　福沢カシワに芯がない。
③間庄香煎瀬戸茶玉　和泉団子にゃコがつかぬ。
間庄・瀬戸・福沢・和泉はすべて佐久間町の字名である。食物尽くしといったところである。
④日余は日陰で相月ゃ窪だ　いやな横吹ゃダテガチだ。
「ダテ」は傾斜地の意である。「ダテがちだ」の部分を「谷だらけ」と誦する人もいる。さらに、次のようにも誦する。
⑤日余は日陰で相月ゃ窪だ　島はシックソ桶の底。
「シックソ」は糞べらを使ったふき残りのことを意味している。尾籠な表現をふくむものの、・印で音韻をそろえ、音韻効果を狙っているのである。「島」「相月」ともに字名であるが、島が桶の底であるというのは地形的特色を示すものである。谷底集落の景観特徴を「〇〇の底」と表現する例は他にも見られる。宮崎県のある村の神楽に次の「神楽囃し唄」が歌われる。〽矢立《やたて》　合戦原《かせばる》　大桑《おが》の木《き》　大藪《おやぶ》　花の大河内《おかわち》ゃ鉢の底――
⑥印野北畑娑婆での地獄　粟で身を持つ茶で流す。
印野・北畑は畑作地帯であることを指摘しており、粟が常食だったことを誦している。
⑦いやな市野瀬辛苦の蔵田　二度と行くまい舟ヶ窪。
⑧三度食う飯一度にしても　いやな大間の霧の中。

⑨犬間照れ照れ丹原曇れ　あんな高熊雨が降れ。
⑩千頭小長井岸田代は　命つなぎの弘法黍。
　⑩の「弘法黍」はシコクビエのことで団子・カキ粉などを粉化して常食した。
⑪婿にゆくなら中村はいやじゃ朝はヒクモチ昼間にゃミソズ晩は昼間の残りもの。
⑫婿にゆくなら中洞《なかぼら》はいやじゃ村は小村で高石原で犬の糞だらけでビチャビチャじゃ。
⑬嫁にゆくなら嵐まで行かれ　水は内水便所は近し　ハルキハンサでよう燃える。
⑭嫁入り兼ねても北郡《ほくそぎ》にゃ行かぬ　行くも帰るも川渡り。
⑮嫁入り兼ねても馬我野にゃ行かぬ　三日かへりに蕎麦の餅。
⑯南部津軽は粟飯黄飯　咽喉《のど》にからまる菜の葉飯。
⑰佐室三軒カカ一人　鍋釜売ってもカカよう売らん。
⑱藤田と背中を見て死にたい。
　藤田というムラが辺鄙だということを語ったものだという。
⑲池田が町なら焼いた魚が泳ぐ。
　池田は、熊野御前の伝承で知られるある川の渡し場である。
⑳砂子三軒高島五軒。
　「砂子」はかつては潟地湿地だったために戸数が少なかったことを語っている。高島は湾に浮かぶ島で、ここも戸数が少なく、遠いところだという口誦句になっている。

　右に、他地誹謗型の口誦句を紹介してきたが、七・七・七・五の定型が多く見られる。⑦

〜⑩は茶摘唄として歌われたことがはっきりしている。また、⑪⑫⑬は「粟カチ唄」として歌われたものである。⑭⑮⑯などは、単に口誦として伝えられているものであるが、本来、茶摘唄・草刈唄などとして歌われたものであることはまちがいなかろう。労働の中で、労働効率をあげる気分転換の一つとしてこうした内容の唄が歌われてきたのである。そして、その一部が、歌唱と離れ、口誦句として伝えられてきたと見てよかろう。⑰〜⑳は非定型であり、歌われた形跡はないが、このような口誦句は各地に多く伝えられ、枚挙に遑がない。

㈢ 系図と名前の呪力

蘇民将来は、『備後国風土記』逸文のなかに、疫隈《えのくま》の国社《くにつやしろ》の縁起譚にかかわって登場する。——北海の武塔《むとう》天神が南海の女のところへ通う途中、日が暮れてきたので将来兄弟のところで宿を求めることになった。弟の巨旦《こたん》将来は富裕であるにもかかわらずこの神に宿を貸さなかった。それに対して貧しい兄の蘇民将来は精いっぱい歓待した。のちにこの神が八柱の子を伴って立ち寄り、恩返しに、蘇民将来の妻と娘の腰に「茅《ち》の輪《わ》を以て腰の上に着けしめよ」と秘伝を告げる。その夜のうちに疫病が発生し、蘇民一家を残して他は皆死んでしまった。神はスサノヲノ命だと名のり、後世の人々も蘇民将来の子孫と称して腰に茅の輪をつければ疫病・病魔・災厄を逃れると言ったと伝えている。『釈日本紀』は、この説話を「祇園社の本縁」としている。

京都八坂神社の祭りの茅巻《ちまき》にも「蘇民将来子孫也」という護符のついたものがある。そのほか六角または八角の短棒に「蘇民将来子孫」の文字を散らし書きにするものもある。これらは小正月の祝い棒、鳥追い棒の装飾化したものである。岩手県の黒石寺薬師堂では一月七日に「蘇民祭」と称して、餅や六角のヌルデなどの入った袋を裸の男たちが東西にわかれて奪い合う祭りがある。先に紹介した蘇民札の習俗や、蘇民祭などは、すべて『備後国風土記』逸文の蘇民伝説とかかわっている。

三重県の伊勢・志摩地方では正月のシメ飾りに「蘇民将来子孫家門」と書いた木札をつけるし、全国各地に、門口に魔除けとして「蘇民将来子孫門」と書いた紙札を貼る例が見られるところであるが、これについては既に述べたことがある。(1)

「〇〇の子孫」あるいは「〇〇〇〇」という特定の名前を明示することによって厄災を除ける呪術は決して少なくない。『若狭小浜風俗問状答』の「疫病の事」の項に、「替りたるまじなひ無御座候。疱瘡には組屋六郎左衛門といふ名札を、其家より出す」とある。(2)この慣行の背後には「組屋六郎左衛門」と疱瘡とのかかわりを語る伝説の存在が考えられる。紀州岩出の疱瘡《ほうそう》神社ゆかりの大西家が発行する守札の由来として、大西家の先祖がある年の十一月二十三日、白髪の老婆に宿を貸したところ、翌朝、老姿は、大西家の子孫と名乗る者は疱瘡が軽く、長命になるよう守ってやろうといって立ち去ったという話が伝えられている。

千葉徳爾氏が採録した狩猟文書「御山祭次第之事」に次のような伝承がある。山の神が大摩の猟師・小摩の猟師の心を調べるために産後の様態を示して食を求めたところ、大摩の猟師はこれを無視し、小摩の猟師は丁寧に食をさしあげた。そのことにより、小摩の猟師は山の神から猟の秘伝を教えられ、「小摩の猟師のすへ（末）」――小摩の猟師の子孫――であることを唱すれば獲物がもたらされると伝えている。[3] 柳田國男は、菅原一族を名乗ることで河童の害が除けられるという次の呪歌を紹介している。[4]「イニシヘノ約束セシヲ忘ルナヨ川立チ男氏ハ菅原」――。

三重県鳥羽市国崎は、伊勢神宮に神饌《しんせん》としてのアワビ・サザエなどを献上する海女のムラとして広く知られている。国崎の海女橋本こはやさん（大正二年生まれ）は次のように語る――。十一月十五日夜、「ヨシオ」（夜潮）と呼ばれる行事を行った。[5] 国崎の中の里谷の五つの組から男一人、女二人ずつの代表が出て前の浜から舟に乗り、磯づたいに北へ進む。隣ムラ石鏡境のオダケに至り、ガラスメと呼ばれるアワビに似た小さな貝をノミで起こして採る。それを岩の上に供え、持参した小豆入りの洗米も供えて、「ツイヨ　ツイヨ　ツイヨ　竜宮さんの孫よ　行ったら下され　ホタホタと」と誦しながらノミで岩を叩きつつアワビの豊漁を祈った。「ツイヨ　ツイヨ」ということばは志摩から熊野にかけて海女や漁師が豊漁を祈る際、冒頭に誦する呪詞である。「ホタホタ」はアワビが岩に堅く付着しないで、採りやすく、浮動性のある状態にあることを示す語である。右の呪言は「ヨシオ」と呼ばれるアワビの豊漁祈願儀礼の時だけに誦されるものではなかった。こはやさん達は、平素アワビ採取の折にもノミで舟のコビリ（舷）をトントンと叩きながら、「ツイヨ　ツイヨ　ツイヨ　竜宮さんの孫よ　行ったら下され　ホタホタと」と唱えてから海に入った。こうすると、海中のアワビが動いて採りやすくなると伝えている。なお、こはやさんは、この呪言を「アワビ捕り唄」として舟で歌った。それは姑から教えられたものだった。〽ツイヨ　ツイヨ　ツイヨ　竜宮さんの孫よ　行ったら下され　ホタホタと――と歌う。

右に紹介した呪言・呪歌によると、国崎の海女達は、自分達を海の神竜宮様の孫であると自任していたことがわかる。竜宮さんの孫が、竜宮さんの支配する海底世界に出かけるのだから特別に獲物をたくさん与えて下さいというのである。ここにも明らかに「系図の呪術」「系図の呪言」が見られる。

鹿児島県大島郡徳之島天城町平土野の猟師作山吉家さん（昭和四年生まれ）は次のようなハブ除けを伝承している。山でハブを見かけたら、「ギーランクワア　マアガヌ　トオユンキイティ　ウマカアドキリョオ」（ギーラの子孫が通るからどいてくれ）と誦する。ギーラは強い人の代表である。また、『鹿児島県昔話』には次の話がある。――コデ様がハブの子を助けたところ、親ハブが、「今後ハブに咬《か》まれることはない。あなたの行先は結構な時代になる」と言って帰った。それからは、「コデ様である。コデ様の子孫どう」と言って歩けばハブに咬まれなくなった（加計呂麻島）。

沖縄県国頭郡大宜味村に伝承されるハブ除けの呪文とその背景は次の通りである。[6]――ハブがやぶに逃げこんだので、ある人が、そのやぶに火をつけて焼いた。すると、もう一人の者が、呪文を唱えてそこに水をかけたのでハブは助かった。それで今でも、ハブを助けた家の子孫はハブに害を加えられないという。「ウフウミヌ　ウスドー　カーヌミードー　ジラーサンラークワーヌ　ウマグドードゥキョー　ドゥキョー」（大海の潮だよ。川の水だよ。次郎三良の子孫だよ。どきなさい。どきなさい）。『日本の民俗・新潟』[7]によると、新潟県には、「吉田孫兵衛の子孫であるぞ」と誦する蛇除けがあったという。

沖縄県八重山郡竹富島の、生盛太良さん（明治二十六年生まれ）は次の話を語ってくれた。「昔、神様が竹富島に渡ってくる時、舟口（舟着場）がわからなくて困っていたところ、アーレーという男が神様を良い舟口に案内して助けた。すると、神様は、お礼としてアーレーに対して、薄の葉先を結ぶ『フキ』を畑に挿すことを教え、〝お前が畑に種を蒔いてからこのようなフキを立てれば何を蒔いても豊作にしてやろう〟と語った。それで、種おろしにフキを立てる時には誰もが『アーレーフキ』と誦しながら立てるようになった」。フキは標《し》めであり、魔除けとして使われることもあるが、この伝説によれば、まさに神の目印、依り代だということになる。フキを立てるものはみなアーレーであり、アーレーの子孫だということにもなるのであるが、ここには、「系図の呪術」と「固有名詞の呪術」の二つの要素が内在していると言えよう。系図を示し、自分がその祖先ないしは祖先にゆかりある者だということを示す呪術と、系図ではなくても、特定の威力があると信じられている人物の名前を示し、自分とのかかわりを誇示することによって呪力を得ようとする呪術とは、その信仰心意において隣接していると言えよう。

『天草島民俗誌』に次の記述がある。[8]――「鎮西八郎為朝在宅」あるいは、「鎮西八郎為朝御宿」などという札を門口に貼ったり、その文字をアワビ貝に書いて戸口に吊るして疱瘡除けの呪いとすることは随分広く行われていることで、これは、「為朝の弓手の力に恐れてやいもせぬさきに落つる疱瘡」という歌の信仰によって、全国に伝播したものである――。引用文中の呪歌は、第一章でふれた「秘匿型」に相当する。歌中の「いも」が掛詞になっており、「射も」が表面に出て「疱瘡《いも》」が秘匿され、よって呪力が倍増するという構成になっているのである。

同じ『天草島民俗誌』に次の記述がある。[9]――牛深で、アワビの貝殻に「ささら三八」と書いて門口に吊るしておけば疱瘡が這入って来ないというのは薩州にもある。又壱岐島ではササノサイゾウという。折口信夫の「壱岐民間伝承採訪記」によれば、疱瘡が流行すると佐賀辺からすぐ、ささのさいぞうのお札を持って配りにくる。ささのさいぞうにはお札と人形のとがある。人形を持っている家は時々ある。上下をつけて笹をかかげた人が、前に猿をかかえた姿である。お札のは猿を引いている。今もこんな唄が残っている。「ささのさいぞう猿引きつれて、ほうそたやすく伽なさる」……又笹良三八郎御宿と書いた札をはった家もある――「ささら三八」「ささのさいぞう」「笹良三八郎」はいずれも疱瘡除けの「名前の呪術」のキーワードである。引用文中に、折口信夫の採集があり、そこに「猿」が登場する。猿が疱瘡除けの呪力を持つとするのは、猿が「赤顔赤尻」であり、それが疱瘡の赤斑症状を象徴するところから、代替類感呪術の対象とされたからである。折口の採集資料では、猿は人形・札に登場し、唄の中に登場する。その唄によれば、ささのさいぞうは猿舞わしだということになる。猿舞わしが疱瘡除けの呪術を行った記録は他にもあり、その一つは本書、

「猿丸太夫伝承」の中でも紹介した。

静岡県磐田郡水窪町大野の水元定蔵さん（明治二十二年生まれ）所蔵の『呪秘事録』の中に「疱瘡の呪ひ」という項があり、次のように記されていた。「この金太良はかさおば満の孫さへも人が子なり」「それぞれの人の名をはじめに書きて方々にヲス」――不明な点があり、難解であるが、およそ次のように解することができよう。呪言の前に疱瘡を除けようと思う人の名を書くことになるのだから、その人物を「仮の金太郎」だとすることになる。赤顔赤身の金太郎を、恐ろしい疱瘡の症状を示す赤色斑点の化身象徴と見立てる。その金太郎の母が山姥であるとする伝承から「カサオバ」即ち「疱瘡姥《かさおば》」を導くのである。呪言に混乱があると思われるが、当面、疱瘡を除けようとする人物を、仮の金太郎とし、その人物を本物の金太郎の母、即ち「疱瘡姥」の孫に見立てる。疱瘡姥の孫であるのだから、あらためて疱瘡にかかるはずはないと主張することになり、疱瘡の赤斑は本物の金太郎の代替類感するところだとするのである。金太郎の母の山姥がなぜ「疱瘡姥」になるのかと言えば、赤面赤身で、疱瘡の症状を象徴する子を産んだからである。――この呪言・呪術は、さらに他の資料などと比較研究する必要があるが、ここに「系図の呪術」「名前の呪術」があることはまちがいあるまい。

静岡県榛原郡中川根町尾呂久保の土屋猪三雄（大正四年生まれ）家では、虫歯の痛み止めの呪術として、紙に「肥後国白石村勘助の宅」と書き、年齢・性別を記して門口に貼ったという。これも「名前の呪術」である。

以上、蘇民将来を緒として「系図の呪術」「名前の呪術」を見てきた。固有名詞とその背後にひそむ伝承、また、伝説を担う名称への信仰は根強い。「名の呪力」は「系図の呪力」へと拡大し、系図を表示し、誦することによって、時に病魔や厄災を除け、時に福・豊穣・豊猟・豊漁を得ることになる。

こう見てくると、軍記物の合戦場面における武将の名乗りが気になる。例えば、『平家物語』巻第四「宮の御最期」には、足利又太郎忠綱の次のような名乗りがある。「あぶみふばり立ちあがり、大音声あげて名乗りけるは、「とをくは音にも聞き、近くは目にもみ給へ。昔朝敵将門をほろぼし、勧賞かうぶりし俵藤太秀郷に十代、足利の太郎俊綱が子、又太郎忠綱、生年十七歳……」」――これは、敵におのれの存在を明示するを目的とするにとどまらず、敵を威嚇するために武の家柄の系図を読みたてることを目的としている。大音声による武の家の系図は実際に敵に対する威嚇効果を持つにちがいないが、その背後には、民俗としての「系図誦唱」の呪術伝統があったのではあるまいか。

名乗りは、「名宣り」である。『万葉集』冒頭歌で、雄略天皇が、「われこそは告《の》らめ　家をも名をも」と歌っている様は「王者の名宣り」の存在したことを思わせる。王者の名宣りは、それによって、領《うしは》く大地の隅々まで、統治するすべての人々を服従せしむるものであったはずだ。そして、その名宣りの中には省略形にせよ系図を入れるならわしがあったはずである。例えば、『古事記』に見える、倭建命の熊曾討伐の場の名宣りは次の通りである。「吾は纏向《まきむく》の日代《ひしろの》宮に坐しまして、大八島国知らしめす、大帯日子《おほたらしひこ》淤斯呂和気《おしろわけの》天皇の御子、名は倭男具那王ぞ」――王者ではなく御子の名宣りではあるが、父景行帝の名とその業績を要約的に述べ、相手を威圧する形になっている。

『万葉集』二十九番歌「近江の荒れたる都を過ぐる時、柿本朝臣人麻呂の作る歌」について、山本健吉は、この長歌は壬申の乱に敗れた近江方の御霊・怨霊を鎮め祭るために、人麻呂が持統天皇の命を受けて作ったものだと解している。(10) そして、同氏は、「玉襷《たまたすき》 畝火の山の 橿原の 日知《ひじり》の御代ゆ 生《あ》れましし神のことごと 樛《つが》の木の いやつぎつぎに 天の下知らしめししを……」という叙述は、近江方を代表する天智天皇に関する系図的叙述であるとし、系図的叙述は誄《しのひごと》の必要条件であり、この場合は鎮魂の必要条件だと説いている。

奄美大島のユタの唱える呪詞には、思イ松ガネ、平安座親ノロ、弟ヌ子ヌユカネなどというユタの始祖が登場し、その事跡が語られ、ユタ自身の出自の尊さが述べられるという。(11) ここにも系図の呪力を重視する民俗が見られるのである。

この他、歌舞伎の襲名、相撲の醜名《しこな》襲名、旧家当主の襲名、屋号などにも「名前の呪力」「系図の習俗」は深くかかわっている。極端な例ではあるが、それはヤクザの仁義口誦にも見られる。

五　ことばと禁忌

(一)　無言の物忌み

益田勝実氏は、「言挙げせぬ」ということについて次のように述べている。[1]「「言挙げせぬ」ということが重視されるということに関しては、神事で物忌みの方法として沈黙がことに重きをなしていることも視野に入れておきたい。忌み籠もる人びとが終始物を言わないだけではないのである。出雲の佐太神社の御忌祭、長門の住吉神社・忌宮《いみのみや》神社の御斎《おいみ》祭が数十年前までは、十五日間にわたって、近隣の集落もろとも一切の音曲停止を守ってきていた例なども考えに入れたい。神事で忌むのは人間の言語だけではない。〈万象の言語〉を忌むのだ」――。

沖縄県八重山郡新城島では、旧暦十月ツチノエの日に「タニドゥル」（粟の種とり）を行った。まず、仏壇の前で初種をおろす報告をして畑に向かうのであるが、この時人に出会うと不作になると称して、種とりであることを他人に知らしめるために農具である鉄のヘラを叩きながら畑に赴いた。人に出会うと不作になると伝えることは、もとより、人とことばをかわすことをも忌むものである。

三重県上野市諏訪では、人が死ぬと、隣家に赴き、その死について口頭による言語伝達を避け、すべて身ぶりで伝えた。知らせを受けた隣家では、半紙と糊を持って亡くなった人の家に行き、家中の屋内神をその半紙で囲む。その時も、すべての行動が終わるまで声を出してはいけないことになっている。[2] これは、死にかかわる忌みだと考えてよさそうである。

こう見てくると、各地の神社で神事に奉仕する神職や神役達が口に榊の葉を銜《くわ》えている様子が思い出される。これはもとより、捧持する御神体や御神宝に息や唾がかかることを防ぐものであるのだが、さらに重要な点は、榊の葉を口に銜えることによって無言・無声を証明することになっているということである。熊本県の阿蘇神社御田植神幸式に登場する「ウナリ」の覆面や、山形県庄内平野の覆面「ハンコタナ」などの起源は、邪視防止だと考えることができるのであるが、[3] さらに古い時代、覆面で、特に口を覆うということが、無言を証明することになっていたとも考えられてくる。「耳ふたぎ」に対して「口ふたぎ」の習俗が存在したことは否定できまい。

(二) お言わずの島

玄界灘に浮かぶ聖なる孤島「沖ノ島」は今でも女人禁制であり、島に上陸するに際しては必ず御浜において全裸の禊《みそ》ぎをしなければならない。この島には五十語以上の「忌みことば」があり、本来、上陸後は「島ことば」を使わなければならないとされていた。例えば、馬＝ハネヨツ、牛＝ツノヨツ、狐＝オナガヨツ、女＝ホトメ、味噌＝火志於、死＝クロヨウセイ、などである。「ホトメ」の「ホト」は女陰の古語であり、「ヒシオ」も古語である。「ヒシオ」は麦と大豆を煎って皮をとったものを混ぜ、水にひたしてこうじとして塩水を混ぜて天日に干したもので調味料の一種であった。これらは、沖ノ島の「島ことば」の古さをしのばせている。そして、何よりも注目すべきことは、この島へ上陸した者は、絶対に島の様子をことばに出して語ってはならないという禁忌が存在したことである。それゆえに、沖ノ島は「お言わず様」とも呼ばれていたのであった。沖ノ島と女人禁制については既に述べたことがあるのでここではふれない(4)。

出羽三山総奥ノ院と称される「湯殿山」は無社殿で、霊巌が御神体となっている。祓所で祓を受け、素足になって結界の中へ参入する。巌は、高さ四・五メートル、径三メートルほどの釣鐘型で、全体に赤褐色の鉄含石の色をなし、表面は湯で濡れて光っている。巌の正面真中に縦三十センチ、幅十センチメートル程の穴があり、霊巌全体が女陰の象徴となっている。現在写真撮影は厳禁されており、本来は、この聖域、秘所の有様を語ってはならないという禁忌が厳正に守られていたのであった。本書における筆者の描写説明は禁忌を破っているのである。湯殿山もまた「お言わず様」だったのである。

「お言わず様」は、人が、その聖なる秘所を他言することによって、聖なる秘所が汚されると信じたことが第一なのであるが、本来は、「他言することによって秘所の霊力が弱る」と考えられたものであり、湯殿山などの場合は、「他言することによって、湯殿山から与えられた霊力が消滅する」という論理にまで伸展していたものと考えられる。

『万葉集』に次の歌がある。
ⓐ畏《かしこ》みと告《の》らずありしをみ越路の手向《たむけ》に立ちて妹が名告《の》りつ（三七三〇）
ⓑ足柄の御坂畏《かしこ》み曇夜の吾が下延《したば》へを言出《こちで》つるかも（三三七一）

ⓐⓑともに、峠通過に際して、心中の秘事を表白しているのである。古代には、荒ぶる峠神が遮閉検問する峠において、「秘事表白」(5)を手向けとして峠を通過させていただくという習俗があったことがわかる。ⓐにおける「畏《かし》みと」が特に重要である。日本古典文学大系『万葉集』の注釈には、「おそれ多いことだからと。名を告ることはつつしむべきことだった。呼ばれた人の魂がぬけ出して来るという古い信仰による」とある。これは、おそらく、遠く離れた状態にある場合においてのことと考えてよいだろう。「畏み」は、妹の名を口に出すことによって、作者と妹との関係が悪化する恐れがあることを示しているのである。つまり、これも「お言わず」の論理である。秘事を表白することによって、マイナスの状態が起きるとする論理は、浦島太郎の玉手箱の煙の象徴性のごときもので、他言した瞬間に対象と自己とを結んでいた霊力が消え去るという恐怖感を伴ったものであったにちがいない。

(三) 山ことば

山形県西置賜郡小国町樋倉は荒川右岸最上流部のムラで、徳網山の麓に草屋根の民家がかたまった古風な集落景観を見せている。このムラで生まれ育った佐藤静雄さん（大正七年生まれ）はこの谷最後のマタギである。佐藤さんの狩猟範囲は荒川の水源部にとどまらず、三面川水系の末沢川・岩井又沢の水源部にも及んだ。それは、山形・新潟県境の檜岩屋山（一二五二・五メートル）、袖朝日岳（一六六五・一メートル）などを分水嶺とする両斜面でもあった。三面水系には、マタギ集落として知られた朝日村奥三面があったのだが、奥三面のマタギ達もここまでは来なかった。

佐藤さんは、大正七年生まれという世代にしては、狩猟にかかわる伝統的な伝承が豊富である。その一つとして、「山ことば」をあげることができる。山ことばは、東北地方の狩猟集団マタギが、山で狩猟活動をする際に限って使用する言葉で、平素サトでは使用することを許されない。じつは、マタギがどこを境界として里ことばを山ことばに変えるかということが極めて重要である。それは、その、ことばの転換点が、人の支配する「サト」と、山の神の支配する「ヤマ」との境となるからである。

秋田県由利郡鳥海町（現由利本荘市）の百宅マタギは、ツナギ沢の山の神を境として里ことばを山ことばに変えた（佐藤運一郎・大正三年生まれ）。ツナギ沢の山の神は、標高四〇〇メートルのムラからさらに一〇〇メートル登った標高五〇〇メートルの峠にあり、八〇〇メートルほど坂道を登ったところにあった。そこからはムラを見下ろすことができ、そこは、いわば、里山と奥山の境でもあった。福島県南会津郡只見町田子倉地区はダムに沈んだムラであるが、かつては、ムラはずれの山神様《さんじん》の橅《ぶな》の巨木を境として里ことばを山ことばに変えたという（大塚正也・昭和二年生まれ）。

さて、佐藤静雄さん達の樋倉マタギは、樋倉のムラから荒川ぞいに二キロ溯上したところにある山の神を境にして里ことばを山ことばに変えたのだという。以下、佐藤さんがかつて先輩マタギとともに使い、今も記憶している山ことばを記そう。上に里ことば、下に山ことばを示す。①熊↓シシ　②牡熊↓シカ　③一歳熊↓ワカメ　④二歳熊↓ヤライ　⑤仔連熊↓コツキ　⑥一歳仔熊付↓ワカメッツキ　⑦二歳仔熊付↓ヤライツキ　⑧胆嚢↓キンチャック　⑨肺↓アカフク　⑩膵臓↓タチ　⑪心臓↓ホナ　⑫血↓ヤゴリ　⑬手足↓エダ　⑭内臓↓ウチドーグ　⑮男根↓サイタチ　⑯女陰↓サッペ　⑰皮を剝ぐ↓ナラス　⑱熊狩↓シシヤマ　⑲狩場↓クラテ　⑳命中↓ヨオヨオ　㉑糞↓シダミ　㉒脱糞↓シダミホロキ　㉓追い込む↓フテル　㉔山に泊まる↓スノ　㉕寝る↓フス　㉖弾道↓ヤミチ　㉗山刀↓キリハ　㉘槍↓ナメ　㉙椀↓モッツオ　㉚鍋↓クマ　㉛箸↓テコ　㉜笠↓アマブタ　㉝引き返す↓ムジル　㉞猿↓アカッペ　㉟鳥↓サライ　㊱蓑↓ケンタイ　㊲米↓ハミ　㊳塩↓カリ　㊴味噌↓クサリ　㊵和尚↓カックイ　㊶目↓クバリ

右によればこの地にはかなり体系的に山ことばが残っており、マタギ集団で遅くまで山ことばを使っていたことがわかる。

この他、「皮目を立てる」と称して皮剝ぎのために刃物を入れる時「オンアサバソワカシダシジァソワカ」と三回誦した。また、この地では皮を剝いでその皮を熊の体に三回かける儀礼があった。その、皮をかける時、「ミッツ　ムッツ　ジューニ」と三回誦した。

里ことばから山ことばへの転換は、山を、山の神が領《うしは》く神の世界だとする認識にもとづい

ている。山においては里ことばを使うことが禁忌とされていた。山に入ってから里ことばを使って先輩マタギから罰せられたという話はよく耳にする。神の世界から獣をいただくために里ことばをつつしみ、山ことばを使ったのであった。

II　民謡再考

一　子守唄と子守の民俗

(一)　同音反復の呪力

宮崎県西都市の銀鏡《しろみ》谷は旧東米良村で、九州脊梁山地の山懐である。谷のどんづまりに住む河野開さん（大正六年生まれ）に当地で歌い継がれた子守唄を歌ってもらったことがあった。

〽ネンネンコロリヨ　オコロリヨ／坊やは良い子じゃねんねしな／うっつけ（うつ伏せ）うっつけの牛の子／ねーむれねーむれ猫の子／はーしれはーしれかーりんど（狩人）／まーえのしーしゃとーれんど（前の猪《しし》や獲れんぞ）

木おろし唄の伝承で喉を鍛えた河野さんが、座して、静かに、声をおとし、幼時を回想しながら歌ってくれたこの唄は特別に心にしみた。そして、そのやさしい曲節が心に残り、夕ぐれどきなどふと甦ってくる。今ふり返ってみると、この歌詞には、・印をした「ウ」「ネ」といった頭韻、「ンド」という脚韻、「眠れ」「走れ」という反復など、同音反復があり、それが、すぐれた音韻効果をもたらしていることに気づく。子守唄の目的が幼な児を眠らせるところにあるのだから、耳や心に快い表現が子守唄の第一条件となるのは当然のことであった。子守唄の本質的特徴の一つは「音韻効果」であるはずだ。河野開さんの歌う「米良の子守唄」を耳にして、あまりにも当然なことに気づいたのであった。

①〽よいよいよからの地蔵さん　どうぞこの子が育つよに……（静岡県賀茂郡松崎町）

②〽よいよいよこすかの三本桜　花は咲いても実はならず……（同下田市）

③〽ねんねんねやまち米屋町　米屋の横町通る時……（同周智郡）

④〽ねんねねこじまさんがりおとめ　おとめでかくなりゃ江戸へやる（同富士市）

⑤〽ねんねんねこ島のキンピラおとみ　おとみが大きくなればお江戸へやるぞ　お江戸じゃちんちんちりめん育ち　田舎じゃ菜種の花ざかり（同賀茂郡松崎町）

⑥〽ねんねんねこじまのやぐらおとめ　おとめが大きくなったら江戸へやる　江戸にはちんちんちりめん　田舎じゃ菜種の花ざかり（新潟県佐渡郡赤泊村[1]〈現佐渡市〉）

⑦〽ねんねんねこのケツ蟹が這いこんだ　やっとこせと引張り出したらまた這いこんだ（静岡県下田市）

⑧〽ねんねんねこのケツ蟹がはさんだ　おばとってくれちゃまたはいこんだ（新潟県佐渡郡相川町[2]〈現佐渡市〉）

⑨〽ねんね根来（ねごろ）へゆきたいけれど　川がおとろし紀の川が（和歌山県伊都郡花園村[3]〈現かつらぎ町〉）

⑩〽ねんね根来のとのどの前よ　いざり松かよ横に這う（和歌山県那賀郡岩出町(4)〈現岩出市〉）

⑪〽ねんね根来のかくはんやまに　とじょじこいよの鳩が鳴く（同(5)）

⑫〽ねんねんよ　ころころよ　寝入らないとねずみに引かせるぞ　起きると興（おき）津にくれてやる　泣くと長持しょわせるぞ　笑（わら）うとわらじをかつがせる　ねんねんよころころよ（静岡県清水市〈現静岡市〉）

⑬〽ねんねんよ　ねんねんよ　泣くと長持しょわせるぞ　おこると　おこもにくれてやるだまるとだんごを十くれる　ねるとねんぶつ聞かせるぞ　ねんねんよねんねんよ（同旧小笠郡）

⑭〽おこると鬼っこにくれてやる　すねるとすりばちかぶせるぞ　泣くと長持しょわせるぞ（同磐田郡）

こうしてあげてゆくと枚挙に遑がない(6)。これらの例を大別すると、導入部に同音を重ねる型と、尻取式に頭韻を踏む型があることがわかる。いずれも音韻効果を高めていると言えよう。前者に注目してみると、よいよい↓横須賀、ねんねん↓根来、というように、子守唄冒頭の「催眠呪言」とも言うべきリズム詞の冒頭の音で、しかも催眠呪言の中に反復されている音を次の句の冒頭に導く形になっていることに気づく。

催眠ことばによって導かれるものの一つに同音を含む地名が存在すると言える。いま一つ、「ねんねん」に導かれるものとして「猫」がある。「猫」の使用は「ねんねん」の「ね」

と同音で始まる名詞だからという理由にとどまるものではない。猫の常套利用は、猫が眠りを象徴することによる。猫は催眠の呪力を持つ動物と認識されていたのである。そう言えば冒頭に紹介した米良の子守唄の中にも猫が登場している。「ねんねん」が「寝む寝む」であり、背負われる乳幼児に寝ることを誘うことばに由来することは言うまでもない。このことばはわが国の子守唄のキーワードとして定着しているのであるが、事例①②にもある通り、「よいよい」も子守唄の催眠呪言・導入ことばとして使われる。山梨県南巨摩郡早川町奈良田の深沢さわのさん（明治三十年生まれ）は次の唄を伝えている。

⑮〽ヨーオ　ヨイーヨイーヨー　うらが家《え》のおぼこを誰がかまった　誰もかまわんのにお泣きやるか

⑯〽ヨーオ　ヨイーヨイーヨー　しょうがいばんばは焼餅好きで　ゆんべ九つ今朝七つ　ヨーオ　ヨイーヨイーヨー

奈良県吉野郡天川村坪内の梶本いそのさん（大正九年生まれ）は次の唄を伝える。

⑰〽ネンネコロイチ　子は竹の市　竹にもたれて寝る子は可愛い　起きて泣く子は面憎い

⑱〽うちの父ちゃん　山から帰る　サンマ三匹酒三合　ヨーイヨ
ヨーイヨ

「よいよい」は、「よいしょ」「よいとまけ」「よいさ」などと同系で、子供を背負う時の掛け声に発したものと思われるが、「良い子」の「良い」とかかるところにこのことばの魅力と力がある。

わが国の古典の中にも音韻効果を重視した表現がある。「ははそばのはは」「ちちのみのちち」「菅の根のねもころ」「打ち寄する駿河」といった同音を導く枕詞を始めとして、「巨勢山のつらつら椿つらつらに」（『万葉集』）、「駿河なる宇津の山辺のうつつにも」（『伊勢物語』）のような同音を反復する序詞もある。また、「岩の上に小猿米焼く　米だにも食《た》げて通らせ山羊（かましし）の老翁」（『日本書紀』）といった同音反復を用いた歌謡もある。祝詞の表現の中にも、対句・並列と複合しながら同音を反復して音韻効果をあげているものも少なくない。「常磐（ときは）に堅磐（かきは）に」（春日の祭）、「奉るうづの幣帛（みてぐら）は、御服（みそ）、明るたへ・照るたへ・和たへ・荒たへ、五色の物、楯・戈・御馬（みま）に、御酒（みき）は、瓱（みか）の上高知り、瓱（みか）腹満（み）て双べて、和稲（にぎしね）・荒稲（あらしね）に……」（広瀬の大忌の祭）、「八束穂の茂し穂」（祈年の祭）といったものである。祭祀や呪術に用いられる言語表現は神霊を動かしたり、霊魂を鎮めたりするところにその目的があるため、それなりの表現伝統を持つことになる。枕詞・序詞や祝詞の表現には、そうした言語表現伝統の原型が見られる。その一つに同音反復によって音韻効果を示すものがあると見てよかろう。呪的な言語、祭祀にかかわる言語表現は、当然、声をあげて誦唱するのであるから、音韻上のくふうは極めて有効にその力を発揮することになる。それは、神霊・霊魂・精霊を動かす力を強めることになるのである。

子守唄における同音反復の音韻効果は、現実的には、それを聞く乳幼児に響きの快感を与えて眠りに誘うということになるのであるが、呪的には、子供の魂、「騒魂」を鎮めることになると考えてよかろう。

(二)　催眠呪言「オロロンバイ」の原義

子守唄の中で囃し詞のように反復的に用いられる語は鎮魂と催眠の呪言である。「ねんねん」もその一つなのであるが、「オロロンバイ」もその一つと見られる。山形県置賜地方の子守唄に次のようなものがある。

〽ねんねのお守はどこへ行った／あの山越えて里さ行った／里のお土産《みや》に何もろた／でんでん太鼓に起きゃがり小法師／オロロロロンバイ　オロロンバイ　オロロンバイ　オロロンバイナ／ねんねこすれてばねんねしな／ねんねこしたらば何呉べな／小豆お飯《まま》さ魚《とと》かけて／さらりさらりと養うぞ／ロロロロンバイ

美しいリズムことばであるが、これは東北に限るものではなく、九州にもある。島原地方の子守唄にも「早よ寝ろ泣かずにオロロンバイ」とあり、北九州では子守唄のことを「オロロンバイ」とも言う。そして、「オロロンバイ」「コロロンバイ」は「ころっと横になって寝る」という意だとも言う。臼田甚五郎氏は、「〈おんばえやれ〉などが〈オロロンバイ〉の出現を助けたのかもしれない」と述べている。(7)

しかし、「オロロンバイ」と同系の語やそれにまつわる各地の民俗伝承を確かめてみると、「オロロンバイ」にはさらに深い意味があるように思われる。

鹿児島県では馬を呼ぶのに「オロオロ」と言う地がある。また、兵庫県で小正月に行われる狐狩行事で狐を呼ぶ呼び声に「オロロやオロロ」という呪言があるという。青森県三戸郡三戸町小中島には一月十五日にカラスに餅を与える行事がある。縄に餅を数珠状につけて投げるのであるが、その時カラスを呼ぶのに「ローロロロロー」「ローロー」と唱える。

静岡県天竜市　懐山《ふところやま》泰蔵院（もと新福寺阿弥陀堂）で毎年一月三日に「おくない」（修正《しゅしょう》会《え》のおこない）が行われる。その演目の中に「駒の舞」と呼ばれるものがあり、駒・主人・伯楽が登場し、定まった骨格に一部即興的な科白を加えて会話を行い、最後に駒の舞が行われる(8)。その会話の中に注目すべきものがある。

伯楽「去年参りました伯楽が倒れましたで、今年は伝次（名前）伯楽が参りました」
主人「御苦労様でございました。ようおいで下さいました」
伯楽「お宅には名馬の駒があるそうですね。見せてもらいに伺いました」
主人「どうぞ」
伯楽「はあー、これが名馬の駒ですか。たてから見てもよこから見ても、ええ駒ですね。ひとつ呼んでみますかね」
（伯楽は駒の方に寄って、唱え言のように呼ぶ）
「阿弥陀の前の名馬の駒　これはどうだコロコロコロコロ　阿弥陀の前の名馬の駒　これはどうだ　コロコロコロコロ」

（駒は全く振り向かない）

主人「伯楽様の方じゃコロコロコロでしょうが、うちの方じゃオロオロオロって言います」

伯楽「阿弥陀の前の名馬の駒　これはどうだオロオロオロ　阿弥陀の前の名馬の駒　これはどうだ　オロオロオロ」

（駒が鈴を鳴らして振り向く）

右の場面は極めて重要な内容を含んでいる。「コロコロコロ」という呼び方には馬は全く

懐山のおくないに登場する駒
（静岡県天竜市懐山）

子守神事の乳房
（古座町木葉神社）

反応しないのに、「オロオロオロ」という呼び方には敏感に反応するという点である。先に引いた通り、鹿児島県では、現実に、馬を呼ぶのに「オロオロ」ということばを使うという。「懐山のおくない」の「駒の舞」という芸能の中で、鹿児島県と同じ、「オロオロ」という馬の呼び方が使われていたのである。

右の諸例を総合してみると、「オロ」「オロロ」「オロロン」「ロー」などには、動物や鳥、さらには動物や鳥の霊を呼び寄せる力があると信じられていたことがわかる。

和歌山県東牟婁郡古座町田原（現串本町）の木葉神社において、毎年十二月一日、子育ての様を演じる「子守神事」（ねんねこ祭りとも）が行われる。サラシの袋に米を入れて円錐状、乳房型にしたものを宮司以下神役が胸に当てるなどの演技があるのだが、その時、おのおの「ネンネコ　ネンネコ　オロロンヨ」と大声で唱える。動物を呼び寄せる時のことばと同系のことばが子守唄や子守神事に登場する所以は、これらのことばには、騒いで落ちつかない子供の魂を鎮めて眠らせる呪力があると信じられていたからではあるまいか。南島には、遊離する人の魂を呼びもどす呪術が種々見られるのであるが、久高島では、生後三ヵ月以内の嬰児は特に魂が遊離しやすく、悪霊もつきやすいとし、その予防として外出の時には嬰児の額に、中指でヒング（ナベズミ）を塗る。その時、「アンマガルミーンド　ターガミヤンド」（母さんだけが見るの、ほかの人は見ませんよ）と唱える。子供が寝つかないのは子供の魂が騒ぐからである。子守唄の中に使われるオロロン系の語は、騒いで不安定になる子供の「騒魂」を鎮める呪力があり、時に遊離する子供の魂を呼び寄せ、安定させる呪力があると信じられていたのである。いわば、オロロンは騒魂鎮撫・遊離魂鎮斎の呪言だと言えよう。

(三)　子守唄〈夢の道行き〉

〽ねんねんころりん　しゃんころりん
　この子の可愛さ限りなし
　山で木の数茅《かや》の数　天へ昇って星の数
　沼津へ降《くだ》れば千本松　千本松原小松原
　小砂の数よりまだ可愛い

『田方郡誌』『駿東郡誌』等にこの型の子守唄が記載されており、歌詞の中に「沼津へ降れば千本松」とあるところからしても、この子守唄が沼津周辺で広く歌われたものであることがわかる。臼田甚五郎氏は、藤沢衛彦氏の説をふまえ、天明の頃この唄が沼津地方に土着したと推測している。[9] 沼津地方で発生ではなく土着としたところに意味があるようだ。

それは、「山で木の数茅の数」「七里が浜では砂の数」などという〈無限数提示による愛情表現〉の子守唄が全国各地に存在するからである。真鍋昌弘氏によると類歌が、山形・茨城・愛知・千葉・栃木・大阪・兵庫・高知・佐賀と、ほとんど全国に及んでいることがわかる。[10] 真鍋氏は他の民謡・歌謡の類例をたどりながら、こうした発想の愛情表現の祖型を、『万葉集』東歌である次の歌に求めている。


相模路の淘綾《よろき》の浜の真砂《まなご》なす児らは愛《かな》しく思はるるかも（三三七二）

〈無限数提示による愛情表現〉という発想には伝統があり、様々な類型があるのだが、右に掲げた子守唄が、この型の典型、傑作としてたたえられるのは、「沼津へ降れば千本松　千本松原小松原」という部分が具体的な海岸の風景をイメージさせるからである。

古来その風光を誇った千本松原は、相模の北条と甲斐の武田の戦いのため一旦はすっかり焼きはらわれたが、天文六年（一五三七）千本山乗運寺の増誉上人が村人とともに一本ずつ植えたものだと伝えられる。

北原白秋は、この唄を、乳母や子守の唄ではなく、母の唄だとして絶讃したという。[11] たしかに美しく愛に満ちた唄である。この唄の中には、木・茅・星・千本松・砂と、無限数のイメージとして具体的に結ばせるものがちりばめられている。それが、母の愛のやさしさを実感させるのはたしかなのであるが、私は、この唄の中にある「道行き要素」に注目したい。

子守唄の本質の一つはリズムの継続である。ちょうど、やわらかな歩みの反復の中で子供が体を揺られ自然に眠りに落ちるようなリズムである。
〈山〉↓〈天〉↓〈沼津〉↓〈千本松原〉↓〈砂〉という空間的な動きである。
道行き要素を内包する子守唄は他にもある。以下にその例を示そう。
①〽ねんねころいち　天満の市よ　大根そろえて舟に積む　舟に積んだらどこまで行きゃる　木津や難波の橋の下　橋の下には鷗がいやる　鷗とりたや網ほしや　網がゆらゆら由良之助（大阪府）⑫
②〽よいよい子の子守はどこへ行った　あれは三島へ帯買いに　帯は何帯繻子の帯（静岡県下田市）
③〽ぼうやのおっかちゃはどこへ行った　浜松街道へとと買いに　とと買ってきて何にする　ぼうやのまんまの菜にする（同磐田郡）
④〽おらが子守はどこへ行った　椎の木原へ麦蒔きに　麦は何合蒔いて来た　一升五合蒔いて来た　一升五合の残りをば　茶の木の間へ蒔いて来た……（同賀茂郡松崎町）
⑤〽ねんねころりよおころりよ　坊やはよい子だねんねしな　坊やのお守はどこへ行った　あの山越えて里へ行った　里のお土産になにもろた　でんでん太鼓に笙の笛　おきやがり小法師に犬張子（江戸子守唄）
⑥〽ねんねんころりんころりんや　ねんねの守りはどこへ行った　カチカチ山に胡麻蒔きに　胡麻は何升蒔いてきた　一升五合蒔いてきた（新潟県長岡市麻生田町⑬）
⑦〽ねんねんころりんねんころりん　ねんねの婆さんどこ行けた　向こうの山へ花折りに

一本折りては腰にさし　二本折りては腰にさし　三本目には日が暮れて　どこのお宿に泊るやら……（以下略）（石川県）(14)

⑧〽坊やの父さんどこへ行った　あんまかさんよに舟買いに　舟はないので馬買うて　馬はどこへつないだか　一本松の橋の下　なにを食わせておいたのか……（以下略）（熊本県）(15)

⑨〽グーヌンヌズガマ　グーヌンヌズジャ　ナガナガティーガマ　ナガナガウスマラ　ヌーマヌジャウケイ　ウースンヌーリー　ガヤンチョジャーント　オツナンカイテー　ヤマトンカイテー　ニシノトーヨド　ワーラヌカタウド　ミャーゲレバードー　フネガマノードタールガフネテ　ネーマノシューガ　ネームツヌーシ　カークーヌーシ　ヒャーラン　ヒャーラン（浜の岩・浜のタコ・小さい長い手・長くてスミ吐いて走る・馬小屋の入口で・牛に乗って・ヒバリも牛に乗れる・沖縄へ行こう・大和へ行こう・東の方から・風上の方から・見あげれば・舟が来る・誰の舟か・根間の衆が・荷物乗せて・荷入箱乗せて・早い早い）（沖縄県宮古郡〈現宮古島市〉池間島・勝連メガ・明治三十二年生まれ）

①は舟路ということになるが、木津・難波・天満の市への空間移動が示される。この唄は奈良県下でも、大阪河内長野市でも歌われ、類歌は愛媛・徳島・高知・広島の各県でも歌われた。遠隔地は別として、大阪周辺でこの唄を歌うものは皆木津・難波・天満を想起し、道中の景物に思いを馳せたのである。舟路と言えば、⑨にも舟が登場する。この唄では、はじめ「牛歩」によるゆったりとした歩行のイメージを形成し、続いて、沖縄・大和への舟旅をイメージさせる。ゆったりとした舟のゆらぎが子供の催眠につながるのである。沖からやっ

てくる舟は、子供を夢の舟路にいざなうことになる。

②では下田から三島までの天城越えの道中を、③では浜松と、その浜松に至る浜松街道の情景を想わせる。④では椎の木原と、椎の木原への道程である。⑤は名高い江戸子守唄であり、具体的な地名が歌いこまれているわけではないが、「あの山越えて里へ行った」というところに、峠越えの道中が歌いこまれていることになる。特定の地名が入っていないということが、逆に、この歌が広範囲に伝播し、おのおのの地で、その地のものとして実感的に歌われることにもなった。それは、地名を語りこむ伝説に対し、「昔々あるところに」と、時と場の固有性を捨象した形の昔話がより広く伝播したのとよく似ている。

②〜⑧の基本構造は、「どこへ行った」という問いかけ形式に対して、「○○へ」と、行き先を語る形になっている。この形式はこの他にも多く伝えられているのであるが、それらはすべて、「道行き」「移動」を示す形だと言える。子守唄にこの形式が用いられるということは、背負われた子に移動のリズムを感覚させることになる。もとより、背負われた子に道行きのコースを明確に意識させることなどできはしない。しかし、負われた子は、じつにかすかに、本能的に夢路の中で道中のリズムを感じるのである。道行き型子守唄の最大の特色は何よりも、唄を歌う者、子を背負う者自身が、おのれの歌う唄によって道行きの行程を明確にイメージし、そのイメージに導かれつつやわらかな道行きのリズム、じつにゆるやかな歩みのリズムを作るところにある。そして、それを背の子に唄と体で伝えるところにある。負われた子は、かすかに、本能的に、背から伝わる体温とともに道行きのリズムを感じ、道行

きの夢路をたどるのである。遥かなる背の記憶は日本人の心と人間性の原点だったのかもしれない。

実は、「道行き」は日本文学の伝統であった。『万葉集』（二九）に収められている「近江の荒れたる都を過ぐる時、柿本朝臣人麻呂の作る歌」の中にそれが見られる。

玉襷　畝火の山の　橿原の　日知《ひじり》の御代ゆ　生れましし神のことごと　樛《つが》の木の　いやつぎつぎに　天の下　知らしめししを　天にみつ　大倭を置きて　あをによし　奈良山を越え　いかさまに　思ほしめせか　天離《あまざか》る　夷《ひな》にはあれど　石走る　淡海の国の　楽浪の　大津の宮に　天の下　知らしめしけむ　天皇《すめろき》の　神の尊の　大宮は　ここと聞けども　大殿は　ここと言へども　春草の　茂く生ひたる　霞立ち　春日の霧《き》れる　百磯《ももし》城《き》の　大宮どころ見れば悲しも

この長歌に関しては山本健吉氏の優れた分析がある。[16] 山本氏の説によると、この長歌は、壬申の乱に敗れた近江方の御霊、怨霊を鎮め祭るために、人麻呂が、持統天皇の命を受けて作ったものだとされている。まず、近江方の代表である天智天皇の系図的叙述を行う。これは、この場合、死者に対する誄《しのびごと》となるのだという。

次に注目すべきは道行きである。傍線で示したように、「大倭《やまと》」→「奈良山」→「淡海」（近江）→「大津の宮」といった地理的展開がある。これについて山本氏は次のように述べている。「この歌の序章の部分に挿入された大和から近江への道順は、地名列挙の道行様式の簡略化されたものである。系図が神武・天智の二人にしぼられたように、道順も大和・奈良山・近江の三箇所を挙げたに止まるが、ここもやはり、部分による全体の表示という古代の論理が働いているのであって、この三箇の地点を示したことが、背後に全体としての道行詞章の内容を籠めていることになる」。

この道行きは天智天皇の遷都の道行きである。山本氏は、全体が挽歌的な歌なので「葬り」の道行きの雰囲気が重なるとも述べている。葬送の道行きについては諸説があるがここではふれない。ただ、「道行き」が誄や、魂鎮めの要素をもつ詞章の中に用いられる場合、子守唄の場合と同様、荒れ、遊離、時に祟《たた》らんとする魂を慰撫する「鎮魂のリズム」の母胎となったことは考えてよさそうである。

「大倭」↓「奈良山」↓「淡海」という道行きは子守唄の中の、「あの山越えて里へ行った」と同様の省略型である。しかし、そこには「峠越え」「山越え」のイメージがあり、省略されてはいるが、長い長い道のりが込められているのである。

川を越え、谷を越え、峠を越える。峠には松があり、峠の風が吹く。「天満の市への道のり」「浜松街道」「下田街道」とて同様で、子守唄を歌う者は、その街道、道中の風物を具体的に頭に浮かべながら、それをたどって唄を歌うのである。子守唄は「徒歩の時代の唄」なのである。「歩速の文化」の土着的な力がここに潜んでいるのであった。

作曲家の某氏は、日本の子守唄には暗いものが多いから子育てにはふさわしくない。西洋の子守唄に依った方がよろしかろうと語ったという。子守唄の中には、たしかに、口べらしのために幼い者が子守奉公として他家に住みこみ、つらい日々を送った様を歌いこんだものも多い。しかし、わが国の子守唄の中には、先に見てきた通り、同音反復によって催眠効果をもたらすもの、催眠・鎮魂の呪言を含むもの、道行き型として独自のリズムを生成させるものなど優れた子守唄が多い。とは言え、今ここに、子守唄だけを切り出して歌ってみても、その子守唄に、それがかつて無垢に生きていた頃の力は期待できないのかもしれない。民俗土壌も、社会環境も、自然環境も大きく変貌しているからである。車《くるま》社会の中で、子を背負う者が歩くことを忘れ、足による峠越えの経験も持たなくなったからである。背負う者が歩速によるイメージを形成できない以上、負われる者にやわらかい歩みのリズムを伝えることはむつかしいのだが、こうした状況なればこそ、ここで、いま一度「日本の子守唄」に耳を傾けてみたいのである。

(四) 子守奉公うらおもて

1 子守の怨嗟

全国各地に子守奉公という習慣があった。七、八歳から十二、三歳までの少女を中心に、時には少年もこれに当たった。それは、いわゆる「口べらし」のためで、ムラの中の貧家から地主へという動きもあったが、遠い町や村へ住みこむこともあった。

①〽ねんねん子守はつらいもの　親には叱られ子にゃ泣かれ　(長野県下伊那郡上村)

②〽一年勤めて二年目にゃ　豆の漏るような弁慶縞　(同)

③〽子守というものは辛いもの　親に叱られ子に泣かれ　人には楽だと思われて　あまり楽でもございません　早く正月くればよい　風呂敷包に下駄さげて　父様《とと》さよならもう来ない　母様《かか》さよならもう来ない（静岡県賀茂郡賀茂村〈現西伊豆町〉）

④〽雨が降ってくる洗濯物ぁ濡れる　背じゃ子が泣く飯ゃこげる（静岡市大里・安東）

⑤〽守《も》りだ守《も》りだとコウコに茶づけ　たまにゃ魚も毒じゃない（静岡市安東）

⑥〽お泣きお泣きよ盆までお泣き　盆が過ぎたらわしゃこない（静岡市不二見）

⑦〽おどま盆《ぼん》限り盆限り盆から先ゃおらんと盆が早よ来りゃ早よ戻る（熊本県球磨郡五木村）

⑧〽おどま非人《かんじん》非人あん人達ゃ良か人《よかし》　良か人ぁ良か帯良か着物（同村）

⑨〽子守は楽なようでもつらいもの　雨降り風吹き宿は無し　他人《ひと》の軒端で日を暮らす（新潟県南魚沼郡湯沢町）

⑩〽一にゃいじめられ　二にゃ憎まれて　三にゃさべられ　四にゃ叱られて　五にゃゴンゴと泣く子負ばせて　六にゃロクな物も食わせねで使うて　七にゃシメシを洗わせられて　八にゃはられて涙をこぼす　九にゃ苦労して体をつやす　十にゃトメンボウでとうとう追い出された（新潟県柏崎市）

⑪〽我が子可愛けりゃ守りにめし食わせよ　守りがこけたら子もこける（和歌山県伊都郡花園村）

⑫〽守りは憎いとて破れ傘きせて　可愛い我が子に雨かかる（和歌山県東牟婁郡串本町）

ここに並べた子守唄の歌詞は、いずれも子守奉公をする者の立場で作られたものである。[17]負うた子が泣く。それだけでも悲しいのに、その子の親からは睨《にら》まれる。①③にはそうした心情が籠《こ》められ、④には、子守奉公をする者が、子守り以外に、洗濯・飯炊き・掃除など様々な仕事をさせられていたことが歌われている。⑤⑪には食生活が、②には、一年目無報酬、二年目に極めて織り目の粗い弁慶縞の反物一反だけを報酬にもらったという劣悪な労働条件が語られている。③に見られる「下駄」も謝礼のしるしの下駄であろう。それでも、年に二回、盆・正月だけは実家に帰してもらった。⑦は「五木の子守唄」の冒頭として人口に膾炙しているのだが、驚くべきことに、遠く離れた静岡県にも⑥のように同じ内容のものがある。そして、③の末尾もまた同一発想である。子守娘達にとって里帰りがいかに楽しみだったことか。「盆から先ゃ来ない」と歌ったところでそれは叶わぬ夢であった。それにもかかわらず、こう歌い続けなければならないところに現実の厳しさがあったのだった。こう見てくると、地主と小作、山持ちと名子《なご》などに見られる、近代まで続いたわが国の社会構造ゆえに生まれる矛盾、悲しみが実感的になる。これは誠に重い主題なのであるが、子守奉公を別な角度から見直してみることも必要であろう。

2　負われた者の思い

静岡県磐田郡水窪《みさくぼ》町大野に生まれ、九十六歳の生涯をその地で終えた水元定蔵さん（明治二十二年生まれ）は子守奉公の少女に背負われて育った一人だった。水元家には今でも「クルミカゴ」と呼ばれる籠がある。深さ二十六センチ、径五十六センチの目の粗い籠で、籠口には藁を当て、そこをトヅルで締めてある。子供が生まれると二ヵ月まではこの籠の中に寝かせ、三ヵ月から五ヵ月までは籠の中に子供を座らせ、周囲にボロ布を詰めて子供をくるむようにした。「クルミカゴ」という名はこれによった。この時期は、老人達が籠をゆすって子守をする。クルミカゴの時期が終わるといよいよ子守娘の登場となる。

定蔵さんを背負ってくれたのは、天竜水系白倉川の対岸部落から水元家へ雇われてきたけさのという名の姉さんだった。けさのさんは、嫁に出るまで水元家に奉公し、同じ流域の竜戸というムラへ嫁いだ。そんな時、雇い主が嫁入り仕度をして嫁がせるのがこの地のならわしだった。

水窪地方の子守は、子供を襦袢の下の自分の背に直接ふれるようにして背負う習慣があった。冬はとても暖かいが、子供の小便で背中がカブレることがあった。そこにはスキンシップがあった。こうして自分の肌で子供を育てれば、子守娘といえども子供に対する愛情が芽生えるのは当然のことだった。怨嗟型の子守唄ばかりを見ていると、子守と子供、子守と主家の関係は無味乾燥で非人間的なもののように思われがちであるが、人間というものはそんなに悲観的なものではなく、厳しい現実の中でも人間的な絆で結ばれることも少なくなかった。

子守娘に背負われる子供の年齢は、一歳から、長くて数えの四歳までである。定蔵さんの、けさのさんの背の記憶として最も強く心に残っていること——それは、けさのさんが水元家の臼碾《ひ》き場で近所のおばさん達二、三人と話をしていた時のことだ。その時、けさのさんが定蔵さんのことを「おらん定《さだ》が……」といって話すと、おばさん達は、「お前は守《もり》のくせに定と呼ぶのはよくない」ととがめた。それでも、けさのさんは「おらん定が」「おらん定が」と語り出すことをやめなかったという。

定蔵さんは九十五歳になっても、亡きけさのさんの婚家の前を通る時には手を合わせて感謝して通ったという。定蔵さんも自分の子供を育てる年頃には子守娘を雇ったことがあった。子守娘を雇う条件を定蔵さんは次のように語った。

「わきの村へ心のよい人の子を借りに行ったもんだ」この短いことばの中に子守娘を雇う側の論理が確かに込められている。「わきの村」すなわち近隣の部落のことで、定蔵さんの大野を基準にすれば地双や有本、大嵐ということになる。「わきの村」すなわち近隣の部落が条件になるのは、子守が自分の部落だと、子守自身の我慢が足りなくなり、結局居着かなくなる。また、家同士で気まずくなることもあるというのだ。「心のよい人の子」、これは、子守を雇う側からすれば当然の条件、第一条件である。家族の一員となり、可愛いわが子を育ててもらうのだから子守の性質がポイントになるわけだ。親を見れば子の性質もわかるというものだ。また、「借りてくる」という表現にも人間らしい謙虚さがにじんでいる。「雇う」「つれてくる」などとは言わないのである。

梅ケ島の葉山毅さん（明治四十二年生まれ）に「駿河麦搗き唄」を歌ってもらった夜、梅ケ島地方の子守の慣行について葉山さんに尋ねてみた。何と、葉山さんの父、長蔵さん（明治十八年生まれ）は、子守奉公をした人だという。長蔵さんは、明治十八年、梅ケ島、東峰地内の網掛というところの望月家で生まれ、七歳の時から十一歳まで同じ梅ケ島、入島《にゅうじま》の鴨狩家に子守奉公をした。そして、十一歳の途中から一年余は、新田地区の葉山家で子守奉公したのだった。いわば子守奉公の転勤である。長蔵さんは、体格もよく、人物もしっかりしていたので長じて近衛歩兵に任ぜられ、日露戦争にも出征した。そして、帰還後、その人柄を認められ、葉山家に婿として迎えられたのであった。

　明治から大正、昭和の初年まで、「水窪の谷へ入る金は材木が一番、二番は糸引き工女の稼ぐ金、三番は炭」といったものだそうだ。水窪からは、青崩《あおくずれ》峠やヒョー越を越えて飯田へ、二本杉峠を越えて豊橋へと多くの少女達が糸引きに出た。子守奉公の上限年齢は糸引き工女の下限年齢でもあり、義務教育の浸透と製糸業の発展にともない、水窪の少女達の子守は減った。少女達は子守に来ていても、いつも糸引きに憧れるようになっていたという。なるべく早く糸引き工女になりたいというのが、糸引き時代に入ってからの子守達の願いだったのである。「口べらし」の場が、村から町へと変化したのである。

3　多良間の子守唄

　沖縄県多良間島の子守唄の響きはゆるやかでやさしい。

①〽バンガユムーリー　ウェーガラシャーバー　ヨーホイ（私が子守をしてあなたが大きくなったなら）　アーニガユクーギー　ウトゥワーシャーバー　ヨーホイヤラ（私があやし

てあなたが大きくなったなら）

②〽スンカカシャバマイ　イツバンナーリー　ヨーホイ（字を書かせても一番になってちょうだい）　フーディトゥーラーシャバマイ　ユーシュガパナナリ　ヨーホイヤラ（筆をとらせてもよそ様の先になってちょうだい）

③〽ウクナージーマ　ワーラジトケンニャ　ヨーホイ（沖縄にいらっしゃる時は）　カンピツガイヨー　カーイワーラダ　ヨーホイヤラ（飾り箱を買って来てちょうだい）

④〽カンピツガイノ　ナカンニャ　ヨーホイ（飾り箱の中には）　ビンガタヌノーヨー　カーイワーリ　ヨーホイヤラ（紅型布を買って来てちょうだい）

⑤〽ビンガタヌノノ　ナカーンニャ　ヨーホイ（紅型布の中には）　パシャンガマーヨ　カーイワーリ　ヨーホイヤラ（鋏も買って来てちょうだい）

⑥〽パシャンガマノ　ピィティィツーバラー　ヨーホイ（鋏の中の一つは）　ムリタルアニーン　イラバシワーリー　ヨーホイヤラ（子守の姉さんに選ばせてください）

⑦〽ムリタルアニノ　イラビノウケバー　ヨーホイ（子守をした姉さんの選んだ残りは）　ウバマノケーン　エラバシワーラダ　ヨーホイヤラ（おばさん達に選ばせてください）

⑧〽ウバマノケーノ　エラビノケウバー　ヨーホイ（おばさん達の選び残りは）　ナシタルウマーンユーズリワリ　ヨーホイヤラ（あなたを産んだお母さんに譲ってください）

この子守唄にも様々な問題が含まれている。まず、②に見える子守姉さんの子供に対する愛情に注目したい。③に登場する「沖縄島」に行くこと自体、出世を意味していたのであり、自分が背負う子の成功出世を祈る心がこの唄の底流にある。③〜⑧は沖縄のみやげものの話であるが、⑥に、子守の苦労が報われる夢が託されている。鉄の伝来が遅れた沖縄、中でも先島の庶民の女達にとって鋏がいかに貴重品であったかも痛いほどわかる。沖縄先島の子守姉さんの立場は本土に比べると数段明るいものだった。多良間島では、育てた子供が長じた際、必ず結婚式に招待された。男の子の子守をした場合は、結婚式で「ウブンジュー」というアエモノをその青年の結婚相手にささげる役を担当した。

沖縄県宮古郡（現宮古島市）伊良部島佐良浜の与座ノブさん（大正四年生まれ）は、「東里真中《アガイザトンナカ》」という、叙事的な、口説型子守唄を伝承している。伊良部島東里のグスクの真中にみかんの木があった。その木のもとに子供を背負った子守姉さん達が集まって遊んでいた。主人の子を背負う子守はいつも米の握り飯にタコのおかず、貧しい使われ人の子を背負う子守はいつも高キビの握り飯にナマ味噌、主の子が泣くとみかんが与えられ、貧しい者の子が泣くとムチで打たれた。貧しい子を背負う子守は、あまりの悔しさに、泣きながら「私が子守をするこの子を偉い人にして下さい」と祈った。すると、その祈りが神に通じて、その子は長じて沖縄へ渡り成功した。そして、柱をたくさん買ってきて子守姉さんの家まで建ててくれた。子守はすばらしいものだ——といった内容である。

社会構造の矛盾は当然批判されなければならないのであるが、庶民の暮らしの中には、そこに踏みこまなければ見えてこない哀歓があり習俗がありモラルがある。日本の近代が捨象してきた小さな主題は、まだまだ歩速によって多面的に掬いあげることができるはずだ。

二　民謡における復唱と継唱

労働作業の場で民謡がどのように継唱されたかということはあまり問題にされてこなかった。民謡を歌い継ぎながら作業を続ける場合、同じ人間が歌い続けることは不可能であり、何人かの人間がリレー式に歌い継ぐことになる。随意にリレーする場合もあったり、何らかのサインによって継唱されることもあった。

㈠　反復歌唱

福井県大野市上打波は、かつて焼畑農業によって暮らしをたててきたムラである。この地には「粟カチ唄」と称する粟の穂カチおよび精白の際歌われた唄がある。上打波の中洞で焼畑を営んでいた和歌芳成さん（明治四十四年生まれ）は粟の穂カチについて次のように語る。穂カチには四人カチ・五人カチ・八人カチなどがあった。芳成さんは歌上手だったので、他家に歌い手を兼ねて頼まれて行ったが、八人カチの場合、どうしてもテンポが早くなるので歌いぬくのが大変だったという。例えば、〽もはやこの粟カテたも知れぬ　糠が神楽のまねをする——という歌詞を、実際の粟カチの場面では次のように歌った。

〽もはやこの粟カテたも知れぬ（Ⓐ）

カテたも知れぬ（Ⓑ）
糠が神楽のまねをする（Ⓐ）
神楽が糠の（Ⓑ）
糠が神楽のまねをする（ⒶⒷ）

五人カチの場合、Ⓐという人物が音頭出しとして歌唱する。Ⓑは他の四人で、囃し方として反復的に歌唱する。Ⓑが囃し、返している間Ⓐは休み、咽喉を休めているのでまた次が歌えるということになる。最後のⒶⒷの部分でⒶが力をぬいて行けばⒷの中の一人が次の歌詞の音頭出しになるのであり、そうして継唱してゆくことができる。右の粟カチ唄の中に「神楽が糠の」と返す部分があるが、これは意味上は全く筋が通らないことである。神楽が糠のまねをするわけではないからである。「糠が神楽のまねをする」というのは、糠が跳ねあがる様を神楽に見たてているのである。筋が通らない「神楽が糠の」は、歌詞内容に関係なくこの部分を「囃し詞」として機能させているのである。このことは、七音構成に3・4、4・3、の二種類があり、この部分に、3・4ではなく、4・3を使うことが求められているからである。このような返し方、囃し方をする例は他にもある。

山梨県南巨摩郡早川町奈良田の深沢こうさん（明治二十九年生まれ）・深沢さわのさん（明治三十年生まれ）・深沢とくよさん（明治三十年生まれ）の三人にこの地の「麦搗き節」を歌ってもらったことがあった。

〽早くこの麦ょ搗きあげてたもれ　しのび夜づまが門に立つ

という歌詞を次のように歌った。

〽早くこの麦ょ搗きあげてたもれ　しのび夜づまが門に立つ（Ⓐ）
夜づまがしのび　しのび夜づまが門に立つ（Ⓑ）

「夜づまがしのび」という返し方は、先に紹介した粟カチ唄の「神楽が糠の」と同様である。静岡県磐田郡水窪町で盆踊りなどに歌われる「ノーサ甚句」にも同様の返しが見られる。

〽お月ちょいと出て山の端を照らす　銀の簪《かんざし》ノーサ髪よ照らす（Ⓐ）
簪銀の　銀の簪ノーサ髪よ照らす（Ⓑ）

右に見た福井県大野市の「粟カチ唄」は、七・七・七・五の第二句を反復歌唱し、さらに下の句の七・五の、七を転倒させて歌唱した上で、下の句全体を反復歌唱するという形をとっている。また、山梨県奈良田の「麦搗き節」、静岡県水窪町の「ノーサ甚句」は、ともに、下の句の七・五の七の、3・4を4・3に転倒させて歌い、続けて下の句全体を反復歌唱する形をとっている。この転倒歌唱や、反復歌唱は、「返し」とも称されるが、これらは、民謡歌唱・民謡継唱の上で、他の民謡の「囃し詞」や「囃し口」に相当する機能を果たすものと見てよかろう。

(二) 民謡の場と継唱

静岡県立中央図書館が視聴覚資料の一環として県内の民謡を録音資料化したことがあった。その仕事にかかわり、静岡県榛原郡本川根町坂京でムラの古老達から民謡を聞く機会を得た。その中心の一つに茶摘み唄があった。中に明治三十九年生まれの方で、朗々と茶揉み唄を歌う方がいた。公民館の隅でそれを聞いていた上杉義雄さん（明治三十二年生まれ）は、「何だ。あの小僧はお茶を揉んだこともありもせんに……」と一言呟いた。七歳年下の者は年をとっていても「小僧」なのである。その一言が大変気になったが、その場でこれを問題にすることは憚られたので、私は、後日、改めて上杉義雄さんを訪ね、あの日の歌唱のどこに問題があったのかを詳しく説明してもらった。大井川流域を歩き始めた頃、茶揉みをした経験を持つ古老達に茶揉み唄（茶節とも）を聞かせてくれるように頼むと、彼らは必ず、「一人では歌えない。誰かもう一人いないとだめだ」と答えた。その当時は彼らの答えの意味が本当に理解できていたとは言えない。上杉義雄さんの話を聞いてからこのこともよくわかった。

茶揉み唄は茶部屋と呼ばれる製茶工場の中で歌われた。茶部屋の中には普通、茶を揉む焙《ほい》炉《ろ》が三基ほど並んでいた。お茶師と呼ばれる茶揉み職人が三人、おのおの焙炉の前に立って茶を揉むのである。その三人のうち一人が音頭出しとなり、他の二人が囃し方にまわるという形で茶揉み唄が歌われていたのであった。

①へわしが鳥なら茶部屋の棟で（Ⓐ）
　ヤレ　ソーダソーダーヨー（ⒷⒸ）

鳴いて口舌《くぜつ》を聞かせたい（Ⓐ）
ヤレ　ソーダソーダーヨー　鳴いて口舌を聞かせたい（ⒷⒸ）
②〽葉打ちゃたいげだころかしゃえらい（Ⓐ）
ヤレ　ソーダソーダーヨー（ⒷⒸ）
あとのデングリ揉みゃ小腕が痛い（Ⓐ）
ヤレ　ソーダソーダーヨー　その唄返すよ（ⒷⒸ）
③〽お茶のデングリ揉みゃ小腕が痛い（Ⓑ）
ヤレ　ソーダソーダーヨー（ⒸⒶ）
揉ませたくない主さんに（Ⓑ）
ヤレ　ソーダソーダーヨー　揉ませたくない主さんに（ⒸⒶ）

三人のうち、まず、Ⓐが音頭出しとして七・七を歌う。すると、それを受けてⒷⒸの二人が囃し詞を入れる。それを待ってⒶが残りの七・五を歌う。続けてⒷⒸが囃し詞と七・五を反復歌唱する。七・五を繰り返す形になる。Ⓐは、ⒷⒸが囃しや返しを入れている間に、じゅうぶんに咽喉を休め、呼吸を整えているので自分のパートは声を張って歌唱することができるのである。②の終末部は、「ヤレ　ソーダソーダーヨー」という囃しに続けて「その唄返すよ」となっている。上杉さんによると、この句を歌唱した場合、囃し方の一人、即ちこの場合Ⓑが、③の音頭出しになるという習慣があったのだという。③では、今まで囃し方にまわっていたⒷが音頭出し交替のサインになっていたのである。「その唄返すよ」は、音出しになり、①②で音頭出しを務めたⒶがⒸとともに囃し方にまわるのである。こうした継唱法によって茶揉み唄は延々と続けられたのである。もっとも、茶揉み作業のすべての工程で唄を歌ったわけでもないし、唄が歌えるわけでもない。揉みこみやデングリ揉みの時は作業が苦しく、とても唄など歌える状態ではなかった。茶の葉を焙炉の上でほぐし、ほかしあげ、水分を切る工程や、軽く揉んだり集めたりする場合に唄が出たのである。

さて、①②③でいま一つ注目すべきことがある。それは①②が焙炉師即ち茶師の立場に立って歌われたものであるのに対し、③はそれを受けて女の立場で歌われているということである。女の立場も、「茶」という生業舞台からすれば茶摘み娘ということになる。労作唄の中では、このような恋情発想の掛け合いはしばしば行われるところである。

静岡県榛原郡本川根町長島は、ダム建設のために水没する運命にたち至り、人びとは離散した。この地には水田はなく、かつては、稗・粟・蕎麦・シコクビエなどの雑穀を栽培して暮らしを立てていた。この地では、明治末から大正初期にかけては石臼碾きの「結い」が盛んだった。雨降りの日、五、六軒の女達が一軒の家へ臼と雑穀を持ち寄り、母屋の土間にムシロを敷いて臼碾きをし、できた粉はその家に置いて行った。こうして順に家をまわれば、労力と粉が公平にゆきわたることになる。そんな時は必ず「粉碾き唄」が歌われた。また、各家でおのおの粉碾きをする場合もあり、そんな時は、碾き手の他に、臼の穴に穀物を落とす補助役の「くれ手」がついた。粉碾き唄も、茶揉み唄同様、音頭出しと囃し方に分かれて歌唱され、継唱された。以下は、長島の松原よのさん（明治二十七年生まれ）の伝承による。

①〽臼は重たい相手は眠るョ（Ⓐ）
ヤレ　ソーダーヨ（Ⓑ）
明日の茶の子は一つ当てョ（Ⓐ）
ヤレ　ソーダ　ソーダーヨ　マッタクソーダーヨ（Ⓑ）
②〽しのび峠のあの風車ョ（Ⓐ）
ヤレ　ソーダーヨ（Ⓑ）
誰を目あてにくるくるとョ（Ⓐ）
ヤレ　ソーダ　ソーダーヨ　その唄返すよ（Ⓑ）
③〽思い出すよじゃほれよが薄いョ（Ⓑ）
ヤレ　ソーダーヨ（Ⓐ）
思い出さずに忘れずにョ（Ⓑ）
ヤレ　ソーダ　ソーダーヨ　マッタクソーダーヨ（Ⓐ）

茶揉み唄の歌われた坂京と同じ本川根町内であるだけに、囃し詞・継唱ともによく似ている。はじめⒶが音頭出しをし、Ⓑが囃し方にまわって①②を歌い、②の末尾の囃しでⒷが「その唄返すよ」と歌うのを合図に③ではそれまで囃し方だったⒷが音頭出しとなり、音頭出しだったⒶが囃し方にまわるのである。

さて、右に、民謡の反復歌唱と民謡の継唱について若干の事例を眺めてきたのであるが、こうした、具体的な作業の場における民謡の歌唱・継唱の方法はすべての民謡について確かめるべきものだったのであるが、もう既に生きた民謡の場を喪失したものが多い。ここにとりあげた事例はすべて「反復歌唱」の形で歌われてきたものであるが、民謡の歌唱・継唱に「反復歌唱」「返し唄」が多いという事実から古代の民謡・古代の文学に逆照射を与えてみる時、『万葉集』に多く見られる「反歌」発生の原姿が浮かんでくるような気がする。『万葉集』の反歌は、明らかに、歌が文字通り「うた」として歌われた時代の形を引きずっていると見ることができよう。

近代まで命脈を保ち続けた「復唱」「返し」の方法は、「うた」の発生した時代、主要なことばを反復口誦、反復歌唱することによって「言霊の威力」を強めた古層の歌唱法の名残だったと考えることもできる。

三　民謡と囃し口

(一)「囃し詞」と「囃し口」

民謡の中心は作業唄・労作唄である。その労作唄の多くが労働の場から離れて座敷唄・流行歌的に歌われるようになってから久しい。民謡の本質は、それが歌われた場の中で考え、作業唄であるならば作業内容・作業過程との緊密な関係において考えなければ明らかにならない。そうした視点で各地の民謡に耳を傾ける時、「囃《はや》し詞《ことば》」の重要性が浮上してくる。もとより囃し詞は作業唄のみにかかわるものではなく、踊り唄から子守唄に至るまで、様々な民謡において重要な働きをしている。その囃し詞については、既に、柳田國男(1)・折口信夫(2)などの発言もあり、おのおの、その本質にかかわる示唆に富む視点が示されてはいるが、決して充分なものではなかった。その後、今井通郎(3)・金井清光(4)両氏によって、民謡における囃し詞の分析・整理が行われ、囃し詞の研究は大きく進展したと言える。

民謡にかかわる「囃し」には、(1)鳴物囃し、即ち、管弦・太鼓などの楽器による囃しと、(2)言囃《ことはや》しとも言うべき言語による囃しとがある。こうした視点に立つ時、言囃しにはいわゆる「囃し詞」の他に、いまひとつ、重要な類型があるように思われるのである。いわゆる「囃し詞」は、普通、「歌謡の意味に関係なく、歌詞の中や終りに入れて調子をとることば[5]」、あるいは、「音頭とりの唄に和して踊子たちや他のうたい手達が唱える短いことばや、唄の調子を整えるための歌詞以外の部分をはやしことばといっている[6]」などと説明されるのであるが、全国各地を歩き、古老の歌う民謡に耳を傾けていると、右の解説に全く矛盾するわけではないもののやや範疇を異にする「言囃し」があることに気づく。それを、ここでは仮に、「囃し詞」に対して「囃《はや》し口《ぐち》」と称してみたい。本論で扱う素材以外に、神楽や修正会系芸能・花祭り、などの場で誦唱される、「神楽囃し」や「神楽せり唄」などもあり、別に作業唄などで、音頭出しとは別の複数の者が歌詞を復唱する形の囃しがあるなど、言囃しに限っても複雑な問題があるので、最終的な分類整理は稿を改めるとして、本論にかかわる範囲で、民謡の囃しを整理しておくと次のようになる。

民謡にかかわる囃し
- (1)鳴物囃し
- (2)言囃し
  - ①囃し詞
  - ②囃し口

本論ではこれまであまり注目されてこなかった「囃し口」を扱うことになる。

有明海沿岸には干拓作業や土運び作業に歌われた「ガタイネ節」と呼ばれる民謡がある。その「ガタイネ節」を例として「囃し」の持つ問題点を示してみよう。佐賀県鹿島市東塩屋の倉崎次助さん（明治四十一年生まれ）は「ガタイネ節」を次のように伝えている。

〽ガタどんば担うよりゃ　わが身どんば飾れ

アラヨーイ（ⓐ）
わが身飾れば金ゃもらう
コラショ（ⓑ）
来たこんなよいなれ　道ばたじゃけん　冷酒飲ません　燗つけて待っとる（ⓒ）
アラサイアラサイ（ⓓ）

本唄は別として、ここには、二系統の「言囃し」が使われている。ⓐⓑⓓは、間の手・掛け声といった感じで、本唄を歌う音頭出しとは別な人間が入れる。これらはその語源は別として、この場面では実質的な意味を持っていない。しかも短い語句である。それに対して、ⓒは、短いながらも一定の叙事性を持っている。しかも、これは、曲節を以て歌唱されるものではなく、音頭出しとは別の人間が口誦するものである。両者は極めて異質なものであるにもかかわらず、従来、「囃し詞」として一括されてきた。例えば、『日本民謡集』[7]所収の、熊本県民謡「キンキラキン節」は次のように記されている。

〽肥後の刀の　下げ緒の長さ　長さばい　ソラ　キンキラキン　まさか違えば玉襷　それもそうかいキンキラキン
【囃し】キンキラキンの蟹正どん　蟹正どんの横ばいばい　田圃の端まで　ごっそごそ

本唄は、「肥後の刀の下げ緒の長さ　まさか違えば玉襷」であり、「長さばい　ソラキンキラキン」「それもそうかいキンキラキン」は本来、「囃し詞」であり、そのキーワードは「キンキラキン」である。これらは、「ガタイネ節」のⓐⓑⓓに相当するものであり、【囃し】と表記された部分はⓒに相当すると言えよう。

ここでは、これまで漠然と「囃し詞」と総称されてきた二つのものを仕分けることから始めたい。即ち、間の手、掛け声的な短い語句で、現実的な意味内容が薄いものを「囃《はや》し詞《ことば》」、文意が明確で、時に叙事性を持ち、しかも本唄とは別で歌唱されずに口誦されるものを「囃《はや》し口《ぐち》」と規定してみたいのである。この「囃し口」は、わが国の「口誦民俗」として極めて重要なものの一つだと考えられるので、本書では、まず、その「囃し口」に注目し、その事例紹介、民謡歌唱展開の中における「囃し口」の位置・作業の場における唄の継唱法・「囃し口」の特質等の確認をしたい。叙述の中で、各「本唄」・「囃し詞」・「囃し口」の末尾の（　）内に、符号および番号を記入して整理した。本唄はⒶ、囃し口はⒷ、囃し詞はⓒとし、その直後に①②等の数字を入れたが、これは、事例順・展開順である。符号・番号数字は、民謡の主題ごとに①から始めている。唄によってはⒶ→Ⓑ→ⓒとならずに、Ⓐ→ⓒ→Ⓑなどとなっているものもある。

㈡　潮替節と櫓囃し

鹿児島県の薩摩半島・大隅半島の海岸部では、かつて、「潮替《しおかえ》節」という民謡が盛んに歌われた。この地方では鰹漁が盛んだった。鰹の群をおびきよせるために生きたキビナゴを撒き、鰹がキビナゴに喰いつくところを鉤針で釣りあげるという方法をとっていた。キビナゴは鰯型で、極めて敏感な魚であるため、生きた状態で沖まで運ぶことは容易ではなかった。桶の中に入れて運ぶのであるが、常時潮水を汲みかえていなければ死んでしまうのである。潮替えの作業は、三人で汲みこみ、一人が汲み出すという形で続けられた。この作業の時に歌われたのが潮替節である。例えば、鹿児島県川辺郡笠沙町岬（現南さつま市）の中村嘉二さん（明治四十年生まれ）によると、鰹舟は八丁櫓、舟丈三十六尺、幅十二尺、大体七、八トンだったという。キビナゴを入れて潮替えをした桶は、底部と深さが二メートル、口径一・二メートルほどだった。この舟で黒島・吐噶喇《とから》列島方面まで出かけていたのだという。以下、潮替節、および、潮替節に隣接し、潮替節との互流性の強い櫓漕ぎ唄を紹介しよう。

鹿児島県枕崎市の森浅盛さん（明治三十九年生まれ）は次の潮替節を伝えている。

〽潮も替え前夜も明ける前　うちじゃ妻子も起きる前（Ⓐ①）

ア　カエチョレ　カエチョレ（Ⓒ①）

〽雑魚がもの言うた樽ん中ん雑魚が　潮さえかわれば死なんと言うた（Ⓐ②）

ア　カエチョレ　カエチョレ（Ⓒ①）

〽色は黒いが釣竿持てば　沖じゃ鰹の色男（Ⓐ③）

ア　カエチョレ　カエチョレ（Ⓒ①）

唄のⒶ①②③の意味もわかりやすく、Ⓒ①の囃し詞も、「あ　替えちょれ　替えちょれ」の意があり、いかにも潮替節らしい。潮替え作業を四人で行う場合、一人が音頭出しとして

Ⓐ①を歌うと他の三人がⒸ①の囃し詞を合誦するという形で続け、音頭出しと囃し方は随時交替することになる。森さんは、右の潮替節に続けて次の唄と囃しを聞かせてくれた。これは、潮替節に隣接するものではあるが、櫓を漕ぐ際に唱誦《しょうじゅ》されるもので、櫓漕ぎ唄である。

〽鹿籠《かご》の立神《たちがみ》石とは思うな　石じゃござらぬお神様（Ⓐ④）
・二丁も三丁も　しかけてやれ押せ　やれ押せ（Ⓑ①）
・立神まわれば　わが家が見えるよ（Ⓑ②）
・港に入れば　妻子が待ってる　待ってる（Ⓑ③）

Ⓐ④の鹿籠の立神とは、枕崎の湾にある筆の穂形をした岩で、鹿児島・奄美・沖縄にかけて分布する臨海信仰の核となる聖なる岩島のことで、それはⒶ④によってもよくわかる。(8) Ⓐ④が唄であるのに対し、Ⓑ①②③は唄ではない。地元ではこれを「櫓囃し」と称している。櫓を漕ぐ動作に合わせて櫓囃しを口誦するのであるが、この櫓囃しによって漕ぎ手の呼吸を統一し、テンポを合わせ、漕進の効率化を図るものだと言える。

前記潮替節の中に用いられる「ア　カエチョレ　カエチョレ」も囃しであり、櫓囃しもまた囃しである。櫓囃し型の囃しは様々な労作唄に見られるので、両者を「囃し」ないしは「囃し詞」として一括することは許されない。両者の形態・概念等をふまえて考えてみると、「ア　カエチョレ　カエチョレ」のようなものを「囃し詞」、櫓囃し型のものを「囃し口」と類別しておくのが便利だと思われる。囃し詞は一般に、原初の語義は別として、現実には単なる掛け声のようになっているものが多い。「ア　カエチョレ　カエチョレ」はむしろ、囃し詞の中では意味が明確な方である。対して、囃し口は、叙情性・叙事性を含むもので、4・4、4・4ないしは4・4、4・4・4、といった、四音節を基本とした定型を以て構成される場合が多い。

ひき続き鹿児島県川辺郡笠沙町岬の中村嘉二さんの伝える「潮替節」、「櫓囃し」を紹介する。

〽潮も替えまえ夜も明けるまえ　家じゃオメコも起きるまえ（Ⓐ⑤）

〽灘の鰹はキビナゴ恋し　わたしゃ夜中のさま恋し（Ⓐ⑥）

〽新曾根ゆく時ゃ跡養子立てて　後の妻子は頼みます（Ⓐ⑦）

〽野間の池の口入れははよかどん　出るにゃ名残の残る港（Ⓐ⑧）

Ⓐ⑤は先に紹介したⒶ①とほぼ同じもので、夜を徹して潮替えをする厳しい労働が歌われ、Ⓐ⑦は鰹舟の危険性を語るものである。ここでは、枕崎の「アカエチョレ　カエチョレ」に対して、「ヘンヨイ　ヘンヨイ」（Ⓒ②）という囃し詞を使ったという。そして、次の「囃し口」も伝えている。

・北風《アナゼ》の空風《コアガイ》　西から小雨《ボロ》じゃが（Ⓑ④）
・松島天神ボタンの花じゃが（Ⓑ⑤）
・押さんにゃ上らん　潮ひき前じゃが（Ⓑ⑥）
・ふんばれまたがれ　女子《オナゴ》のやつじゃが（Ⓑ⑦）
・腰巻やボロでも　オソソは処女じゃが（Ⓑ⑧）

・野間池ハッタは　五銭の賃じゃが（Ⓑ⑨）
・女子《オナゴ》にくれれば　一ちゃんも残らん（Ⓑ⑩）

Ⓑ④は気象俚諺を櫓囃しに仕立てたものであり、Ⓑ⑥は、潮と櫓漕ぎの関係をふまえ、櫓漕ぎの要領を教えるものである。ともに、櫓囃しを通じて櫓漕ぎ・舟乗りに必要な教訓を伝承するものである。Ⓑ⑦〜⑩は色にかかわる要素を込めたもので櫓方を楽しませるものである。音数律は4・4、4・4である。前述の枕崎、後述の佐多町の事例と比べてみると、この笠沙の囃し口は、4・4、4・4のリズムで一貫しており、櫓漕ぎのリズムには最もふさわしいものと思われる。右に見た通り笠沙ではⒶⒷⒸが伝えられてはいるものの、その三つがどのような組み合わせによって、どのように展開されていたかという点では厳正な伝承はない。そして、笠沙の総体は、「潮替節」とは呼ばれるものの、実態は、「潮替節」と「櫓漕ぎ唄」が渾然とした形で歌われていたものと考えられる。「ヘンヨイ　ヘンヨイ」という単調な囃し詞は、櫓囃しの随所に入れられていたことが考えられる。

笠沙のⒶⒷⒸが舟の上でどのように歌われていたかを復元しようとする場合、鹿児島県肝属郡佐多町外之浦（現南大隅町）の山野熊助さん（明治四十二年生まれ）の伝える歌が参考になる。山野さんは、「潮替節」と称しているのであるがこのまとまりは、内容的には「櫓漕ぎ唄」の色彩が強い。

〽岬しおばえ寄せくる波を　よけて通らせ様の舟（Ⓐ⑨）
・一度は釣るわい　イッコン釣っても　親方さんだよ（Ⓑ⑪）

ヤーシヨイサ　ヤーシヨイサ（Ⓒ③）
・だれたる顔じゃが　寝よらにゃよいが（Ⓑ⑫）
・様どが寝よれば　気にかからっさ（Ⓑ⑬）
ヤーシヨイサ　ヤーシヨイサ（Ⓒ③）
・気にかけやんすな　他人《ひと》とは寝ない（Ⓑ⑭）
・心は豊かに　持ちなされっさ（Ⓑ⑮）
〽佐多の岬のお庭の蘇鉄　花は咲かねど葉はみごと（Ⓐ⑩）
・櫓押しは囃しだ　囃しがなければ　櫓押されなっさ（Ⓑ⑯）
ヤーシヨイサ　ヤーシヨイサ（Ⓒ③）
〽潮の三丁替え苦はなけれども　雨じゃ風じゃに苦がござる（Ⓐ⑪）

右に示したⒶ⑨⑩⑪のまとまりは、筆者が恣意的に並べたものではなく、山野さんが歌いかつ、囃した順番通り正確に記録したものである。佐多町外之浦の、潮替節と通称される唄と囃しのまとまりには、これまで見てきた、Ⓐ=唄、Ⓑ=囃し口、Ⓒ囃し詞、がそろっており、しかも、山野さんは、その配列・展開を伝承しているのである。

三要素セットになっているものを具《つぶ》さに眺めてみると、潮替節と呼ばれてはいるものの、これは決して潮替え作業のみに歌われていたものではないことがわかる。「櫓囃し」は文字通り、八丁櫓を、呼吸を合わせて漕ぐためのものである。4・4を基本とする音数律も呼吸合わせには効果的である。潮替節は、「潮替え」と「櫓漕ぎ」の作業に際して歌われていたのである。一艘の鰹舟には最低十二人が乗っており、潮替節は、それが三つのグループに分かれて唱誦されていたのであった。まずⒶは音頭出しであり、これは原則として一人であるが、随時交替可能である。音頭出しがまずⒶ⑨を歌うと、その末尾に重なるようにⒷ⑪を漕ぎ手の中の一人または複数名が誦する。複数名の場合は声をそろえて誦する。この間、Ⓐ⑨の歌唱者は咽喉を休め、呼吸を整えている。Ⓒ③は、Ⓐ⑨を歌い、Ⓑ⑪を誦した者以外はほぼ全員で声をそろえて誦する。Ⓒ③が誦される間、Ⓐ⑨の歌い手およびⒷ⑪の誦者は休む。次にⒷ⑫・Ⓑ⑬を、先にⒷ⑪を誦さなかった者が誦するという形で続けてゆく。この間、Ⓐ⑨の唱者は充分に呼吸を整え、休んでいるので、また朗々とⒶ⑩を歌うことができる。それでも臨機に音頭出しを他者と交替してゆく。右のような継唱法があるからこそ、厳しい労働の中でも民謡を歌うことができるのである。逆に、櫓囃し（囃し口）や囃し詞によって櫓漕ぎや潮替え労働のリズムの一定性が保たれ、効率があがるのである。こう見てくると、労作唄の発生もよく理解でき、労作唄における「囃し口」や「囃し詞」がいかに重要な意味を持つかがよくわかる。

右にとりあげた潮替節の、唄と囃し口は内容的にもみごとに連鎖しており、完成度が高い。囃し口は一般に滑稽・軽快な感じで、恋情・揶揄などの内容を語るものが多い。ここでもⒷ⑫は、櫓漕ぎ仲間の一人を揶揄する形を示す。「寝よらにゃよいが」は、夜を徹して櫓漕ぎをする場合、居眠りをして仲間に迷惑をかける者があったという実態を反映している。ところが、それに続くⒷ⑬では、「寝る」という言葉を受けながらも内容を転換し、Ⓐ⑨の唄の「様」を受けて、恋を主題として展開させ、沖で鰹舟の櫓を漕ぐ恋人ないしは夫の身の上を案じる女の立場の囃し口となる。Ⓑ⑭は、Ⓑ⑬の女の思いに答える形で「寝る」を受け、浮気・男女同衾の「寝る」に振ってその振幅を広げる。さらにⒷ⑮では、女の「心」を受ける形をとり、人間一般の心の持ち方に話題を拡大する。この付合いと展開の妙はみごとであり、漁民の言語感覚・日本人の文学性の高さが明確に示されたものと言えよう。付合い・掛け合いは当然口誦者が交替して劇的に語られることになる。

Ⓐ⑩は佐多岬の御崎《みさき》神社境内の蘇鉄を歌ったものであり、この地の漁民の御崎神社ないしは岬に対する思いを象徴するものである。山野さんによれば、この地の漁民達の中には、舟で岬の前を通る時には岬ないしは御崎神社に対して儀礼を行う習慣があったという。――鰹の雄節《おぶし》の左側を六、七キレに切って、それを岬に向かって海中に投供し、続いて、神酒をトリカジからオモカジへの順で注いでから岬に向かって拝礼する。

Ⓒは掛け声型の囃し詞で、「ヤッショー　マカショー」の「ヤッショー」の前の段階を示す形である。「ヤーシ　ヨイサ」が促音化すれば「ヤッショー」となる。

右に見た佐多町の唄・囃し口・囃し詞を参考にする時、笠沙町のものも、櫓漕ぎ唄として歌われる場合はⒶ＝唄⇩Ⓑ＝囃し口⇩Ⓒ＝囃し詞の構成展開で歌われていたことが推察される。

静岡県浜名郡舞阪町（現浜松市）に「木遣節」として次の唄が伝えられている。

〽アリャエー　神の初めは　ヤハ　エー

〈ヤットコセー　ヨーイヤナ〉（囃し詞）
そりゃこそ　出雲の国だぞ
〈ヨーイトナー　アーレ　ハアリャリャリャー〉（囃し詞）

唄と囃し詞が右のように構成されるのであるが、伝承される唄の部分を列挙すると、それは次の通りである。

・神の初めは　出雲の国だぞ（Ⓑ⑰）
・国の初めは　大和の国だぞ（Ⓑ⑱）
・灘で荒いは　玄界灘だぞ（Ⓑ⑲）
・次に荒いは　遠州灘だぞ（Ⓑ⑳）
・舞阪湊は　出船で明けるぞ（Ⓑ㉑）
・今切出る時ゃ　波が高いぞ（Ⓑ㉒）
・今日も大漁の　鰹舟だぞ（Ⓑ㉓）
・益々栄える　舞阪の若い衆だぞ（Ⓑ㉔）

Ⓑ⑰・Ⓑ⑱・Ⓑ⑲・Ⓑ⑳は「物尽し」の発想を以て展開されているが、Ⓑ⑲〜Ⓑ㉓は海・舟にかかわる内容であり、しかも、遠州灘（Ⓑ⑳）、舞阪湊（Ⓑ㉑）、今切＝浜名湖の湖口（Ⓑ㉒）と、地元の漁業にかかわる地名を示しており、鰹舟の出漁（Ⓑ㉑・Ⓑ㉒・Ⓑ㉓）が語られている。このような、鰹漁の内容と、次に見るような音数律からして、これらが鰹舟の櫓囃しとして誦された可能性が考えられる。即ち、Ⓑ㉑は、4・4、4・4の音数律を持

っており、Ⓑ⑰〜⑳は、3・4、4・4となっている。口誦の際、3・4に違和感はない。ただ、Ⓑ㉒は4・4、3・4となっており、3・4の「3」は長音化させていたと推察される。いずれにせよ、舞阪で木遣節と伝えられるⒷ⑰〜㉔の一群が、4・4の音数律を基本としていることは確かである。右によって見れば、鹿児島県の櫓囃しと、静岡県舞阪町のこの一群とは確かな共通点を持っていることがわかる。

舞阪町で「木遣節」として伝えられるものは、櫓囃しの「囃し口」として口誦されていたものが、やがて囃し詞を伴って歌唱され、木遣りの場で歌われるようになったのではあるまいか。

三重県鳥羽市答志島の「舟唄」（櫓漕ぎ唄）[9]にも「囃し口」がある。

〽アー宮の熱田のおしょくり船は　アー答志港で　アー日和待つ（Ⓐ⑫）

・アー箒にちりとり　節季に掛取　隣は桃取（Ⓑ㉕）ヨイトサ　ホラ　ヨイトサ（囃し詞）

Ⓑ㉕の囃し口は「物尽し型」で、「トリ」を集めている。答志島の中にある「桃取」という地名によって発想されたものである。これも、4・4、4・4の構成になっている。

㈢　木挽唄の囃し口

石川県石川郡白峰村の小田きくさん（明治二十四年生まれ）はこの地の「木挽唄」を伝承していた。その木挽唄の中にも「囃し口」が使われている。

〽大工木挽さんのカカならいやじゃ　檜松の木杉くさいよ（Ⓐ①）
〽檜松の木杉くさけれど　百姓男は土くさいよ（Ⓐ②）
・ハー　一尺挽いても　あの娘がためじゃ――残ったところが菓子買い銭じゃ――（Ⓑ①）
〽木挽ゃ山間の山には住むが　木挽ゃ金とる日金とる（Ⓐ③）
〽木挽ゃ可愛やオガクズ中に　お手を合わせて腰使うて（Ⓐ④）
・ハー　一尺挽いても　あの娘がためじゃ――残ったところが菓子買い銭じゃ――（Ⓑ①）

小田さんによると、唄を二節歌ってから囃しを入れるのだという。これも「囃し口」であることはまちがいない。

内容は春情であり、音数律は、4・4、4・3、4・4、4・3で、4音を基本としている。

山形県西村山郡西川町大井沢出身の富樫音弥さん（明治三十六年生まれ）は次の木挽唄を歌う。

〽ハー　木挽可愛や　ササノヤの中に　今朝も鑢《やすり》の音がする（Ⓐ⑤）
・ゾローントイッテ　ゾローントコイ（Ⓑ②）
〽ハー　旦那よろこべ　今度の山は　尺幅ぞろいの柾が出る（Ⓐ⑥）
・ゾローントイッテ　ゾローントコイ（Ⓑ②）

これは、囃し詞と囃し口の中間的な印象を与える。ゾローントイッテ　ゾローントコイ、は木挽鋸の往復運動を示すもので、「ゾローン」は鋸を挽く状態の擬声語的な掛け声である。

㈣　馬方節の囃し口

新潟県北魚沼郡入広瀬村大栃山の大島金七さん（明治四十三年生まれ）は、「馬方節」とも「草刈り唄」ともされる唄を伝えているがその中に「囃し口」がある。歌詞・囃し口の内容からすれば「馬方節」の方がもとで、草刈りといっても馬に草を負わせての道中で歌われたものであることがわかる。

〽碓氷峠の権現様は〈エー　オイオイ〉（Ⓒ①）わしのためには守り神（Ⓐ①）

・アラ　ドタバタスルナヨ　ネダンガサガルデ　トットットットッ（Ⓑ①）

〽七つ八つ引く親方よりも〈エー　オイオイ〉（Ⓒ①）ひとり手引きの主《ヌシ》がよい（Ⓐ②）

・コラ　ドタバタスルナヨ　ネダンガサガルデ　トットットットッ（Ⓑ①）

歌詞は恋情発想、囃し口は、馬に対して呼びかける形をとっている。「トットットットッ」は、馬が一定のスピードで規則正しく歩行する様の擬声・擬態語で一種のリズムことばである。音数律は、潮替節の囃し口同様、4・4、4・4となっている。

宮崎県東臼杵郡椎葉村竹の枝尾の中瀬守さん（昭和四年生まれ）は次のような馬方節と囃し口を伝えている。

〽おどま十三から馬方なろうて　馬の手綱で日を暮らす（Ⓐ③）

〽おどま駄賃つけ駄賃さえあれば　親子三人寝て暮らす（Ⓐ④）

〽登る大坂下りとなれば　足の軽さや身の軽さ（Ⓐ⑤）
・どんな坂でもホイ駈け登れ　ホイホイ（Ⓑ②）
短いけれども、これも囃し口である。

(五)　代かきの「囃し口」

稲作作業に関する民謡にも「囃し口」がある。静岡県御殿場市中畑の勝又富江さん（明治四十年生まれ）は、「囃し口」のことを「言いぐさ」と呼ぶ。稲作作業の中の代かきに関しては、特に民謡はないが御殿場市富士岡方面で次のような言いぐさを口誦したという。

・ソレ　コロバセ　コロバセ（Ⓑ①）
・ソレ　オシキリダ　オシキリダ（Ⓑ②）
・ソレ　キャーダセ　キャーダセ（Ⓑ③）
・ソレ　キャーコメ　キャーコメ（Ⓑ④）
・ソレ　オナラシダ　オナラシダ（Ⓑ⑤）

Ⓑ①～⑤はおのおの代かきにかかわる作業内容の指示になっている。コロバシ→オシキリ→カイダシ（水を出す）→カイコミ（水を入れる）→ナラシ（均化）といったことを指示するのである。静岡県田方郡韮山町南条真如（現伊豆の国市）には、代かきの囃し口として、「高い所は山だぞ　低い所は谷だぞ」「それやれ　それやれ」といったものが伝えられてい

る。代の均化を指示するものである。御殿場市中畑では、代かきに次の言いぐさを口誦したという。

・ドッコイ　ドーダイ　ドーシ（道志）の姉ちゃん　芋種売っても　人はドラブテ　それも出世の種となる（Ⓑ⑥）

Ⓑ⑥で注目すべきことは「ド」を同音反復の頭韻として使っているところである。定着し、伝承された口誦表現の中には同音反復によって表現を整えるものが見受けられるがこれもその一つである。「人はドラブテ」の意味が不明であるため全体の意味がとりにくい。道志は隣接する山梨県の地名である。

昭和五十九・六十両年度に静岡県教育委員会は全県的な民謡調査を実施したのであるが、その際多くの貴重な資料を収録している。[10] 中に、労作唄・稲作関係の民謡も多く、代かきにかかわるものもある。次に示すものは、駿東郡長泉町下土狩の長島しづさん（明治三十八年生まれ）の伝えるもので、「代かき唄」とされているのであるが、実態は「言いぐさ」であり、「囃し口」である。

・沢地のほうでも　朝日がさすかよ（Ⓑ⑦）
　ホラ（Ⓒ①）

・十八や娘か　三十は年増か（Ⓑ⑧）
　ホラ（Ⓒ①）

・五十は婆さん　決ったもんだよ（Ⓑ⑨）

・ホラ（Ⓒ①）
麦《ばく》でも炊かせりゃ　巧者なもんだよ（Ⓑ⑩）
ホラ　それこい（Ⓒ②）
・鼻取りゃ八はい　代かき十ぱい　押してけついてけ（Ⓑ⑪）
ホラ（Ⓒ①）
・五百にゃしてやれ　それこい　それこい（Ⓑ⑫）
・長窪田植でタケノコ輪切れだ（Ⓑ⑬）
・アー　強飯ょ食ってきたか（Ⓑ⑭）
ホラ　それこい　それこい（Ⓒ②）
・おさんと寝るかよ　ボタモチ食うかよ（Ⓑ⑮）
ホラ（Ⓒ①）
・ボタモチゃ昼食って　おさんとは夜寝る（Ⓑ⑯）
それこい　それこい（Ⓒ③）
・おさん床とれ　もよぎの蚊帳つれ（Ⓑ⑰）
ホラ（Ⓒ①）
・裸で這い込め　それこい　それこい（Ⓑ⑱）

右に紹介した長泉町の代かき囃し口は、（4・4、4・4）を基本としており、音数律は櫓囃しと一致している。複数名で作業をする時、Ⓑ⑦を音頭出しが口誦し、Ⓒ①をその場にいる複数の者が掛け声として一斉に発する。それを待って音頭出しによってⒷ⑧が誦されるという形で展開されるのである。Ⓒ②・Ⓒ③はいずれもⒸ①の変形と考えればよい。内容的には春情を基調とするものであり、労作唄一般の傾向を示している。ただ、特徴的なものとして注目される点は、問答・掛け合いの形式・内容が見られることである。その典型的な部分は、Ⓑ⑮（問）→←Ⓑ⑯（答）であり、Ⓑ⑰・Ⓑ⑱はⒷ⑯の展開となる。Ⓑ⑧（問）→←Ⓑ⑨（答）も、Ⓑ⑨は、Ⓑ⑧の問いの内容に的確に答えたものではないが返答の形を示している。さらに注意してみると、Ⓑ⑦・Ⓑ⑭にも問いの形が見られる。こうしてみると、囃し口の形式・内容の一つに「問答型」「掛け合い型」があったことがわかる。長泉町の代かき囃し口を分析してみると、複数の者が働く労働の場で、臨機・随意、即興的に役割分担をし、問答・掛け合いで囃し口を口誦していたという事実が浮かびあがってくる。

御殿場市や長泉町の代かき囃し口・言いぐさで、いま一つ注目すべきことがある。それは、この地方においては、唄を伴わない、囃し口のみの、作業唄的口誦が行われていたということである。このことは、鹿児島県の潮替節と櫓漕ぎ唄の成立過程の腑分けをするヒントを与えてくれるのである。このことは、本来、唄と囃し詞の組み合わせで成立した潮替節があり、一方、囃し口と、囃し詞とで成立する「櫓囃し」も存在したのであった。いわば、唄のない櫓漕ぎ唄、囃し口と囃し詞のみの櫓囃しが盛んに行われ、それがやがて、七・七・七・五の唄と結びついてゆくのである。その典型が佐多町の山野熊助翁の伝承する唄と囃し口だとは言えないだろうか。なお、長泉町には田の草取り唄もあり、次のような「囃し口」がある。「アア立ってきちゃ目につく「ハッテコイハッテコイ」（Ⓑ⑲）。田の草の現場とヨバイの情景を掛けたものである。

㈥　麦搗唄の囃し口

昭和五十九・六十年度の静岡県民謡調査では多くの麦搗唄も収録できた。(11) その中には「囃し口」を伴うものもいくつかある。田方郡韮山町山木・岩田とめさん（明治二十六年生まれ）の伝承するものに次の事例がある。

〽麦ょ搗いて　夜麦ょ搗いて　お手に豆が九つ　九つの豆見れば　生まれ在所が恋しゅい（Ⓐ①）

・ⓐ①アア　トントコ　トントコ　ⓑ搗けたか　むけたか　よいこになったか　ⓐ②トントコトン（Ⓑ①）

田方郡函南町平井・岩本ふみえさん（明治三十四年生まれ）ほかは次の例を伝承している。

〽麦搗いて　夜麦搗いて　お手に豆が九つ　九つの豆見れば　生まれた在所が恋しや　恋しくばたずね来てみろ　信田の森のくずの葉（Ⓐ②）

・ⓐ①アア　トントコ　トントコ　ⓑ搗けたか　むけたか　よいこになったか　もひとつおまけに　ⓐ②ド

ッシン　ドッシン（Ⓑ②）

田方郡修善寺町堀切（現伊豆市）・荻島恒哉さん（明治三十四年生まれ）は次の唄を伝承する。

〽麦搗いて　夜麦搗いて　せどの浜に出てみれば　入船の船頭さんが　釣竿かついで釣に行く　釣竿は紫竹の竹よ　糸は三味の三の糸（Ⓐ③）

・トントン床とれ　モヨギの蚊帳つれ　裸で這い込め　言いぐさたっぷり　ヒタジがこぼれる　こぼれるヒタジは　スイだよ味噌だよ　アー　トントン床とれ　搗けたか　むけたかよいこになったか（Ⓑ③）

Ⓐ①②③は、中世、鎌倉文化圏にあった伊豆に伝えられた古い型の麦搗唄である。それは、近世型の七・七・七・五とは異なる音数律を示していることによってもわかる。Ⓐ①とⒶ②はほぼ同じ内容であり、Ⓐ③も、伊豆地方には類似の歌詞が多く、Ⓐ①型とセットをなしている場合が多い。「お手に豆が九つ」については柳田國男もふれており[12]、麦搗唄については筆者も若干の考察を加えたことがある[13]。

Ⓑ①・Ⓑ②ともに、「囃し詞」と「囃し口」が合体した形で「囃し口」として語られるのが特徴である。Ⓑ①のⓐ①・ⓐ②、Ⓑ②のⓐ①ともに、杵が臼に落ちる音、麦を搗く杵音の擬声語であり、Ⓑ②のⓐ②「ドッシン　ドッシン」も杵音の擬声語である。これらはいずれも囃し詞として機能するものである。Ⓑ①・Ⓑ②のⓑの部分が囃し口で、4・4、4・4の音数律となっており、これまで見てきた潮替節や代かきの囃し口と同じである。内容も、麦

の精白状況を問う形で、代かきの問答型と類似の形式である。「よいこになったか」の「こ」は、「粉」（この場合、実際には粉化ではなく脱稃《だつぷ》）と「子」が掛詞として生きており、「よいこになったか」という表現は擬人法で親しみを増している。

　麦搗唄にかかわる囃し口としてⒷ③も注目される。「搗けたか　むけたか　よいこになったか」はⒷ①・Ⓑ②と共通しており、これが麦搗唄の囃し口としては最も一般性の強い句であることがわかる。「トントン床とれ」が二回反復されているのであるが、この中の「トントン」が杵音の擬声語であることは論を俟《ま》たない。その、「トントン」の「ト」を受けて「トコ」の「ト」を引き出しているところが口誦民俗として優れていると言える。「トントントコトレ」とまことに美しい同音反復が出来あがっているからである。こうした視点で見てゆくと、「ハダカデハイコメ」「ヒタジがこぼれる　こぼれるヒタジは　スイだよ味噌だよアー　トントン　トコトレ　搗けたか　むけたか　よいこになったか」と、みごとな同音反復構成になっていることがわかる。さらに、「ヒタジがこぼれる　こぼれるヒタジは」においては尻取り連鎖表現も使われている。そしてまた、「床とれ」「蚊帳つれ」「這い込め」と命令形を畳みかけているところもリズム構成を有効にしている。Ⓑ③の囃し口は、庶民の言語感覚のすばらしさ、口誦民俗の魅力を余すところなく伝える傑作だと言えよう。なお、代かき囃し口の、「おさん床とれ　もよぎの蚊帳つれ　裸で這い込め」（Ⓑ⑰・Ⓑ⑱）の部分は、麦搗唄の囃し口Ⓑ③の影響によるものと考えられる。それは、「おさん床とれ」より、「トントン床とれ」の方が、音韻要素重視の囃し口の原理性に適うところが大きいからである。

茨城県新治郡に次の麦搗唄がある。[14]

〽なんなん成田の新勝寺様よ
アホイト　ドッコイショ（Ⓒ①）
麦搗き繁昌の護摩を焚く（Ⓐ④）
アホイト　ドッコイショ（Ⓒ①）
〽姐さん起きなよもう夜が明けた
アホイト　ドッコイショ（Ⓒ①）
朝の御飯が遅くなる（Ⓐ⑤）
アホイト　ドッコイショ（Ⓒ①）
・搗けたか搗けぬか見ておくれ（Ⓑ④）

茨城県真壁郡大村（現筑西市）に麦の脱粒の際に歌誦された麦打唄およびその囃し口がある。[15]

〽打《ぶ》てた打てたよこの麦は　これは旦那の納め麦（Ⓐ⑥）
・ハ　シッチイカラゲテ　姉御に負わせろ　嫌だと言ったらシッペダ喰わせろ　ドッコイ
ドッコイ（Ⓑ⑤）
〽諷《うた》へ諷《うた》へとせめたてられて　唄は出ませぬ汗が出る（Ⓐ⑦）
・棒先揃へて確《しっ》かと打込め（Ⓑ⑥）

〽向ふ小山の百合の花 又も咲いたよゆらゆらと（Ⓐ⑧）
・オサンも女か田螺も魚か（Ⓑ⑦）

Ⓑ④の囃し口には、Ⓑ①、Ⓑ②、Ⓑ③の「搗けたかむけたかよいこになったか」に通じるところがあり、いかにも麦搗きの囃し口らしい。Ⓑ⑤、Ⓑ⑥、Ⓑ⑦はいずれも、4・4、4・4の構成になっている。Ⓐ⑥の「打てた」Ⓑ⑥の「棒先」は殻竿《からさお》に関する表現である。なお、Ⓑ⑦の「オサン」という女性の名は、「代かき」のⒷ⑰にも見られる。

(七) 稗搗節の囃し口

宮崎県東臼杵郡椎葉村は「稗搗節」で知られている。この地は長く焼畑を生業基盤とし、稗・粟を主食としてきた。稗搗節はそうした土壌で生まれ、伝承されてきた唄である。以下は、椎葉村竹の枝尾に住む中瀬守さん（昭和四年生まれ）の伝承である。

稗の精白は主として女の仕事で、「トード搗き」と称して六人で一組をなして稗搗きをした。「カテアリ」即ち結い方式で、特に正月前、十日前後をかけてムラうちを巡回した。トードの中には必ず二人ほど稗搗き名人の老婆が入るものだとされていた。臼の中には「ソーラ」と称して一握りのスグリ藁を十字に組んだものを入れ、その交点に杵をおろした。これは稗粒の飛散を防止するためのくふうである。搗き続けると藁が切れて臼の外へ出るので、ベテランが足で蹴りあげてつかんで入れ直すこともあった。稗搗きは、三、四人だと搗き手の間隔があきすぎるため危険で、かえって六人の方が安全だった。とは言え、安全確保のために「横杵使い」は厳禁されていた。横杵を使うと他人の杵に当たり、その他人の杵が滑って大腿部を打つことがあるからだ。「杵は頭の上で使え」と言い伝えられていた。

〽庭の山椒の木に鳴る鈴掛けて　鈴の鳴る時ゃ出ておじゃれ（Ⓐ①）
・鼠さえ五斗搗く　コテ牛ゃ四斗搗く　三斗五升何かや搗いて返せ（Ⓑ①）
〽鈴の鳴る時ゃ何と言うて出ろか　駒に水呉りょと言うて出ましょ（Ⓐ②）
・臼にはゴザ敷け杵枕　簪ゃしおれてちゃんとしもうた（Ⓑ②）
〽しばしお待ちやれ稗搗いてしまって　お茶を飲ませて抱いて寝る（Ⓐ③）

稗搗節は那須大八郎宗久と鶴富姫を歌ったものとして広く知られるところであるが、これまで右に紹介した囃し口はあまり注目されなかった。しかし、実際の稗搗きの場では、この囃し口によって音頭出しが咽喉を休め、または、交替するという重要な働きをしており、さらに、短く、早いテンポで杵をおろす杵操作は、「小搗き」を導く結果になり、精白にも独自な効力をもたらした。そして、何よりも、この囃し口には生活感があふれていて美しい。

Ⓑ①の「コテ牛」は去勢していない牡牛のことである。椎葉村日添でも稗搗節を聞いたことがあった。日添の椎葉教円さん（明治四十五年生まれ）は、Ⓑ①に相当する囃し口を次のように誦した。

・三斗五升何かや搗《つっ》くり返やせ　戸板にムクリウごろりとせ（Ⓑ③）

稗の三斗五升ばかり何でもない。容易に搗きあげてしまって、戸板にムクの実がころがるように、床にゴロリと横になって寝てしまおう——というほどの意味である。Ⓑ②の意味は、稗を搗いてしまったら臼のそばにゴザを敷き、杵を枕にして二人で寝よう。——簪をしたまま杵を枕にして寝たので簪が曲がってしまって残念なことをした——というものである。中瀬守さんは「簪ゃしおれてちゃんとしもうた」の部分を、「簪ゃポッカリちゃんとしもうた」と誦する場合もあるという。こう誦すると、「簪がポッキリ折れて残念なことをした」という意味になる。

Ⓑ②の「臼にはゴザ敷け」の部分を教円さんは「臼の端《はた》ゴザ敷け」と誦した。

Ⓑ②・Ⓑ③ともに、4・4・5、4・4・5、の音数律を示し、4音を基本としてリズム感が豊かである。

Ⓐ①とⓐ②は恋情発想による男女の掛け合いである。Ⓑ②・Ⓑ③にも恋情発想があり、こうした内容が厳しい労働を和らげてきたのだった。

(八)　ガタイネ節の囃し口

有明海干拓に際して、「ガタイネ」という作業が行われた。(16) ガタイネとは「潟担い《がたいな》」の意で、潟の土を担いで運ぶことである。ガタイネには普通、娘を中心とした女性があたり、彼女達は、「ガタイネ」「ガタイネさん」「イナイコ」などと呼ばれ、天秤の両端に「ブリ」と呼ばれる容器をさげ、「クワサキ」（鍬先）と称する男土工に土を入れてもらって運んだのである。ブリを担ぎ、干拓地と海との間に作られた堤に掛け渡してある「ドンドン橋」という木橋を渡って土を運んだのだった。こうした作業の中で「ガタイネ節」「新地節」が歌われたのであるが、これらの唄にともなう囃し口が伝えられている。次に若干の事例を紹介しよう。以下は『高田町誌』による。

〽今年はじめて御新地に出たばい　ブリのにないみちゃまだ知らん　Ⓐ①

・どっちもひゅといよんにゅは入んな　ひと鍬のうちでもおぶかりゃ　ぶっだせ　ぶっだせ（ガタイネもクワサキもどちらも日雇い人だ。よけいに入れるな。一鍬のうちでも、重ければ出してしまえ、出してしまえ）Ⓑ①

〽ブリのにないみちゃ知らんならおそゆ　腰ばかがめて歌で立つ　Ⓐ②

・ドッコイどびんの質流れ　三年たっても受け手はござらん（「ドッコイ」はかがめた腰を伸ばす時の掛け声であり、その掛け声で本唄を受ける形になっており、ドッコイドビンと同音が反復されている）Ⓑ②

〽ガタばいのちから汚さんにゃおろか　様やんと寝てからせにゃおろか　Ⓐ③

・段々の畑のサヤ豆は一サヤ走れば皆走る　私ゃお前さんについて走る　Ⓑ③

以下は、佐賀県鹿島市七浦町東塩屋の倉崎次助さん（明治四十一年生まれ）の伝承による。

〽ガタのいないみち知らなきゃおしゆ　腰をかがめて歌で立つ　Ⓐ④

・うちへんに来てみよ　かがどみゃデボ腹アガイグチドッセイデ（わが家へ来てみろ、女房

は妊娠して大腹で上り口に座っている）（Ⓑ④）
〽もうはやめ時やめねばならぬ　うちじゃ孫子が待っている（Ⓐ⑤）
・おたがりゃひゅうとり二つが決りぞ　三つは次ぐなよ（お互いに日傭取りだ。ブリに入れる土は二鍬が決まりだ。三鍬は入れないでくれ）（Ⓑ⑤）
〽カセンナ（嘉瀬浦）学校から前海どんば見れば　沖ノ島やら帆前船（Ⓐ⑥）
・どうして新地に来たやろう　難儀のつらさに来たやろう（どうして新地づくり＝干拓作業に来たのだろう。こんな難儀をするためになぜ来たのだろう）（Ⓑ⑥）
以下は文部省編集の『俚謡集』に熊本市の「新地歌」として収められたものである。
〽新地お役人なこのしろ無塩　焼かにゃもたえん夏の魚（Ⓐ⑦）
・ソラ　いかかぼた餅ゃきなこまめサイ（Ⓑ⑦）
〽ことしはじめてお新地に出たれや　がたのいない道ゃまだ知らぬ（Ⓐ⑧）
・おどが家来て見れ道ばたじゃるけん　茶わきゃしてまっとるよらんがなるなきゃ猫まじゃしゅすびん（Ⓑ⑧）
町田嘉章・浅野建二の『日本民謡集』に長崎県「新地節」として次の例が収められている。

〽ハー新土手からお座屋《だや》を見れば　なぐれお春やんが潟担う（Ⓐ⑨）
・来たろば寄んない道端じゃっけん　団子して待っとる（Ⓑ⑨）
内容的にはⒷ①とⒷ⑤、Ⓑ⑧とⒷ⑨との共通性が目につく。前者には、ガタイネとクワサキの関係立場がにじみ出ていて興味深い。後者は、例えば島原子守唄の中にある「帰りに寄ちょくれんか　帰りんにゃ寄ちょくれんかアバラ屋じゃけんど」などとも共通しており、有明海から島原湾にかけての民謡や囃し口の常套表現であったことがわかる。干拓労働は、長崎県・佐賀県・熊本県で行われており、石材・木材運搬、労務者の移動などに連動して歌詞や囃し口が伝播し、広がった事情が推察される。音数律は変則的なものもあるが、例えば、Ⓑ③の、4・4・5、4・4・5の部分や、Ⓑ⑤の4・4、4・4、4・4、など、やはり4音が基本になっていると言えよう。

㈨　秩父音頭の囃し口

「囃し口」を伴う民謡としては作業唄が多いのであるが、それは決して作業唄のみではない。埼玉県秩父地方の豊年踊りに歌われる「秩父音頭」には囃し口がある。

〽ハアーエ　鳥も渡るか　あの山越えて　鳥も渡るか　あの山越えて　雲のナアーアーエ
雲のさわ立つ　アレサ奥秩父（Ⓐ①）ア　ヨーイ　ヨーイ　ヨーイヤサ（Ⓒ①）——以下Ⓒ①略

〽咲くは山吹つつじの花よ　秩父銘仙機《はた》どころ（Ⓐ②）
・ア　スッチョイ　スッチョイ　スッチョイナ　スッチョイバケツが十三銭　安いと思ったら底ぬけだ（Ⓑ①）

〽主のためなら賃機夜機　たまにゃ寝酒も　買うておく（Ⓐ③）
・ア　押せ押せ押せな　押してもいいから突っつくな　突っつきようで孕むよ　孕んだって
　かまわんよ（Ⓑ②）
〽炭の俵を編む手に皹《ひび》が　きれりゃ雁坂雪が降る（Ⓐ④）
・ア　ソウトモ　ソウトモ　ソウダンベ　アチャムチャダンベに吊るし柿　おかしかったら
　お笑いな　おらん方じゃこうだよ（Ⓑ③）

唄に対して基本的な囃し詞はⒸ①である。しかし、Ⓑ①の「スッチョイ　スッチョイ　スッチョイナ」、Ⓑ②の「押せ押せ押せな」、Ⓑ③の「ソウトモ　ソウトモ　ソウダンベ」も同じ音数であり、囃し詞の性格を持つ。Ⓑ①〜③ではおのおの、囃し詞的な部分に「囃し口」を直結させて口誦するところが特色である。秩父音頭の囃し口の内容は、滑稽さを特色としている。Ⓑ③は、「ダンベ」という方言と、名物の吊るし柿を郷土の特色として誇示し、おらん方（自分達のムラ）ではこれが特色なのだと主張している。

この民謡においても、当然、唄は音頭出しが交替で、囃しは囃し方が複数で、ということになるのであるが、一節一節の間に囃し詞、囃し口が入るので音頭出しはその間に咽喉を休めて次の歌詞へ移ることができるし、囃し詞・囃し口を境にして音頭出しの交替が可能になる。

㈩ 囃し口の構造と効用

さて、右に、「潮替節」「櫓漕ぎ唄」「櫓囃し」「木挽唄」「馬方節」「代かき」「麦搗唄」「稗搗節」「ガタイネ節」などにかかわる「囃し口」を、筆者の収集資料・編集にかかわった資料、その他の文献資料等によって通覧してきた。「囃し口」は、右のほか、「ハイヤ節」「球磨六調子」「信濃追分」など様々な民謡に見られる。右に見てきた事例に限ってみても、「囃し口」が持ついくつかの特色を確認することができる。その特色を列挙してみよう。

⑴「囃し口」は多くの民謡に見られるが、その主流は作業唄であり、しかも、それは、一定のリズムを以て作業を進める労働にかかわるものが多い。

⑵「囃し口」の音数律にはいくつかのタイプがあるが、鹿児島県川辺郡笠沙町の「櫓囃し」、新潟県の「馬方節」、静岡県御殿場市周辺の「代かき」の囃し口、伊豆の「麦搗唄」などはいずれも、4・4、4・4、のリズムを構成しており、他も4音を基本とするものが多い。この音数律は、作業のリズムと合致するところから広い地域で定着したものと考えられる。八丁櫓で八人の呼吸とリズムを合わせるべき櫓漕ぎに伴って、4・4、4・4型の櫓囃しが発生したのは極めて自然であり、かつ合理的だったと言えよう。

⑶作業唄の一般性として、恋情発想・春情発想にもとづくものや、時に滑稽さ・猥雑さを含むものが多いが、囃し口においてもそれが内容的な一つの特色となっている。

(4)　佐多町櫓囃しのⒷ⑬↓↑Ⓑ⑭、長泉町の代かき囃し口のⒷ⑧↓↑Ⓑ⑨、同Ⓑ⑮↓↑Ⓑ⑯などには問答・掛け合いの形式が見られ、他にも問いかけ句法の形もいくつかある。このことは、複数の人間が同じ労働にかかわる場面で、例えば、男女の恋人同士に扮して掛け合いをするという形となり、労働の場面に、劇的な躍動感を導入し、活力を生み出す刺激となる。一方、甲が女となり、一つの囃し口を誦するのを受けて、乙が男の立場でそれに対する返答の囃し口を述べるという展開になるのであるが、このことは、自然の流れの中で、口誦者を交替させることになり、囃し口を継続的に口誦するのに好都合となる。一人の人間が口誦を続けることは、厳しい作業をしながらでは困難なことなのである。

(5)　民謡の中には、歌詞の中にその作業の注意事項や要領を教訓的に歌い込んで、それによって技術伝承を意図するものがある。囃し口の中にも、たとえば、笠沙の櫓囃しのⒷ④・Ⓑ⑥、「麦打唄」のⒷ⑥などにそれが見られる。御殿場市富士岡地区の「代かきの囃し口」は作業内容を直接指示命令する形である。囃し口にしばしば見られる命令口調もこれとかかわる。

(6)　囃し口の目的は、作業効率をあげるためのリズムの形成にあるのだが、その目的達成のために、作業にともなって発する音響を擬声語として囃し口の中に導入しているものがある。「木挽唄」Ⓑ②、「馬方節」Ⓑ①、「麦搗唄」Ⓑ①・Ⓑ②などがそれである。その他、「代かきの囃し口」Ⓑ⑥、「麦搗唄」Ⓑ③、「ガタイネ節」Ⓑ②などに同音反復表現がみられ、いずれも口誦の効果を高めている。

(7) 囃し口を継誦する方法として、(4)でふれたような問答・掛け合いが有効に働いたのであるが、他に、笠沙の櫓囃しにおける「ヘンヨイ」、佐多の櫓囃しにおける「ヤーショイサ」、長泉町の代かき囃し口における「ホラ」などの囃し詞も重要な働きをした。音頭出し的な口誦者が囃し口を誦すると次に複数の者が一斉に囃し詞を誦する。それをシオに口誦者が交替するという形になるのである。

(8) 「囃し口」は時に猥雑な内容を含み、自由で開放的に語られてきた。そこには、庶民の柔軟な発想・生々しい言語感覚・素朴な修辞法・土や潮の香に満ちた文学性・作業と直結した生活実感などがこめられている。「囃し口」は、右に見たような特質を備えており、決して、民謡歌唱者・民謡記録者・民謡研究者などにより恣意的に置き去りにされてはならないものであり、忘れ去られてよいものではない。やや遅きに失してはいるが、この「囃し口」というすぐれた「口誦民俗文化」の資料を積極的に収集しなければならない。

四　囃しの諸相

(一)　芸能と「言囃し」

1　大河内神楽の夜

宮崎県西都市の東米良、同児湯《こゆ》郡西米良村から東臼杵郡椎葉村、西臼杵郡の高千穂町へかけての九州脊梁山地の山ひだのムラムラには優れた神楽が伝承されている。私がその神楽の座に初めて身を置いたのは昭和五十五年（一九八〇）の暮れのことだった。その年は特に寒気が厳しく、山ひだの小さなムラムラは皆雪に埋もれていた。椎葉村大河内、大河内神社に伝わる「大河内神楽」は例年十二月二十五日に奉納されるのであるが、その年は雪のため二十九日に延期された。雪はやんだものの寒気がことのほか厳しかったので神楽の会場も公民館に移された。

神楽の準備が終了し、ひと息入れたところで、午後六時半ごろから約三十分間、「板起こし」と呼ばれる、狩猟にかかわる神事が行われ、その場で猪の肉が共食された(1)。板起こしが終わり、大河内神社の祭典が終わると、やがて神楽である。「一神楽」「日月」「稲荷神楽」と演目が進むうちにムラびと達の数が次第に増してくる。坐して焼酎を酌みかわす。折々水屋から握り飯・鰯の丸干しなどが運ばれてくる。午前二時ごろ、岩戸神楽が始まる頃には焼酎の量もあがり、老若男女の歓声も一段と高まってくる。そこに、観客の女達が「囃し」を入れる。「神楽に合わせて神楽が厳粛に舞われている。その一つは「囃し口」とも言う「神楽囃し」と総称されてはいるが、「囃し」には二種類がある。

楽囃し」と総称されてはいるが、「囃し」には二種類がある。その一つは「囃し口」とも言うべき、一定の意味を備えた掛け声であり、いま一つは、「神楽せり唄」である。

〃そのよなシナを嫁女《よめじょ》に見せっちょ　こんころもちゃどうあんろ〃

と一人が囃し口を入れると、それを受けて、他の女性達が　〃こんころもちゃみそっちょ〃

〃こんころもちゃかかっちょ〃　と囃す。さらに遠方から　〃こんころもちゃいこっちょ〃　と声がかかる。すると、すかさず別の女性が神楽のせり唄を高らかに歌い出す。

〽神楽舞うちゅうて人をば寄せて　舞うて見せなきゃ恥じゃろよ　コラサイ　コラサイ　コラサイ

〽器量自慢にゃ押されはしても　神楽囃しなら誰とでも　ホイ　ホイ

大河内の女達はみなみごとな声だが右田としさん（明治四十三年生まれ）は中でもひときわ上手で次々と神楽せり唄をくり出す。そして、仲間が囃し口をかける。

〃そのくらいに舞わにゃ　師匠さんの恥ばい〃　――せり唄と囃し口に囃され、舞い手は興に乗って神楽はますます華やぐ。会場は、舞い手と観客が一体となって興奮のルツボと化す。

〽矢立《やたて》　合戦原《かせばる》　大桑《おが》の木《き》　大藪《おやぶ》　花の大河内《おかわち》や鉢の底

と神楽せり唄にも歌われる通り、大河内は擂鉢のような深い谷である。

2　日向の神楽せり唄

①〽神楽出せ出せ神楽出せ　神楽出さなきゃ嫁女出せ（椎葉村大河内・椎葉司・昭和五年生まれ）
②〽こんな寒いのに笹山越えて　笹の露やら涙やら（同）
③〽神楽囃しにゃ押されても　嫁子かたげにゃ押さりゃせぬ（椎葉村竹の枝尾・中瀬守・昭和四年生まれ）
④〽女子かたげにゃ押されても　神楽囃しにゃ押さりゃせぬ（同）
⑤〽女子かたげにゃ来たけれど　かたげそこねてただもどる（同）
⑥〽かたげこみやれ厩の隅へ　厩の隅では肥くさい　人が来たならスボかぶり（同）
⑦〽こよさ させぬはソヤの木ボンボ　のちにくされてナバ生える（同）
⑧〽ナバは生えてもロクなナバ生えぬ　猿の腰掛けか毒ナバか（同）
⑨〽これが一じゃろ名取りじゃろ　名取り様女が今出た見やれ　色が小白で背が高い（同）
⑩〽伊勢の神楽のある中に　雨が降るとはなさけなや　トコサイトコ　ヨヤサノサー（西都市銀鏡・浜砂正信・大正十三年生まれ）
⑪〽こよさ夜神楽にゃせろうとて来たが　サイナー　せらにゃそこのけわしがせる　ノンノコサイサイ　ヨイヨイサッサ　ヨイサッサ（高千穂町『日本民謡全集』雄山閣）
⑫〽こよさ神楽は十二の干支《えと》で　かざりたてたるかみ神楽（同）
⑬〽様は三夜の三日月様よ　宵にちらりと見たばかり（同）

⑭〽三十三番舞い立ちゃせろや　三十四番が五番でも（同）
⑮〽神楽太鼓に気は浮かされて　いつもとんとと鳴るばかり（同）

3　芸能の場の「囃し口」

①あのように舞うて　及ばぬものばい（椎葉村竹の枝尾・中瀬守）
②師匠立てて舞うて　あのぐらいに舞わずば師匠どんの恥ばい（同）
③○○さんの神楽嫁女に見せちゅ　嫁女はどうすんど　畳のへりから小便ジョンゴジョンゴ（同）
④これほどに舞わしゃれば　どこへ出しても恥ゃかかん（西都市銀鏡・浜砂正信）
⑤アカギレ足に白足袋けこんで　よう舞う舞うね（同）
⑥○○ちゃの舞いは良い舞いだ　羽なしトンボが舞い立った　アー　良い舞いだ良い舞いだ
○○にこの舞い見せたいな（静岡県磐田郡佐久間町今田・高橋高蔵・明治四十一年生まれ）
⑦ツーちゃの舞いは良い舞いだ　キミコに一舞見せたいな（同）
⑧よう舞うなよう舞うな　鳥でも喰ったかよう舞うな（同引佐郡引佐町寺野・伊藤信次・大正八年生まれ）
⑨よう跳ぶなよう跳ぶな　猿でも喰ったかよう跳ぶな（同）
⑩よう舞うなよう舞うな　踊りのカイサンよう舞うな（同）

⑪ネンネンボーシはヘンボイヨー（静岡県磐田郡水窪町・西浦田楽）
⑫ウシンボーは弱いよ（同）

日向の神楽においては、大河内の例で見た通り神楽せり唄と囃し口が渾然として展開される。神楽は本来神事芸能であり、厳粛なものである。舞人は、たとえムラびとであっても一旦仮面をかぶれば神となる。神楽の場に囃しがあるとすれば、それは、神々の霊力を高めるためのものであったはずだ。神々の顕現する場に侍するムラびと達は、原初は、ただ神の前にひれ伏すのみであったろう。ところが、時の流れの中で、舞人への激励が囃し口となり、やがてその中に揶揄の要素も含まれるようになる。一方、神楽の場はムラびとの娯楽と交歓の場となってゆく。そうした過程で、軟らかい内容の神楽せり唄や囃し口が続々と生まれてきたのだった。大河内神楽の場合、女性同士の掛け合いになっていたのだが、一般には男女の掛け合いも多く見られる。神楽せり唄の⑦はたしかに卑猥ではあるが、このような唄は各地に見られ、「木の根神楽」と称して、芸能の夜を歌垣的な男女交流のトキとして語り継ぐ地は多い。

「囃し口」⑥⑦は佐久間町今田の「花祭り」の際に誦せられるものであり、⑧⑨⑩は、「寺野のひよんどり」と俗称される宝蔵寺観音堂の「おこない」の際に誦される。⑤と⑧⑨⑩は遠く離れた地でありながら「よう舞うね」「よう舞う（跳ぶ）な」と類似の語を用いて囃しているのには驚かされる。

⑪の「ネンネンボーシ」とは藁を芯にして紙をかぶせ顔を書いた人形である。この人形は

稲霊を象徴するものと考えられ、人形を囃し立てることによって稲霊の活力を増大させ、秋の豊作を予祝する形になっている。なお、人形を背負う者が手に持っている薄束で叩かれると、不妊の女性は妊娠すると伝えられている。

4 「花祭りの囃し詞」

奥三河の「花祭り」の場で囃される「テーホヘ　テホヘ」「テーホヘ　テホヘ」という囃し詞は広く知られるところである。花祭りの場に参入すると、「テーホヘ　テホヘ」「ソーラ舞った　そら舞った」、「テーホヘ　テホヘ」「よう舞った　よう舞った」といった囃し詞を耳にする。愛知県北設楽郡東栄町月には「悪口祝儀」ということばがあり、他のムラの者が神楽場で悪態囃しをくどくどと誦することもある。「テーホヘ　テホヘ」という軽快な囃し詞は、夜がふけ、酒量が増すにつれて大きくなり、それによって神楽場全体の空気が高揚する。この不思議な囃し詞の意味は、「手振れ　手振れ」だとか、「田掘れ　田掘れ」だとか解説されるのであるが、いずれも当を得ていない。

猪が田畑の作物を荒らす害獣であることは広く知られているが、かつて、その猪を追うために小屋がけをして泊まりこんだ。吉野ではその小屋を「ヤライ小屋」、土佐寺川では「タヤ」、大井川流域では「タオイ小屋」、天竜川流域では「ヨオイ小屋」などと呼んだ。長野県下伊那郡大鹿村の大河原甚句に、〽じじさばばさが向かいの山でホーイホーイと呼びかわす――という歌詞がある。この「ホーイ」「ホーイ」は猪を追うヤライの声・ヨオイ声である。また、早川孝太郎によると、三河には、「ホイは山家の猪追いさ」という尻取文句があったという。[2]早川はまた、愛知県北設楽郡東栄町古戸でかつて行われていた田楽の「鳥へんばい」という演目で、「テーホホ　へーへーホホ」という口拍子が誦されたことを記録している。[3]新潟県佐渡地方の鳥追い言葉に、「テーホー　テーホー」「デーホ　デーホ」「テントホーホー」「ダーホーホー」「ドーホーホー」「デーヤホー　デーヤホー」などが用いられていたことが報告されている。[4]また、岡山県旭川流域では、実際の猪追いに「タアホイ　タアホイ」と叫んでいたという。[5]

こうしてみてくると、花祭りの囃し詞は、農民達が、丹精した農作物を荒らしにくる猪や鳥を追う声、猪追い声・鳥追い声から発したものであることが明らかになってくる。花祭り地帯は焼畑農業も盛んであり、猪の害も甚だしかった。花祭りに登場する山見鬼・榊鬼は鉞《まさかり》と反閇《へんばい》によって地上・地底の悪霊を鎮めたのであるが、その鬼を囃す「囃し詞」は、山の農民に害を与える猪や鳥を追うことばであり、ひいては、人間生活万般にわたる諸害・諸悪を追放する叫びであった。この囃し詞の生成展開は、①現実の農地における猪追い・鳥追いの声⇩猪・鳥の追放↓②花祭り舞処における囃し詞⇩鬼の呪力の増幅⇩害獣・害鳥の追放予祝、諸害・諸悪の追放予祝——という経路をたどってきたのであった。

(二) 囃し詞と擬声語

作業唄の囃し詞の中には、その作業に使う道具や施設が作業に伴って発する音響や、作業にかかわる人の動作によって生ずる音を擬声語として表現し、それを囃し詞として位置づけたものがある。それは、素朴ではあるが臨場感とリズム感にあふれたものである。静岡県教育委員会が、昭和五十九・六十両年度に実施した民謡調査で、(6)「労作唄」の整理分析を担当したが、その際も、擬声語を囃し詞としたものが気になった。特に、籾摺り唄にはそれが多かった。以下にその事例を紹介しよう。

稲の刈り入れがすむと脱穀、次に籾摺りと作業が続く。籾摺りは、唐臼《からうす》と呼ばれる摺り臼によった。唐臼の下臼は、桶状の器に粘土をつめ固め、樫の板を歯にしたものでかなりの重量があった。挽き柄はT字型の木でTの字の横画にあたる部分を人が持ち、縦画にあたる部分を臼につけて水平に突き引きをして回転させた。この挽き柄は一般に「ヤリ」と呼ばれた。挽き手とは別に、臼そのものに手をかけ、臼の回転を助ける「モトドリ」という役もついた。作業納屋・庭・田など様々な場所で籾摺りが行われたが、娘のいる家には若い衆が集まってくるので籾摺りがはかどったという声をよく耳にする。夜なべとして籾摺りをすることが多かったのであるが、この作業の際歌われたのが「籾摺り唄」「籾挽き唄」「唐臼挽き唄」「唐臼唄」「臼挽き唄」などと呼ばれる唄である。

①籾摺り唄　掛川市本郷・山崎きよ（明治四十一年生まれ）
〽臼の軽さは　ヨイト（囃し）　相手のよさあー　キッコマッコ　キッコマッコ（囃し）　相手変りゃ　ヨイト　米が出るよ　キッコマッコ　キッコマッコ
②唐臼挽き唄　引佐郡引佐町太田・武田ふゆを（明治三十一年生まれ）
〽今夜の夜食は　うどんかそばか　粥の煮くたらかしは　いやでござんす　ゴロリン　ゴロリン（囃し）
③臼挽き唄　掛川市初馬町会谷・榛葉うの（明治二十八年生まれ）
〽おーいおーいおーのーなーはーい　キッコサ　マッコサ
④籾摺り唄　賀茂郡河津町逆川・稲葉しげ（明治三十四年生まれ）
〽キイコー　とうす　米噛ます　藁餅草餅食わさんか　食っても食っても藁ばかり　キイコー　キイコー　米噛ます　摺っても摺っても藁ばかり
⑤籾挽き唄　賀茂郡松崎町東区・佐藤てい（明治四十二年生まれ）
〽とうすキーコ　誰の祝い米挽くよ　あいちゃんの祝い米挽くよ　キコラン　キコラン　キコラン　キコラン

①〜⑤に用いられている囃し詞は、すべて唐臼を使って籾を摺る時に出る音の擬声語である。

いずれも重い唐臼のきしむ音を擬声造語したものである。②と④はいかにも即物的であるが、①と⑤は唐臼が回転するリズム音を、実に感覚的、美的に造語しており、日本の農民の聴覚イメージの豊かさに胸がつまる思いがする。何と美しく、なつかしい響きであろう。天井から吊られたヤリ木にあやつられ、そのヤリ木と臼が連動する単調な響きが心に響く。

静岡県下の田の草取り唄に用いられる擬声語系の囃し詞には次のものがある。

①ゴショラン　ゴショラン（田方郡韮山町南条真如）

②ゴショリン　ゴショリン（同金谷）

③ズンベラ　ズンベラ（賀茂郡河津町高見浜）

麦搗唄の「トントコトントコ」という囃し詞については「民謡と囃し口」の項（二二五頁）で紹介した通りである。

奈良県山辺郡都祁《つげ》村（現奈良市）の「殻竿唄」でも擬声語が囃し詞として用いられている。(7)

〽見ては楽そうな殻竿がちは　お手にとりてのシンドさよ　バッタンコ　バッタンコ

兵庫県宍粟郡千種町（現宍粟市）の、「米搗き唐臼踏唄」は次の通りである。

〽ドンド　ドンドと馬追いかけて　明日もおいでよ米搗きに　アー　キットトン　アー　キットトン(8)

(三)　悪態囃し

時を遡るほど人びとの日常生活圏は狭く、ムラムラの閉塞性や排他性も強かったと考えられる。そうした中では、ムラを通過してゆくヨソモノや隣接地域に対する意識も当然排他的な要素が強かったと言える。じつは、ヨソモノに対する関心は、ムラが閉鎖的であればあるほど強かったのであるが、その心意は裏がえしの形で表出される場合もあった。そうした両面の錯綜する意識の一部が「悪態囃し」になっている。

①焼津の奴らが来いたかや　浜糞たれに来いたかや（静岡県賀茂郡西伊豆町田子）

西伊豆町田子と焼津は駿河湾を挟んで向かい合う地にあり、ともに鰹節の生産地として名高い。この口誦句は、八丁櫓の鰹舟が太平洋で活躍し、時に、焼津の舟が田子に寄り、田子の舟が焼津に寄っていた時代のもので、北原熊太郎さん（明治二十七年生まれ）の子供の頃にはまだこの「悪態囃し」が生きていたという。決して品のよいものではないが、・印で韻を踏むなど、庶民の言語感覚がにじみ出ている。

②観音参りのシャッツラはかいだるそうで寒そうで――ネーギネーギ　ナンジャラホー（静岡県磐田郡水窪町大野・水元定蔵・明治二十二年生まれ）

西浦田楽と通称される西浦観音堂のオコナイは毎年陰暦一月十八日から十九日にかけて、夜を徹して行われる。「観音参り」とは、その西浦観音堂へ参り、徹夜でオコナイの芸能を見て、その朝、疲れてねむそうな顔をして大野のムラを通ってゆく人びとのことである。西浦・大野の間は山越えができ、地双・下田・峠・根・戸中・両久頭などの人びとは大野を通って観音参りをしたのだった。「ネーギ　ネーギ　ナンジャラホ」は西浦田楽の中の五月女という演目中で行われる「ハンゴイツキ」の囃し詞である。羽子板と毬を糸でつないだものを持ち、笛太鼓の軽快な楽に乗ってこの囃し詞を以て囃しながら軽快に舞う。神名帳を詠唱するのを囃す形で一種の神寄せになっており、延々と詠みあげられる神々の名の間にこの囃しが入り、くり返しくり返し囃されるので観衆もこの囃し詞を自然に覚えてしまうのである。徹夜の祭りを見終えて帰る山の人びとの背に向かって注がれたこの悪態囃しは決して悪意に満ちたものではない。何よりも、悪態のあとにつけられたハンゴイツキの囃しがなつかしいし美しい。この悪態囃しは、今はなき水元翁から焼畑の話を聞いている折、翁がふと思い出されたものだった。このたった一つの悪態囃しの中から、かつて、人びとがどの道を通って観音参りをしたのか、また、娯楽の少ない山のムラムラで、オコナイ系の芸能がどんなに楽しみにされていたかということなどもわかる。

③道者道者銭おくれ――一文なしの糠《ぬか》道者　それでお山が回れるか（静岡県天竜市沢丸・太田俊一・明治四十四年生まれ）

三河方面から火防の神の鎮まる秋葉山へ向かう道者がムラを通った。季節は農閑期だった。子供達はその道者達に向かって③のように囃したものだという。『駿国雑志』には次の囃しが収められている。(9) これは富士登山の道者に対するものと思われ、内容も穏やかである。「足も軽々御山もよかろ銭よまけ御同者」――。

悪態囃しは他郷の旅人や隣ムラのものに対して誦しただけでなく、ごく身近な仲間うちでも軽く使われた。

④いいこと聞いた見い聞いた見付の山に火がついて消《けや》しに行ったら火傷《やけど》した（静岡県引佐郡引佐町川名・山下治男・大正十三年生まれ）

⑤初めて聞いた見い聞いたミッチャのキンタマ八畳敷（同榛原郡相良町菅山）

④⑤は子供達が日常会話の中で、相手の話した内容を揶揄したり、その内容を信用しがたいという意思表示をしたりする時に囃しながら誦するものである。⑤は筆者が少年時代使ったものである。・印で同音を重ねており、口誦効果を意図したものであることがわかる。多田道太郎氏は、子供のころ、「道チャン道みちばばたれて紙がないので手で拭いた」と囃されてみじめな思いをしたという[10]。また折口信夫は「三郷巷談」の中で「人なぶり」という項を設けて悪態を紹介している[11]。中に、「信《ノブ》こ。のったらのん十郎。ののっちんぺぇら（ぽいらとも）。勝こ。かったらかん十郎。からかっちんぺぇら」などが見られる。

㈣　囃し田の口拍子

石見・安芸の山間部では、かつて、谷ごとに囃し田が行われていたと言ってよいほど、囃し田・大田植・花田植が盛んだった。大太鼓・小太鼓・手平鉦《てびらがね》・笛・簓《ささら》などの楽で囃し、田植唄を唱しながら田植をするのである。島根県邑智郡桜江町山中（現江津市）でもかつては囃し田が盛んだった。しかし、現在は、ムラの八幡神社春祭の折、臨時に編成された囃し方が神庭に練り込み、ひとしきり囃してから退場するという形で辛うじて伝承されている。この地では、「ザイ振り」と呼ばれるリーダーが、[12]纏《まとい》型の幣束を振りながら指揮をとる。平成三年（一九九一）、八幡神社の春祭の「お改め神事」を拝した際、その囃し田の囃しを見聞することができた。囃し方が神庭から退場し始めた時、太鼓に合わせて一同が囃し詞を誦しているのが聞こえた。その場では判然としなかったので、後刻、ザイ振りをした山下治郎市さん（大正二年生まれ）に聞いたところ次のように教えてくれた。

〽トントントンツクツッツ　トントントントンツクツッツ　トントントンツクツッツ

〽トロスクトンツ　トンツクツッツ　トロスクトンツ　トンツクツッツ

〽太鼓打《ぶ》ち帰《けえ》れ　まっと早《は》よ早よな

〽太鼓打《ぶ》ちょ切り上げて　早よ早よ早よな

すべての田植唄を歌い終え、「帰り節」にかかる時笛太鼓の囃しに合わせて右のように囃すのだという。これは、仕事終了の催促になっているのである。楽のリズムに誘引されて発生した「言囃し」の一例だと言えよう。

作業唄の中には、仕事終了や、食事などを田主に対して督促するものがあった。静岡県御殿場市中畑の勝又富江さん（明治四十年生まれ）は次のように語る。早く昼飯にしたい時は①②③を、いつまでも働かせる田主《うち》に対しては④を歌った――。

①〽昼持ちが来るかと見ればまだ家で　まだ家で　お釜の壇で飯あげて

②〽昼持ちが来るかと見ればまだ家で　まだ家で　錦をのべて飯を盛る

③〽ひもじさに桜の根木に立ち寄れば　立ち寄れば　心がすまで胸がすむ

④〽日が暮れる烏は森に舞いかかる　舞いかかる　女郎衆は客に舞いかかる

右は、囃しや唄で意思伝達を図った事例である。

五　民謡をめぐる時と場の習俗

㈠　時と場の禁忌

唄にもことばにも時と場の決まり・約束があった。田植唄には、朝唄・昼唄・晩唄（夕唄）があり、おのおのの唄は、その定められた時のみに歌わなければならないということは広く知られている。「時なし唄」などと、わざわざ「時」をはずして歌ってもよい唄を定める習慣があるということは、「時唄」の決まりが極めて厳しいものであったことを語っている。静岡県御殿場市中畑で、長く早乙女組の棟梁をしてきた勝又富江さん（明治四十年生まれ）は、田植の場で、唄の時をまちがえることは絶対に許されなかったという。

また、田植唄を田植以外の場で歌うことを禁じる地もあり、本来はそれが一般的であったと考えられる。特に、田植唄を結婚式で歌うことを厳しく禁じている地もある。それは、田植という作業行為が、後退、あともどりをしながら為されることから、「あともどり」を忌み嫌うことによって生じたものだった。

①〽秋が来たよと鹿まで鳴くに　なぜにもみぢが色どらぬ
②〽秋（飽）が来たそでもみぢがとよむ　鹿（確）と話もせにゃならん
③〽秋の途中に折り旗立てて　のぼりくだりのいそがしさ

①②③は季節唄であり、その中の「秋唄」である。こうした季節唄について竹内勉氏は次のように述べている。[1]「秋田県鹿角郡八幡平村の場合などは、季節をちがえて「秋唄」を春にでも歌おうものなら罰があたり、その年凶作になるとさえ言われています。ということは、どうやら単に秋の内容を歌った唄だから秋以外にうたっては似合わないという程度のものではなくて、その奥になにか信仰的なものを秘めているようです」――。

右の例から考えると、唄には言霊にもとづく呪力があり、それを正当に使う時にこそ、時や季節の力を発動させ、よって稲作や焼畑の作業の成果を得ることができるとする信仰論理が根強く生き続けてきたことがわかる。

(二) 歌唱の時と場

静岡県藤枝市蔵田は瀬戸川源流部の高地にある集落で、古い民俗を伝えている。蔵田とその下の市之瀬地区には通称「リョウゲン節」と呼ばれる、いわゆる「長持唄」「タンス長持唄」が伝えられ、昭和初年まで結婚式の中で生き生きと機能していた。静岡県内各地でもかつては盛んに長持唄が歌われ、その歌詞も伝えられてはいるが断片的なものが多い。そうした中で藤枝山間部のリョウゲン節は、めずらしく組織的、体系的である。ここでは、市之瀬の勝治三次さん（明治二十六年生まれ）、同じく市之瀬の久保万吉さん（明治三十八年生まれ）、蔵田の藤田賢一さん（明治三十五年生まれ）の伝承する歌詞を総合し、藤田さんの体験とを併せて、嫁入り道中唄ともいうべきリョウゲン節を配列してみた。

花嫁が家を出る時の唄

〽父上母上兄上様よ　長のお世話になりました（市之瀬）
〽行くぞ行きます今宵がいとま　長のお世話になりました（蔵田）
〽村の友だち今宵がいとま　私や世間で花が咲く（蔵田）

仲人の家へ入る時の唄

〽頼みますぞよハチダイ様よ　何を言うにも年若なれば　申す言葉が後や先（市之瀬）
〽こちが仲人か世話やき様か　親と頼むぞ何ごとも（蔵田）

道中の唄

〽今宵御祝儀のこの花ダンス　私も一肩助けてやる（蔵田）
〽道中雲助つぼみの花よ　今日もサケサケ明日もサケ（市之瀬）

村境・峠などで歌う唄

〽家を出る時ゃ涙で出たが　今じゃ在所の風もいや（蔵田）

婚家へ着いた時の唄

〽こちのお背戸のありゃ福榎　黄金《こがね》花さく金がなる（市之瀬）

タンスを渡す時の唄

〽渡しますぞよこの花ダンス（担いで来た者が入口で歌う）
受けてよろこぶ施主もとで（受け取る側が歌う）（市之瀬）

〽めでためでたのこの花ダンス　納めおきますこちの家へ（蔵田）

タンスを受け取る側の唄

〽めでためでたのこの花ダンス　受けてよろこぶ二恵比寿（蔵田）

〽日ごろこがれたこの花ダンス　受けてよろこぶ施主もとで（市之瀬）

〽家の御主人受けとりました　まずはめでたく納めおく（市之瀬）

家の中に入ってからの唄

〽こちのかみさんいつ来てみても　絹のタスキで金はかる（市之瀬）

〽親父大黒おかみさんは恵比寿　入る嫁御は福の神（蔵田）

〽今日は日もよし天気もよいし　結び合わせて縁となる（蔵田）

〽お前百までわしゃ九十九まで　ともに白髪が生えるまで（蔵田）

各地に断片的に伝わる長持唄も、右に紹介した通り各場面にあてはめてみれば必ずおさまるはずである。たとえば門出の唄としては次のようなものがある。

〽親父行きますおふくろ様よ　行けば繁昌で暮らします（『安倍郡誌』）

〽めでためでたのお嫁の荷物　今日はかど出のお祝いに（静岡市瀬名『村の民俗』中川雄太郎）

〽わしの行先ゃ長者のくらし　金銀小判を箕《み》ではかる（静岡市梅ケ島）

旧安倍郡清沢地区には、

〽今日の御祝儀の花長持を　頼みますぞよ六尺に

という歌詞が「門出唄」として伝えられている。周智郡春野町川上の高田角太郎さん（明治三十四年生まれ）は、相手の家へ着いてのちの問答唄を次のように伝えている。

〽おいでましたか待ちかねました　これが嫁さのお荷物か（婿方がシキイの内側で）
〽荷物受けとるからにゃ　二度ともどりのないように（嫁方がシキイの外側で）
　タンスを渡す
〽長い道中皆々様よ　長々お世話になりました　こんど行く時ゃ客でゆく（嫁がシキイの内側に入り、嫁を家人とする立場で婿方がシキイの内側から歌う）

高田角太郎さんは馬方で声がよかったのでたびたび嫁入りの荷持ちをしてこの唄にかかわった。右のやりとりがうまくできなければ荷物を渡さないこともあったという。シキイをはさんでの唄の儀礼は注目すべきものである。

榛原郡本川根町梅地長島地区に伝わるものは、嫁の移動で終始一貫しているというところに特色がある。

〽めでためでたの花嫁様を　もらい受けます仲人衆が
〽蝶よ花よと育てた子でも　今日は晴れてのお嫁入り
と歌うと実家側の人が、
〽送りましょうか送られましょか　せめて峠の茶屋までも
と歌い、それから道中が始まる。嫁ぎ先の家が見えると次のように歌った。
〽あれに見ゆるはわが家でござる　丸に九の字の紋見ゆる

婿の家に至ると仲人が、

〽めでためでたの花嫁様を　渡しますぞよ御本家様へ

と歌い、嫁を迎える家では、

〽長の道中御苦労様です　もらい受けます花嫁を

と歌ったものだという。リョウゲン節や長持唄に対して、見物人が「長持ぼめ」「タンスぼめ」を歌うこともあった。

〽たんす長持ゃきれいなものだ　中の御衣装はまだ良かろう（小川龍彦『民謡雑記』）

静岡市梅ケ島の市川ぎんさん（明治三十七年生まれ）も次のような唄を伝えている。

〽タンス長持ゃ真から金だ　上の金具も皆金だ

川根町笹間から藤枝市蔵田へ嫁いだ松本しづえさん（明治三十八年生まれ）もリョウゲン節を聞いて道中をした一人である。蔵田峠を越えて、蔵田の集落が見え始めると、

〽家を出る時ゃ涙で出たが　今じゃ在所の風もいや

と歌われたという。「今じゃ在所の風もいや」という歌詞には「お前も将来、婚家になじみ、幸せになってくれ」との願いがこめられ、新しい生活へ入りゆく決心を促すものでもあった。また、嫁ぎ先の集落が見え始めると唄が始まるということは、花嫁行列が村へ近づくことの合図の意味もあったはずである。馬子唄などもそうだが、唄は迎えるものの心の準備を促す知らせでもあった。

リョウゲン節の名人、藤田賢一さんからこんなエピソードも聞いた。先輩について花嫁道

中をした時、嫁ぎ先があまりにケチで厳しい家だというので、嫁にゆかりのある先輩が、婚家が見え始めるとこう歌ったという。

〽いやなら出てこいふられているな　どこも日も照りゃ雨も降る

嫁入りにしてはずいぶん思いきった唄であるが、これは嫁ぎ先への批判であり、同時に嫁への激励でもあった。それにしても、即興でこうした唄が出てくるところに日本の庶民の「うたの力」を感じずにはいられない。

さて、右の例の中で、本川根町長島の場合も、川根町笹間から藤枝市蔵田へ嫁いだ松本しづえさんの場合も、婚家やムラが見え始めたところで唄が歌われ、しかも、そこで歌う唄が決まっていたのである。

馬方は、一日の仕事を終え、自分のムラが見えるところへくると馬子唄・馬方節を歌ったと言われる。それは、家人に、おのれの帰着を知らせ、飯の準備を促すものでもあった。一定の地点で馬子唄を歌うということは、自分のムラの見える地点だけでなく、荷物の取引をする家が見える位置、その家に声がとどく最遠地点でも行われていたのである。先に紹介した、静岡県周智郡春野町川上の高田角太郎さんは、毎日、川上から気田の町まで荷馬車を引き、途中、杉峰の野尻屋という山の産物を扱う問屋に立ち寄ってその店の荷物を運ぶことになっていた。その杉峰の手前のムラは高杉で、高杉と杉峰の境に「キリンザー」という沢があり、その沢を過ぎた杉峰寄りの「大ボツ」という所に来ると、角太郎さんは必ず長持唄を歌った。この地には馬子唄がなかったので角太郎さんは長持唄を歌ったのである。杉峰に住む増田彦左衛門さん（明治四十四年生まれ）はよくその声を聞いたので、角太郎さんが亡くなった今でも昨日のことのようにその声を思い出すという。その唄は、荷物の取引をする野尻屋への合図となっていたのであり、大ボツは、その意味で重要な地点だったと言える。

奈良県吉野郡天川村坪内の中谷よしえさん（明治三十五年生まれ）は、若いころ、ムラの仲間達とともに奥山から樽の材料である「タルマル」を背負い出す仕事をしていた。朝早く家を出て奥山へ入り、タルマルを背負ってムラが見える「山の神峠」までもどってくるのがちょうど十二時ごろだった。娘達は、毎日必ず、その山の神峠で声をそろえて次の唄を歌っていたという。

〽山の中でも三軒屋でも　住めば都で我が里よ
〽なんと言っても坪内や都　鼓《つづみ》太鼓《たいこ》の音がする

これが、「今帰ったぞ、ひるめしの仕度をしてくれよ」という合図になったのだった。いわゆる生活圏から外へ出たり入ったりする地点、里山と奥山の境、ムラ境などで右のように様々な民謡が歌われ、それがおのおのに機能していたのである。

六　唄の中のアイドル

労作唄・作業唄の歌詞はじつに様々な分野・主題に及ぶ。その一つに、特定の女性の固有名詞とそれにまつわる叙事の断片がある。それは、口承文芸で言えば「世間話」に相当するもので、いわば「噂唄」とも言うべきものである。一部には噂の人物をアイドル化し、次第に人物像をふくらませたり、行動伝承を叙事的にしたりするものがあって注目される。

①〽新開の御飯炊きゃおつまさんでござる　晩な宮川さんのおそばつき

②〽新地土手からお座屋を見れば　なぐれお春やんが潟担《がたいな》う

有明海干拓作業の場で広く歌われていたガタイネ節・新地節の中に「おつまさん」「お春やん」という女性が登場する。お春やんは、なぐれ者、即ち「流れ者」であり、世間を放浪してきた女性であった。おつまさんは干拓飯場のカシキ女で、宮川さんという監督と特別な関係があったことが示唆されている。

労作唄に歌われた主人公としては、浅野建二氏も『日本民謡集』（岩波文庫）の注釈の中で、山梨県の粘土節の「お高やん」をあげている。粘土節は、山梨県釜無川の築堤工事に歌われた唄で、お高という女土工は美声で粘土搗き唄、即ち粘土節を歌って作業能率をあげ、土方衆の憧れの的になったという。粘土節が伝播するにつれて、お高やんは様々な伝承を増幅させることになる。以下その伝播経路と、歌詞の増幅についてふれてみよう。

③〽粘土お高やんが来ないなんていえば
　広い河原も真の闇
④〽粘土搗くにも紅おしろいで
　堅い石屋さんを迷わせる
⑤〽粘土お高やんの唄声聞けば
　重いビール（粘土運搬具）も軽くなる
⑥〽粘土搗くにも繻子の帯しめて
　嫁に行く時ゃ何をしめる
⑦〽かけてやりたい小井川土手に
　粘土お高やんの日陰《ひよけ》松（以上山梨県粘土節『日本民謡集』岩波文庫）

筆者は以前山梨県南巨摩郡身延町大垈の佐藤秀章さん（明治三十三年生まれ）から次のような「お高やん」を聞いたことがあった。

⑧〽粘土お高やんは繻子の帯しめた
　親が死んだら何よしめる
⑨〽粘土お高やんのお父ちゃんをごらん
　破れ障子でシラミとる

身延町は富士川ぞいであり、「お高やん」は釜無川を富士川まで下ったことになる。中村羊一郎氏は『静岡県の民謡』（静岡新聞社）の中で、静岡市足久保伝承の粘土搗唄として次のものを紹介している。

⑩〽粘土お高やんは繻子の帯しめて
　親の送りにゃ何よしめる

さらに、『静岡県文化財調査報告書第三十四集・静岡県の民謡』（静岡県教育委員会）には静岡市有東木の粘土搗唄として次の歌詞が収録されている。

⑪〽粘土お高やんは餅しょって逃げた
　どこのいずこで煮て食べる

足久保も有東木も安倍川流域の地である。「お高やん」は富士川流域から安倍川流域に伝播したのであった。⑧と⑩はほとんど同じであり、伝播の直接性をよく示している。ところが驚いたことに、大井川上流部の、静岡県榛原郡本川根町梅地に伝わる地搗唄の一つ「サンヨー早搗唄」の中にもお高やんが登場するのである。後藤定一さん（明治三十三年生まれ）は次の歌詞を伝える。

⑫〽ゆうべお高やんが鍋ょしょって逃げた
　どこのいずくでママ炊くか

⑪⑫が同一発想であり、「お高やん」が安倍川流域から山を越えて大井川流域に伝えられたことを物語っている。こうして「お高やん」は、釜無川⇩富士川⇩安倍川⇩大井川と、粘土搗き技術や人の移動とともに伝播していったのであった。そして、お高やんの故郷、釜無川を離れるにつれて、お高やんが、カラカイの対象として歌われる比率が高くなっているこ

ともわかる。⑪⑫には、お高やんの流れ者としての性格が歌いこまれており、この点は、ガタイネ節の「なぐれお春やん」と通じるところがある。

天竜川流域の築堤工事に際して歌われた杭打唄に「お米《よね》」という女性が歌いこまれており、「お米節」とも呼ばれる。

⑬〽お米お米と恋いこがれても
お米ゃ明日の晩は嫁入りょする（『静岡県文化財調査報告書第三十四集・静岡県の民謡』静岡県教育委員会）

⑭〽お米お米でたずねて来たら
お米おるすでからもどり

⑮〽お米お米と恋いこがれても
お米ゃ人妻ままならぬ

⑯〽お米お米と恋いこがれても
しょせんあわびの片思い（『天竜川流域の暮らしと文化』磐田市史編纂委員会）

⑬～⑯はいずれも静岡県磐田郡豊岡村（現磐田市）に伝えられたものであるが、類似の歌詞は浜北市（現浜松市）にも伝えられている。これらの歌は、いずれも天竜川の築堤工事に際して歌われたものであり、地搗唄にも転用された。お米は、前述の「お高やん」や「なぐれお春やん」に通じる存在である。

静岡県駿東郡長泉町下土狩の「代かき囃し口」については本書二一三頁でもふれている

が、ここにも女性が登場する。

⑰〽おさんと寝るかよ　ボタモチ食うかよ　ホラ　ボタモチゃ昼食って　おさんとは夜寝る　それこいそれこい　おさん床とれ　もよぎの蚊帳つれ　ホラ　裸で這い込め　それこいそれこい

また、茨城県真壁郡大村の「麦打唄」に次のものがある。

⑱〽諷《うた》へ諷《うた》へとせめたてられて　唄は出ませぬ汗が出る　〈棒先揃へて　確《しっ》かと打込め〉〽向ふ小山の百合の花　又も咲いたよゆらゆらと　〈オサンも女か　田螺も魚か〉

遠く離れた二地点で「おさん」という名が作業唄の中に登場し、揶揄の口調を以て語られていることに驚かされる。〈オサンも女か　田螺も魚か〉は、本書でとりあげた「囃し口」に相当する。

七　口説節の魅力——兄妹心中絵模様

(一)　兄妹心中と現代文学

現代文学の中に「妹睦《いもうとむつび》」や「兄妹心中」を主題・モチーフにした作品がある。

1　『骨餓身峠死人葛』——野坂昭如

舞台は玄界の潮風をまともに受ける岬の背骨、「骨餓身峠《ほねがみ》」にほど近い葛炭坑。兄の節夫と妹のたかをの相姦が描かれる。墓に埋められた死人の肉を喰らって咲くという伝承を持つ白い花——「死人葛《ほとけかずら》」が作品のイメージを決定づけている。気弱な兄、節夫は妹の依頼で死人葛を庭に移植する。「ひっそりしとるところが、たかをに似とるごとある」と語るが、葛は、死人のない庭で、じきに枯れてしまう。そこでたかをは、坑夫の家で間引きする赤子を礼金を出してもらい受け、月光を浴びながら、肌もあらわにして嬰児を埋め、その上に死人葛を植えるのだった。その様子を垣間見ていた節夫は、その夜、死人葛の花のもとで妹たかをと結ばれたのである。——「うちゃ、もっと死人葛がほしいんよ、あげんうつくしか花はないとよ」節夫の体を受けとめつつ、うわごとめいてたかをがいい、節夫は「よかよか、いくらでん持ってきてやるけんな」節夫は、ふと自分の体に、死人葛のつるがからみつき、わが血肉を養いとして、みるみる花をたわわに咲かせる幻想が浮かび、それはたとえようもない悦楽に思えた……プツプツとちいさく音をたてたつるの吸盤の、わが肌のいたるところにとりついて、血を吸いとる……——といった幻想を描く。この幻想の通り、やがて節夫は結核で死に、節夫の死体を埋めたところに植えられた死人葛は小さく白い花を咲かせた——。たかをの母は「ノゾキカラクリ」の娘であった。作中には、その母が娘時代に覚えたもの、という形で、兄妹心中の「口説節《くどきぶし》」が挿入されている。

〽所は福山三つ寺町の　辺りきこえた色娘　年は十八番茶も出花　いい寄る男は数あれど　男ぎらいか穴なしか　いやよいやよと首をふり　いやよいやよと首をふり　いやよいやよと首をふり　首をふりふり子をはらむ　三月四月は袖でもかくす　かくしおおせぬ岩田帯

これよりはじまる福山の　音に名高き兄妹の　互いに慕い慕いつつ　末はあの世でそいぶしと　心中さわぎの一節は　おちて重なる牛の糞　おちて重なる牛の糞　……

妖しい死人葛の花との重ね絵で凄絶な美しさをもって展開されるこの兄妹相姦は、破滅・崩壊することによって生ずる美を描く「破禁忌の美学」をみごとに成就したものだと言えよう。また、作者野坂昭如がこの作品を成したモチーフの一つに兄妹心中の口説節があったこともたしかだろう。

いま一つ注目すべきは、岬の先端の山の中、隔絶され、閉塞された地という場面設定である。葛炭坑はその後の展開でも、人界と交渉を絶った異郷として描かれるのであるが、この隔絶性、閉塞性こそが「妹睦」の舞台としての一つの型なのである。

2　『七人みさき』――秋元松代

秋元松代の『七人みさき』は一九七〇年にＮＨＫのテレビドラマの台本として執筆された。舞台は南国（四国）の山中、主人公光永建二は、安徳天皇を奉じて山中に逃れ来た貴族の末裔で、山の大地主、村の権力者である。建二は、正妻から三人の妾へと女性関係を広げるが、心の中はいつも満たされない。

日浦村の光永家の養女として一歳のころもらわれてきて、建二の妹として育った藤は、子供のない、影村の旧家壺野桐の家に養女として迎えられた。そして、藤は、「安徳さま」と呼ばれる神社の巫女、女神主として神に仕えるようになる。建二と藤は、相思の間柄でありながら、兄妹婚の禁忌を破ることができずに、その心情を抑えて生活しているのであった。祭りの前夜、藤は、自分のことを、「言うたら私は安徳さまの怨霊妻《みさきづま》です」と規定し、「よう知っちょります。けんど、わたしをこのお社に封じこめたのは、どなたかのうし。兄さまですがのう」と述べて兄の建二に、女として愛を求める。

建二が、この山中に秘境を作ろうとして測量技師香納大助を呼び、村民の土地を買収していたことなどがからむが、建二と藤は安徳さんの社で結ばれる。翌朝、建二が村人たちに自分と藤の結婚を告げようとする寸前、建二はかつての妾、女面をかぶったあおいに脇腹を刺されて死ぬ。息をひきとる寸前に、建二と藤の前で、「ろく」という、昔を知る女が、建二と藤が、壺野桐の産んだ同母兄妹だったことを明かす。手のこんだ兄妹相姦のドラマである。

演劇評論家の小苅米《こがりまい》晛《けん》氏は、「記紀歌謡の中の軽太子と大郎女という兄妹の悲恋物語や源氏物語の貴族達の近親相姦的モチーフが、この劇作家の情念と想像をいたく刺戟したらしいことは指摘しておいていいだろうと思う」(『秋元松代全作品集』の月報)と述べている。確かにその通りであるが、この他にも、この作品には、いくつか注目すべき点がある。

例えば、「安徳さまの怨霊妻」という発想、これは、「神の嫁、神に奉仕する者は人と結婚できない」というわが国の古代信仰原理にもとづくものである。『万葉集』の真間《まま》手児奈《てこな》が多くの男たちから求婚されながら死を選ばなければならなかったこと、伊勢の斎宮など例は多い。また、姉や妹が神と兄弟たちの間に立ち、兄弟を守るという沖縄のオナリ神信仰の形もかかわってくる。「藤」を斎女に仕立てることによって他の男性と結婚させないという発想の根底には、「神の嫁」という信仰原理が生きていたのであった。そしてまた、この兄妹相姦のドラマの舞台が、山中の秘境、隔絶、閉塞された地であること、結ばれ、直ちに男が死ぬという破滅、破禁忌の美学など、先に引いた野坂の作品と一致している。

3　『肥前松浦兄妹心中』――岡部耕大

これは、岡部耕大が、綜合演劇雑誌『テアトロ』(一九七八・No.四二四)に発表した戯曲である。登場人物と筋が錯綜した難解な作品であるが、この作品の特徴の一つは、劇中で、「肥前松浦兄妹心中」という口説節が歌われ、それが、折々、起伏して流れたり、その曲がハーモニカでかなでられたりするところにある。この点から見ても、口説が、この戯曲の重要なモチーフとなったことはまちがいない。さらには、廃坑が舞台の一部となるところも、野坂の『骨餓身峠死人葛』と共通していて興味深い。貧と閉塞性が共通しているのである。口説は次の通りである。

肥前松浦兄妹心中

〽肥前松浦兄妹心中　兄は十八妹は十五　兄は十八名前を与吉　妹十五で名前をお弓　そもそも二人の馴れ初めなれど　夏は夕暮れ夜待草が　開く庭先お弓の湯浴み　花に競うかお弓の肌は　月の出端に仄白く　蛍光りも影になる　何の因果か兄者の与吉　夕顔棚に涼みのそぞろ　見てはならぬ魔道の中ぞ　菩薩弁天台《うてな》の甘美

〽肥前松浦兄妹心中　兄は十八妹は十五　恋の病い良薬もなし　日夜青息兄者の与吉　知らず妹は兄様大事　医者に薬と願かけ百度　想いあぐねた兄者の与吉　母のお糸に想いを開けりゃ　あわて驚く母親お糸　父の善兵衛打ち明け話　困るふた親思案の末は　これじゃ世間で犬畜生といわれ　恥かしのれんに傷がつく　いわれ与吉は商い修業

〽肥前松浦兄妹心中　兄は十八妹は十五　知らぬ妹がある朝目覚め　兄様いずこと問いかけたれば　兄は身内へ商い修業　年の二年もお出かけなさる　なぜに突然お出かけなさる　兄者いうには妹見れば　吉の門出に別れの涙　巡る月日は二年十日　秋の夜風に虫の音悲し　悲しやなぜ泣くなおさら悲し　兄様御身はいかがと妹

〽肥前松浦兄妹心中　兄は十八妹は十五　今の頃にか門付け虚無僧　胸の明暗尺八音色　年

の頃なら十七、八か　顔の中まで見られはせぬが　乙女心がなぜにか騒ぐ　今日も今日とて御店の前に　紅も知らない乙女の顔に　色の香桜は八分咲き　さし出す供物に手がふるえ　いとし恋しや虚無僧様は

略

雪が降る降る玄界灘に　いとし悲しと雪が降る　積もる白雪不浄をつつみ　落つる涙を凍らせる　兄は泣く泣く妹抱いて　七つの鐘を六つに聞いて　後のひとつは冥土の土産　雪に筋引く赤縮緬は　お弓悲しの悲恋花

〽肥前松浦兄妹心中　兄は十八妹は十五　辿り着いたは奈落の崖か　下に渦巻く冬波泡は暗い波間に夜目にも白く　雪は降る降る星鹿の岬　妹お弓の軀骸《むくろ》を前に　兄の与吉がダンビラ抜けば　キラリ光った雪白青さ　映る想いは走馬燈明り　雪に散る散る二弁の椿　春を待たずの寒椿　与吉その身をお弓にふせば　白い真綿の掛け蒲団

〽肥前松浦兄妹心中　兄は十八妹は十五

この口説は、いわゆる「兄妹心中」の口説節をもとに、作者が再成したものと思われる。口説の再成と言えば、映画『地獄』の挿入歌として、山崎ハコが、「江州《ごうしゅう》音頭」から再成、作詞作曲したものがある。

4　映画『地獄』挿入歌――「江州音頭」

〽国は京都の西陣町で　兄は二十一その名はモンテン　妹十九でその名はオキヨ　兄のモン

テン妹に惚れて これさ兄様御病気はいかが 医者を呼ぼうか介抱しよか そこでモンテン申すには 医者もいらなきゃ介抱もいらぬ わしの病気は一夜でなおる 二つ枕に三つぶとん 一夜寝たなら病気がなおる 一夜たのむぞ妹のオキヨ 言われてオキヨは仰天いたし 何をいやんす これ兄様へ わしとあなたは兄妹の仲 人に知られりゃ畜生と言われる 実はわたしにゃ男がござる 齢は十九で虚無僧なさる 虚無僧殺してくれたなら一夜二夜でも三三夜でも 末は女房となりまする 兄のモンテン虚無僧を殺す 深い編笠のその下に あわれなるかや妹のオキヨ 兄のモンテン妹を殺す 思いこんだる妹のオキヨ妹のオキヨにだまされた ここで死ねば兄妹心中 兄は京都の西陣町で あわれなるかよきょうだい心中

以上の諸例を見る時、現代文学や演劇関係の人々が「兄妹相姦」や「兄妹悲恋」、要するに「妹睦」に強い関心を寄せていることがわかる。このテーマは極めて衝撃性を持っており、タブーを破って破滅に近づいてゆく展開に一つの美学を認めることができるのであった。

なお、「兄妹心中」ではないが、山本周五郎の「あんちゃん」は、兄竹二郎が妹のおさよに懸想し苦悩する様を描き続け、最後に、二人は実の兄妹ではなかったというドンデン返しに持って行く作品である。『骨餓身峠死人葛』『肥前松浦兄妹心中』『地獄』などにおいては、いずれも、兄妹心中の口説が作品の中で重要な働きをしている。この口説は、これらの作品が世に出る寸前まで、庶民の間でひそかに、根強く歌われていたものだった。

(二)　口説節兄妹心中

1　出雲節「兄妹心中」――石川県白峰村

石川県石川郡白峰村は、白山麓の村で、冬にはすっぽりと雪に包まれてしまう。昭和五十四年（一九七九）の秋、私は二夜にわたってこの村に住む小田きくさん（明治二十四年生まれ）の唄を聞いた。きくさんは、当時、九十歳を過ぎておられたのに、唄自慢で、みごとな声で多くの民謡を歌ってくれた。ふけゆく秋の夜に聞いた数々の唄の中で強く心に残ったのは、きくさんが「出雲節」と呼んでいた口説である。

「口説」は「口説節」とも呼ばれる歌物語である。きくさんは、「いいか。長いで」と前置きをして歌い始めた。目を閉じ、やさしげな口もとから朗々とくり出す「出雲節」は深い哀調をおびており、心にしみた。

①出雲節兄妹心中

〽広い西京《さいきょう》の片寺町に　坂田本町で驚き心中　兄が二十一その名はモンテ（聞天）　妹十六その名がおきよ　兄のモンテが妹にほれて　それが積もりて御病気となった　恋の闇とは親たちゃ知らぬ　医者を呼ぼうか介抱もしよか　医者もいらない介抱もいらぬ　妹おきよが見舞にあがれ　そこでおきよが見舞にあがる　これさ兄さん御病気はいかが　医者を呼ぼうか介抱もしよか　医者もいらない介抱もいらぬ　一夜たのむぞこれおきよさん　これ

さ兄さん何言わしゃんす　人が聞いたら畜生と言おうか　親が聞いたら殺そうと言おうか
わしも似合いの夫がござる　年は十九のコモンゾ（虚無僧）でござる　その人殺いてくだんすならば　一夜二夜でも三八夜《さんぱち》でも　妻となりますトコ兄さんよ　言うておきよは一間に入る　髪も結うたりお化粧もしたり　下に着たのが縮緬はだこ　上に羽二重もみ裏づけの　当世はやりの丸うけ帯を　三重《みえ》にまわいてやの字に結び　印籠きんちゃく横ちょにさげて　長い尺八お腰に差いて　深い編笠横ちょにかぶり　瀬田の唐橋笛吹き渡る　キャッと一声女の声が　編笠手に取り顔うち眺め　見れば可愛いや妹のおきよ　ここで死んだら兄妹心中　広い西京にトコあんさん名を残す
きくさんはこの唄を、村にあった糸引工場で覚え、糸をひきながら歌ったのだという。

2　会津若松兄妹心中――富山県利賀村

糸引工場で口説が歌われていたことを知り、各地の糸引経験者に口説のことを聞いてみた。若い日にこうした口説を歌ったり聞いたりした人は多いのだが、全体を正確に記憶している人は極めて少ないものだ。富山県東礪波郡利賀村阿別当の野原ことさん（大正四年生まれ）は十二歳の時から工女になり、石川、滋賀、兵庫の製糸工場で働いた。彼女も工場で口説節を歌った経験を持っており、「会津若松兄妹心中」という唄を覚えていて歌ってくれた。それは次の通りである。

②会津若松兄妹心中

〽会津若松兄妹心中　兄は照雄で妹は文江　兄は二階で英語の稽古　妹茶の間でお琴の稽古
兄は病気で枕が下がる　ある日妹は二階にあがり　兄の襖をさらりとあけて　恋し兄上病
気はいかが　医者を呼ぼうか介抱しよか　医者もいらねば介抱もいらぬ　わしの病気はわ
けある病い　わけがあるなら聞かせておくれ　好いたお前と添うたらなおる　聞いて妹は
びっくりなさる　恋し兄上何言わしゃんす　広い世間をながめてみても　兄妹夫婦があり
ますものか　親に知れたら勘当なさる　世間に知れたら畜生と言わる　年に似合の夫がご
ざる　虚無僧一人《ひとま》を殺したならば　一夜二夜でも三八夜《さんぱち》でも　そうてあげます兄上様よ
言うて文江は一間に帰り　髪を結うやらお化粧したり　下に着るのは白羽二重で　上に着
るのは黒紋付よ　当世ばやりの博多の帯を　三巻まわして侍《さむらい》結び　ドンとたたいて後に
まわり　瀬田の唐橋笛吹いて通る　向う見ゆるは文江の夫　ドンと一発七連発よ　ギャー
と言うのは女の声で　どこのどなたかお許しなされ　見れば可愛いや妹の文江　ここで死
のうと覚悟をしたか　ここでそえねばあの世でそおと　ドンと一発わが身にむけて　蓮や
蓮華のその上でそう　会津若松兄妹心中

3　盆唄「兄妹心中」——愛媛県三崎町

昭和五十六年（一九八一）八月、愛媛県西宇和郡三崎町（現伊方町）の佐田岬を訪れた折、岬のムラ正野で、盆踊唄として歌われる兄妹心中を聞くことができた。聞かせてくれたのは笹山しずえさん（大正四年生まれ）と阿部ぬいさん（大正九年生まれ）だった。彼女達は、この唄のことを、「盆唄の口説、兄妹心中」と呼んだ。そして、「ソラヨーホイ　ヨーホイ　ヨイヤセ」という囃し詞を入れた。

③盆唄兄妹心中

〽兄は二十一その名は文平《もんぺい》　妹十八その名はお清　妹お清は女で美人　立てば芍薬座れば牡丹　歩む姿が百合《ゆり》・罌粟《けし》の花　兄の文平は畜生の生まれ　妹お清に心を掛けて　ふらりふらりの病にかかる　そこでお清が二階にあがり　これさ兄さん御病気いかが　医者を迎よか薬を盛ろか　医者も薬もわしゃいりませぬ　わしの病はお前と一夜　一夜添ったらすぐ直る　そんな兄さん何ごと言わる　親が聞いたら殺すと言わる　他人《ひと》が聞いたら畜生と言わる　それも兄さんいとわぬけれど　わしにゃ大事な男がござる　わしの男は笛吹く虚無僧　虚無僧一人を殺したなれば　一夜なりとも末代までも　添うてあげます兄上様よ　わしの口説はまだまだ長い　あまり長いのは踊りの邪魔よ　あとは○○さんよろしく頼む

続きは、出雲節兄妹心中と同様で悲しい結末となる。

4　二つの兄妹心中——奈良県天川村

平成四年（一九九二）六月、「麦焼節」調査のために奈良県吉野郡天川村栃尾へ入った。その折、半ばあきらめかけていた「兄妹心中」について聞いてみたところ、梶本いそのさん（大正九年生まれ）・上平夏子さん（昭和八年生まれ）から別々の「兄妹心中」を聞くことができた。

④大阪兄妹心中

〽広い大阪兄妹心中　兄は二十一その名は聞天　妹は十六その名はお清　兄の聞天妹に迷い　兄は二階で英語の稽古　妹座敷でお琴の稽古……

残念ながら梶本さんはここまでしか記憶していなかったが、「広い大阪兄妹心中」というフレーズにより、大阪兄妹心中が、大阪およびその周辺で歌われていたことがわかった。上平夏子さんは、次の和歌山兄妹心中を母親から教えられたという。

⑤和歌山兄妹心中

〽ここは加勢田か和歌山町か　和歌山町なら兄妹心中　兄の明夫が妹にほれて　恋し恋しが病となって　妹の恵美子が見舞にあがる　これさ兄さん病はいかが

〽お医者呼ぼうかお薬あぎょか　医者もいらなきゃ薬もいらぬ　兄の病はわけある病　人に知れたら畜生と言われ　親に知れたら勘当される　一夜添いたや妹の恵美子

〽妹の恵美子は加勢田にもどり　髪を梳《す》いたりお化粧をしたり　下にしめしは白縮緬で　上にしめしは黒羽二重で　加勢田丸帯きりりとしめて　愛の京橋笛吹き渡る

〽それを明夫はちらりととめて　黒い黒髪撫で剃りおろし　長い（コムセン？）突き刺し殺す　世にもあわれな兄妹心中　これがまことの兄妹心中

5　伊予の兄妹心中

『日本歌謡集成』（志田延義）の「和歌山県」の部には次の口説があった。

⑥八兵衛　お千代

〽伊予の国には長者がござる　長者半九郎其の子の八兵衛　二人親さん上寺参り　後に残りし八兵衛にお千代　兄は奥の間で学問致し　義妹《いもと》納戸で真綿の稽古　中の襖をさらりとあけて　お千代お千代とひそかに呼べば　申し兄さん御用事があるか　お茶か煙草か煙草のお火か　お茶も煙草も所望でないよ　少しお前に心がありて　恋をかけたは去年の九月色に見せたは今日吉日よ　それは兄さん有難けれど　私も素よりいたずらもので　寺の前なる竹松どのと　三年この方馴染でござる　それを兄さん殺してくれりゃ　一夜落ちますのう兄さんよ　二夜落ちますのう兄さんよ　そこで八兵衛を欺《だま》しておいて　門にかけたる京縞袷　帯は当世大幅小倉　足袋は雲斎八つ緒の雪駄　長い脇差落しに差して　深い編笠すとりと被り　背戸の細道ちゃらちゃら行けば　そこへ来たのは竹松どのか　とんと打斬り笠とり見れば　さては残念妹のお千代　神の罰か仏の罰か　親の代から庄屋を致し　小前勝手に致した故に　それも天罰もうここに来て　私もここらで身が果てまする

6　口説節兄妹心中の実相

さて、右に、口説節として伝承された兄妹心中の詞章を①～⑥の六種紹介した。以下、これらの資料および、㈠の資料から考えられることをメモする。

(1)　詞章を比較してみると、①と⑥が、歌い出しと納めが整っていること、諸々の描写が古風でかつ詳細であることなどから比較的古い形だと考えられる。

(2)　①②において、虚無僧になりすました妹を、それと知らずに手に掛ける悲劇の舞台設定を江州瀬田の唐橋としている。これは舞台設定として極めてすぐれたものである。東西の橋のたもとから、兄と妹が次第に歩を進め、やがて橋の中央ですれちがわんとする。その瞬間「キャッと一声女の声が」——劇的でありイメージ構成が鮮明である。その絶対性からして、口説節兄妹心中の発生は、江州・江州音頭とかかわるものだったと考えられる。⑤では「愛の京橋」と変形するが、「瀬田の唐橋」を祖型とする「橋」は兄妹心中の重要な舞台装置だったのである。橋中の邂逅によって演劇性が高められるというモチーフは、『平家物語』の宇治橋の合戦、京の五条の橋の上の弁慶と牛若丸など数多い。

(3)　江州瀬田の唐橋を空間的な基点とし、この口説節は、物語の舞台、歌唱舞台を波紋状に広げている。物語の舞台は、会津若松・大阪・和歌山・伊予・肥前松浦・福山などであり、歌唱舞台は、富山・石川・奈良・愛媛など広範囲に及んでいる。このことは、人びとが、この主題・この口説節にいかに強い関心を寄せたかを語るものである。

(4)　兄妹の名は、兄＝聞天《もんてん》、妹＝おきよ、を原型の一つと見てよさそうであるが、②では兄＝照雄、妹＝文江となっており、⑤では兄＝明夫、妹＝恵美子となっている。また、兄妹の日常生活の象徴として、⑥では兄＝学問、妹＝真綿の稽古があげられているが、②④では兄＝二階で英語の稽古、妹＝お琴の稽古となっている。また、妹を殺すに①⑤⑥では刀が用いられているが②ではピストルになっている。これらのことは、各地、各時代の人びとが本来の叙事構造を守りながらも、微妙に、時代の風俗を反映させ、自分達の好みに合わせて口説節を改変伝承してきたという事情を物語っている。

(5) 兄妹心中歌唱の場は、①②が糸引工場（製糸工場）、③が盆踊りで、⑤は流行歌的に随時歌われたという。⑤について、上平さんは〵印をつけたところで区切り、一番から四番までとして歌う。これは演歌の影響によるものであろう。兄妹心中伝播の一拠点は盆踊りの口説節であったと考えられるが、いま一つは、「飴売り」などの巡回者によっていたことも考えられる。その一部が①②のように近代的な工場の場に入って行ったのであろう。

(三) 口説節兄妹心中の土壌

1 兄妹始祖伝説の環境

記紀の国産み神話は兄妹婚と深いかかわりを持っている。それは、東南アジアから中国南部にかけて分布する「兄妹始祖型洪水神話」と同系だとも言われる。

安田尚道氏は、記紀神話のミトノマグハヒを連想させる次のような民俗事例を報告している。(1)

「群馬県吾妻郡六合村赤岩ではその【道祖神祭】の晩炉を中心に夫婦が裸体となり、四つ這いになってぐるぐる歩き廻ります。その時夫は男根を振り乍ら

粟穂も稗穂もこの通り

と唄います。妻はこれに唱和して、女陰を叩きながら

大きなカマス七カマス
と言いながら夫の後に従い、唄は絶え間なく繰かえされます」（「イザナキ・イザナミの神話とアワの農耕儀礼」）

こうした例が数多く報告されているのであるが、これは、稲作以前から続いた焼畑作物たる雑穀の農耕予祝の呪術儀礼であり、たしかに、イザナギ・イザナミの神話との共通点が見られる。イザナギ・イザナミの柱めぐり型の神話が畑作文化圏と深くかかわっていることはこれによってわかるのであるが、それがなぜ、兄妹結婚型の始祖伝説の形をとっているのかは解明されていない。この問題は容易には解けないのであるが、一つの視点を示すことはできそうである。焼畑農業は、本質的に移動性を含んでいる。一定の面積を四年前後輪作し、地力が衰えるとそこを放棄して新しい山を伐り開いて焼く。一旦放棄した山は三十年経つとまた焼けるようになるのである。こうして、新しい山を求める動きは、集落的グループの人口が過剰になると、さらに大きな移動をして新しい山や谷を求めることになる。こうして山谷を隔て、閉塞性の強い谷へ入った場合、そこに始祖伝説が誕生する土壌が出来るのである。石川県石川郡白峰村は焼畑の出作りが盛んな地であったが、過剰な人口は次々と山谷を越え、江戸時代にはすでに、山越えで越前打波川上流の小池というところに出作りが独立した集落を形成していた。それも、出作り小屋は山中に点在するもので、平地の集落と同一概念で律することはできない。きわめて閉塞性の強い非社会的な社会であった。この閉塞性、隔離性が、現実に兄妹婚を生ぜしめたことも考えられないことではない。

ところで、こうした、焼畑系、閉塞山谷系の兄妹結婚型始祖伝説と対応するものに、海洋島嶼《とうしょ》系の、兄妹結婚型の始祖伝説がある。

『南島説話』（佐喜真興英）に、「最初の人、兄妹がこの国に降る。二匹の雌雄のバッタが飛来し、背中合せするのをまねた。これが交道のはじまり」とあり、別に海鳥が首尾を振るのをまねたとする記述もある。こうした、島嶼における兄妹結婚型始祖伝説の成立背景をさぐるとき、忘れてならないのは、『今昔物語』巻第二十六の「土佐ノ国ノ妹兄シラヌ島ニユキヌルコト」である。兄妹が無人島に漂着して船に載せてあった苗を植えて生活の基盤を作ることになる。「漸く年ごろになりぬれば、さりとてあるべきことにあらねば、妹兄、夫婦に成りぬ。さて年ごろ経たる程に、男子・女子あまた産み続けて其れを亦夫妻となしつ……」

この今昔の伝説は明らかに海洋民、島嶼民の発想である。孤島の始祖は必ずこうしたところに至りつくはずである。

右に見た、閉塞山谷系の兄妹結婚型始祖伝説、海洋島嶼系の兄妹結婚型始祖伝説は、ともに、閉塞・隔離した舞台において成立しているのである。先に見た現代文学における「妹睦」の舞台が閉塞・隔離の状況であることは、この伝統をひくものとして注目すべきであろう。

2　伝説と事実のあいだ

『宇津保物語』「蔵開《くらびらき》」の下巻に次のような記述がある。「北の対におはするは妹なり。右大臣、大殿のあなたの一《ひとつ》御腹の弟同胞《はらから》なれど、他腹《ことはら》にて疎かりけるを、妹睦《いもうとむつび》して忍びて迎へ取りて通ひ給ひしなり」――兼雅がその妹と契ってひそかに北の対に迎えたというのである。「妹睦」とは兄と妹が通ずることであり、一夫多妻制の古代社会においては、異母兄妹の通婚は行われていたのだった。しかし、木梨軽太子《きなしのかるのひつぎのみこ》と同母妹軽大郎皇女《いろもかるのおおいらつめのひめみこ》の悲恋は、古代においても「はらから」＝腹子等、即ち同母兄妹の通婚が罪悪であったことを物語っている。

兄妹婚の異常性は、「ヒルコ」という障碍児の誕生伝承によって、太古の社会においても認識されており、後世、それは禁忌として伝承され、これを破った場合、悲劇的な結末を迎えることになった。しかるに、始祖神話、始祖伝説においてのみそれが許されたのは右に見てきた通りである。兄妹婚が許されたのは神のみであったと見るべきなのかもしれない。柳田國男[2]は『妹の力』の中で、次のように述べている。「此の如き兄妹の宗教上の提携の、如何に自然のものであつたかは、遠近多種の民族の類例を比べて見てもわかる。近くはアイヌの昔物語に於ても、最近金田一氏の訳出せられた伝説に依れば、処々の島山に占拠した神は、必ず兄と妹との一組にきまつて居た。沖縄は固より我民族の遠い分れで、古い様式を保存し得る事情はあつたが、是亦御嶽の神々は男女の二柱であつて、其名の対偶より判じて見ても、我神代巻の最初の双神と共に、本来同胞の御神であつたことが想像せられる」

始祖伝説以外でも、「道祖神」の起源を兄妹結婚で説くものもある[3]。静岡県磐田郡水窪町向市場の道祖神は次郎兵衛様と俗称されており、次のような伝説がある。男女、双体交歓の石像の由来譚、縁起譚でもある。

――この二人は兄妹で、二人とも絶世の美男美女であったが、あまり美しすぎて、年頃になっても配偶者が見つからなかった。二人は相談して広い世間に出てそれぞれにふさわしい相手をさがそうと、兄妹別々に旅に出た。二人は国々をめぐって配偶者を求めたが、どうしても適当な相手が見つからなかった。兄はどんな女を見ても妹には及ばないと思い、妹もまた、どの男も兄には劣ると思い、ついに二人ともあきらめて故郷へ帰ることにした。兄と妹がそれぞれ東西から村へ入ってくると、兄はむこうから妹に劣らぬ美しい女が歩いてくるのを見つけ、妹も向こうから兄にも勝る若者がやってくるのを見、二人は、これこそ多年自分が求めていた相手だと思い、思わずどっちからともなく走り寄ってみて、あっと驚いた。めぐり合ったのは、やはり兄妹だったのだ。二人は呆然として、これでは仕方がない、これが自分達の宿命だろうとして兄妹夫婦になったという。この兄妹を祭ったのがこの道祖神だという――（『ふどき水窪』内藤亀文）。天竜市船明にも双体道祖神があり、類似の伝説が伝えられている。兄妹結婚を完遂させているのはここでも神であった。

水窪町西浦の小塩光義さん（明治三十六年生まれ）から実際の兄妹夫婦の話を聞いたことがあった。その兄妹夫婦は太平洋戦争中長野県から青崩峠を越えてやって来た。妹には障碍があり兄は健常、女の子がいた。山の小屋へ入って寝ていたので、小塩家が一ヵ月山仕事で使って、旅費を持たせ、遠くへ行くように指示して送り出したという。着るものも、ろくなものがなかったので光義さんの妻みつさんはハンコ（チャンコ）ともいう半纏を作って着せてやった。男が、山鳥を一羽とってきてくれたこともあった——遠い世の遠い国の話のような気がするのが不思議である。

閉塞された山中、隔離された島嶼の、しかも、恵まれない状況や、極貧の家では、時として、小塩さんがめぐりあったような兄妹夫婦が生ぜざるを得ない場合があったのかもしれない。考えてみれば、冒頭に引いた古代貴族、王族の妹睦とても、視点を変えれば、貴族、王族という閉塞社会を土壌として生じたものだと見ることもできよう。

3　口説節兄妹心中への感応

右に見てきた通り、わが国には、神話から現代文学に至るまで連綿と続いた「妹睦」の系譜があった。それは、妹睦という事実と、その発生基盤、それらによって触発された伝承、そして虚構の文学と多様な性質を持つものが織りなす綾紐のようでもあった。神話・伝説から、古代文学、近世から近代へかけての口説節、そして現代文学へと続く「妹睦」の系譜は、何よりも、「妹睦」に対する日本人の強い関心、好奇心を物語っている。特に、口説節から現代文学への伝統は大きな流れとなっている。「妹睦」はまさに両刃の剣、それは禁忌であるがゆえにそれを破ることによって生ずる凄絶な美と悲劇性をもたらすのであった。日本人がこうした美学を好んできたことはたしかである。今一つは、記紀神話から、『夕鶴』に至るまで多くの例が見られる、破禁忌、「のぞき」「垣間見」によって幸いが崩壊する物語——これに見られる日本人の垣間見好みが考えられる。『伊勢物語』『源氏物語』に見られる

「垣間見」から、近代私小説を支えた読者の「垣間見精神」、他人の生活をのぞく興味、――この心こそが、暗いかげりを持つ妹睦、兄妹心中の伝承や文学を支えてきたのではあるまいか。

こうして資料を並べてみても、兄妹結婚型始祖伝説と、兄妹心中との脈絡は容易には埋められない。石川県の白山麓で、小田きくさんから「兄妹心中」の口説節を聞いた夜から、この問題が心にかかり、資料を集め、愚考を続けてきたが考えがまとまらなかった。ここでは、将来、「妹睦の系譜」を完成させるための、資料と、思考のメモを羅列するにとどまった。それにしても、口説節兄妹心中を変容伝播させ、歌い続けてきた庶民のエネルギーには驚嘆せざるを得ない。

あとがき

民俗は、毛細管のような微細な部分の有機的統合によって生動している。民俗は多層多面であり、局部は狭小でも常に立体的で大きなふくらみを持っている。古老の語りに耳を傾けていると、局部から出発しても、ごく自然に話題は広がり、時に深まる。民俗学が、民俗の総体理解を目ざすのは当然のことではあるが、特定の側面、ある主題について学びを深めるという方法もこれまで行われてきたし、それも、あっておかしくない研究方法である。口誦・民謡・ことばなどを研究主題として掲げ、それによって資料を収集してきたのではない。焼畑について学び、生態民俗について学ぶ旅を続け、また、古老達の人生に耳を傾けているうちに、「ことばの民俗」の重みを知らされ、民謡のおもしろさを教えられた。ことばの問題や民謡の魅力に気づいてからは、折々に、口誦句・民謡等に注意するようになった。

筆者は、平成元年、『軒端の民俗学』(白水社)という書物を世に問うた。軒端は家の「うち」と「そと」の接点に位置し、日本の伝統的民俗の普遍性とローカリティーが最も鮮やかに展開される場であった。右の書物は、そのような生活空間としての軒端の多様な民俗を考察したものではあるが、書中に一四〇〇枚の写真を収めた。この書物は、いわば、「眼による民俗学」であり、筆者の民俗観察の報告であった。宮本常一は、民俗学の方法として、「歩く・見る・聞く・考える」という骨格を示している。もとより、民俗学は、この四要素の有機性によって成るものではあるが、時に、この中の一つの側面に重きを置いた勉強をしてみるのもよかろう。この四要素が同一範疇として並列されるものでないことは自明であり、対応的に並べることができるのは「見る」と「聞く」である。『軒端の民俗学』は、筆者の民俗学の学びの「見る」を中心とした報告の一つであった。それに対して、本書は、「聞く」に重点を置いた報告と考察であり、いわば、「耳による民俗学」である。

ことばの問題、わけても口誦の研究は多くないし、民謡の研究も多いとは言えない。しかし、それらは、日本の民俗文化を立体的に理解しようとする場合欠くことのできない主題だと言えよう。それでも、民謡については文化行政機関の主導によって調査・記録がなされているのだが、全国的視野での分析研究は少ない。国文学サイドからの言霊や歌謡に関する研究は多く見られるのであるが、民俗学の側からの研究は極めて少ないのが実状である。本書はいたって粗雑なものではあるが、民俗学の視座から試みた、口誦・民謡に関する学びの中間報告である。

本書に収めた口誦句を口ずさみ、民謡を歌って下さった方々の中には、既に幽界へ旅立たれた方も多い。調査ノートを繰り、テープを聞き直す時、お世話になった方々の風貌が俄然として蘇ってきて胸苦しさを覚える。謹んで御冥福をお祈りせずにはいられない。本書に収めた口誦句や民謡の末尾には可能なかぎり、お教え下さった方々の氏名・生年を記した。粗略ながらも本書を世に送る所以の一つとして、貴重な伝承をお聞かせ下さった方々に対し、それをより多くの方々にお伝えするのが私に与えられた使命の一つだと考えたことをあげなければならない。

本書所収の資料には地域的な片寄りがある。静岡県の資料が多くなったのは、筆者が静岡県を郷里とするからである。

本書に収められた報告・論考の中で既発表のものは左の通りであるが、本書を成すに当たって大幅な加筆と資料補充を行った。上段に本書の目次標題を掲げ、下段に発表時の原題・所収誌・発表年を示した。

呪歌の民俗　「呪歌の民俗」(『國學院雑誌』第八十四巻第五号・一九八三)。

「社寺めぐり」と「神仏寄せ」『懐山のおくない』(静岡県天竜市教育委員会・一九八六)。

年中行事の口誦要素　「年中行事の口誦要素」(近畿大学文芸学部論集『文学・芸術・文化』第四巻第三号・一九九三)。

子守唄と子守の民俗　『子守唄再発見』(静岡県民俗芸能研究会・一九八二)・「背の記憶I」(『現代思想』一九九一・19—6)・「背の記憶II」(『現代思想』一九九一・19—8)。

民謡と囃し口　「民謡と囃し口」(近畿大学文芸学部論集『文学・芸術・文化』第五巻第一号・一九九三)。

口説節の魅力——兄妹心中絵模様　「民俗文学論ノート①　妹睦の系譜」(『文集』第4号・静岡県立藤枝東高等学校・一九八一)。

多忙なお仕事の手を休め、多くの貴重な伝承を語って下さった方々に心から御礼申しあげる次第である。最後に、本書の企画・編集に力を注いで下さった堀田珠子さんに感謝のまことをささげ筆を擱《お》く。

平成五年五月十二日

野本寛一

注

序章

（1）益田勝実「言霊の思想」（『言語』一九七九・8―1・大修館書店）。
（2）藤井貞和「『ことだま』の日本語論　古代人の言語観」（『言語』一九八六・15―10・大修館書店）。
（3）折口信夫「言霊信仰」一九四三（『折口信夫全集』第二十巻・中央公論社・一九六七）。
（4）土橋寛『日本語に探る古代信仰・フェティシズムから神道まで』（中公新書・一九九〇）。
（5）谷川健一『南島文学発生論・呪謡の世界』（思潮社・一九九一）。
（6）伊藤高雄「言霊の信仰」（桜井満監修『万葉集の民俗学』桜楓社・一九九三）。

I　口誦民俗

一　呪歌の民俗

（1）中島恵子「まじないの歌」（『月刊百科』一九八一年一月号・平凡社）・「うたよみのこと呪いの歌」（『女性と経験』2号・女性民俗学研究会・一九七七）・「まじないの本『呪詛重宝記』」（『女性と経験』4号・女性民俗学研究会・一九七九）。
（2）桜井満『ヒトマロの信仰』（一九八二年二月十四日・「日本民俗学会談話会」発表資料）。

（3）桜井満氏は前掲発表で、この他、歌道・航海の呪歌として唱された「歌の道船の道をも守るとて明石の浦に跡たれし神」という呪歌をも示して、ヒトマロ信仰を立体的に説いている。

（4）高崎正秀「童言葉の伝統」一九四〇（『高崎正秀著作集』第二巻『文学以前』桜楓社・一九七一）。
（5）拙論「峠通過の儀礼と文学」一九七七（『國學院雑誌』第七十八巻第三号）。
（6）高崎正秀「万葉集の枕詞」一九三六（『高崎正秀著作集』第三巻『万葉集叢攷』桜楓社・一九七一）。
（7）木村重利『近世歌謡・民謡の研究　その流動と定着』（桜楓社・一九八〇）。
（8）柳田國男「童話小考」一九三五（『定本柳田國男集』第八巻・筑摩書房・一九六二）。
（9）南方熊楠「十二支考」一九二三（『南方熊楠全集』第一巻・平凡社・一九七一）。
（10）中本英一『ハブ捕り物語』（三交社・一九七六）。
（11）中田幸平『野の民俗　草と子どもたち』（社会思想社・一九八〇）。
（12）拙論「ハブと年中行事」（『生態民俗学序説』白水社・一九八七）。
（13）竹内勉『民謡　その発生と変遷』（角川書店・一九八一）。
（14）折口信夫「民俗学」一九三四（『折口信夫全集』第十五巻・中央公論社・一九六七）。
（15）三隅治雄「民俗芸能の成立と展開」一九七六（『日本民俗学講座』第四巻・朝倉書店・一九八〇）。

(16) 柳田國男『神を助けた話』一九二〇(『定本柳田國男集』第十二巻・筑摩書房・一九六三)。
(17) 折口信夫「国文学の発生(第四稿)」「唱導的方面を中心として」一九二七(『折口信夫全集』第一巻・中央公論社・一九六五)。
(18) 折口信夫「歌及び歌物語」一九二九(『折口信夫全集』第十巻・中央公論社・一九六六)。
(19) 高崎正秀「唱導文芸の発生と巫祝の生活　俵藤太物語を中心として」一九三二(『高崎正秀著作集』第五巻『物語文学序説』桜楓社・一九七一)。
(20) 前掲(16)に同じ。
(21) 千葉徳爾『狩猟伝承研究』(風間書房・一九六九)。
(22) 拙論「鹿の芸能と伝承　その生成土壌と構造」(『生態民俗学序説』白水社・一九八七)。
(23) 静岡県文化財調査報告書第三十四集『静岡県の民謡』(静岡県教育委員会・一九八六)。
(24) 静岡県賀茂郡河津町縄地にも、〽奥山に紅葉ふみわけ鳴く鹿の声　寒くて鳴くのか妻恋いか……と展開する「鹿の愁嘆口説」がある。
(25) 岡田精司「古代伝承の鹿」一九八八(『古代祭祀の史的研究』塙書房・一九九二)。
(26) 辰巳和弘「高殿と古代王権祭儀」(『高殿の古代学・豪族居館と王権祭儀』白水社・一九九〇)。
(27) 拙論「鹿と稲作」一九九二(『現代思想』20―12・青土社)。

二　口誦と伝承

（1）　前田富祺「〝物尽し〟の語彙論」一九九一（『国語と国文学』第六十八巻第八号・東京大学国語国文学会）。
（2）　桜井満「国見歌の展開」一九五八（『万葉びとの憧憬　民俗と文芸の論理』（桜楓社・一九六六）。
（3）　片桐美治『奥三河　小林花まつり』（私家版・一九八二）。
（4）　『懐山のおくない』（静岡県天竜市教育委員会・一九八六）でその全体を記録報告している。
（5）　前掲（4）に詳述。
（6）　大坪二市『農具揃』一八六五（『日本農書全集』第二十四巻・農山漁村文化協会・一九八一）。
（7）　前掲（1）に同じ。

三　年中行事の口誦要素

（1）　栗の木の枝を素材とし、径一・五センチ、長さ四十五センチ程の箸を作り、中間部だけ皮を残し、両端の皮をむいて、その先端を細めに削ったもの。
（2）　「島田」は、藤枝市谷稲葉と山を挟んだ隣接地。この地方では家々の秋の行事として「刈り上げ」「扱き上げ」「亥ノ子」「大師講」を祝う習慣があり、特に、亥ノ子と大師講にはともにボタモチを作る習慣があった。民謡の歌詞には、特に悪意はないのに他地を誹謗してふざけるものが見られるが、これはその一つである。

（3）高崎正秀「童言葉の伝統」一九四〇（『高崎正秀著作集』第二巻『文学以前』桜楓社・一九七一）。

（4）屋代太郎弘賢「越後長岡領風俗問状答」一八一七（中山太郎編著『校註諸国風俗問状答』東洋堂・一九四二）。

（5）折口信夫「国文学の発生（第三稿）」「まれびとの意義」一九二七（『折口信夫全集』第一巻・中央公論社・一九六五）。

（6）拙論「鳥追い民俗の展開」（『稲作民俗文化論』雄山閣・一九九三）。

（7）前掲（4）『校註諸国風俗問状答』に同じ。

（8）阿部正信『駿国雑志』第一巻・一八四三（復刻版・吉見書店・一九七六）。

（9）拙論「呪歌の民俗」（『國學院雑誌』第八十四巻第五号・一九八三）。本書二七ページ参照。

（10）（11）宮本常一『民間暦』六人社・一九四二（『宮本常一著作集』9・未来社・一九七〇）。

（12）五来重『宗教歳時記』（角川書店・一九八二）。

（13）拙論「年中行事の鳥瞰と考察」（『天竜川流域の暮らしと文化』下巻・磐田市史編さん委員会・一九八九）。

(14) 西谷勝也『季節の神々』(慶友社・一九七〇)、桜井徳太郎「淡路島のヤマドッサン」(『出雲と瀬戸内の神々』小学館・一九八一・『日本列島・南への旅』法蔵館・一九九二に再録)、近藤雅樹「ヤマドッサンの蓑と笠」(『あるくみるきく』二五六号・一九八八)など。
(15) 拙論「まれびとの形代」(『稲作民俗文化論』雄山閣・一九九三)。
(16) 拙論、前掲(13)に同じ。
(17) 富山昭『静岡県の年中行事』(静岡新聞社・一九八一)。
(18) この報告は筆者の調査によるが、この行事については『新居のこと八日行事 国選択無形民俗文化財記録保存報告』(静岡県浜名郡新居町教育委員会・一九八五)に詳述されている。なお、同書には、富山昭氏の「こと八日行事の伝播をめぐって」という論考があり、静岡県下の事例とその分析がなされている。
(19) 前掲(4)に同じ。
(20) 柳田國男「神送りと人形」一九三四『旅と伝説』第七巻第七号(『定本柳田國男集』第十三巻・筑摩書房・一九六三)。
(21) 柳田國男「トビトビ」一九一七『郷土研究』第四巻第十二号(『定本柳田國男集』第十三巻・筑摩書房・一九六三)。
(22) 拙著『生態民俗学序説』(白水社・一九八七)。
(23) 前掲(21)に同じ。
(24) 柳田國男「ミカハリ考の試み」一九四八『島根民俗通信』八(『定本柳田國男集』第十三

巻・筑摩書房・一九六三)。
(25) 石井進「ミカリバアサンの日」一九四八(『民間伝承』第十二巻第三・四号)。
(26) 前掲(24)に同じ。
(27) 柳田國男監修・民俗学研究所編『改訂綜合日本民俗語彙』(平凡社・一九七〇)。
(28) 柳田國男「七島正月の問題」一九四九『民間伝承』第十三巻第一号(『定本柳田國男集』第十三巻・筑摩書房・一九六三)。
(29) 前掲(10)に同じ。
(30) 柳田國男『一目小僧その他』小山書店・一九三四(『定本柳田國男集』第五巻・筑摩書房・一九六二)。
(31) 柳田國男「片目の魚」一九一七『郷土研究』第四巻第十一号(『定本柳田國男集』第三十巻・筑摩書房・一九六四)。
(32) 高崎正秀『金太郎誕生譚』人文書院・一九三七(『高崎正秀著作集』第七巻・桜楓社・一九七一)。
(33) 若尾五雄「ひょっとこと金工」一九七六『近畿民俗』第六九号(『金属・鬼・人柱その他物質と技術のフォークロア』堺屋図書・一九八五)。
(34) 石塚尊俊『鑪と鍛冶』(岩崎美術社・一九七二)。
(35) 谷川健一『青銅の神の足跡』集英社・一九七九(『谷川健一著作集』第五巻・三一書房・一九八五)。

(36) 柳田國男「民間暦小考」一九三一『北安曇郡郷土誌年中行事編』(『定本柳田國男集』第十三巻・筑摩書房・一九六三)。
(37) 折口信夫「髯籠の話」一九一五〜一六『郷土研究』第三巻第二・三号、第四巻第九号(『折口信夫全集』第二巻・中央公論社・一九五五)。
(38) 拙論「甲斐の太陽 道祖神祭りの風景」(『神と自然の景観論 信仰環境を読む』講談社学術文庫・二〇〇六)。
(39) (40) 拙論「稲作と太陽」(『稲作民俗文化論』雄山閣・一九九三)。

四 暮らしの中の口誦

(1) 拙著『軒端の民俗学』(白水社・一九八九)。
(2) 屋代太郎弘賢「若狭小浜風俗問状答」一八一七(中山太郎編著『校註諸国風俗問状答』東洋堂・一九四二)。
(3) 千葉徳爾『狩猟伝承研究 総括編』(風間書房・一九八六)。
(4) 柳田國男『山島民譚集』甲寅叢書刊行所・一九一四(『定本柳田國男集』第二十七巻・筑摩書房・一九六四)。
(5) 拙論「海女の環境伝承」一九九三(『民俗文化』第五号・近畿大学民俗学研究所)。
(6) 福地曠昭編『大宜味のむかし話』(大宜味村教育委員会・一九八〇)。
(7) 山口賢俊『日本の民俗・新潟』(第一法規・一九七二)。

（8）（9）浜田隆一『天草島民俗誌』郷土研究社・一九三二（『日本民俗誌大系』第二巻九州・角川書店・一九七五）。
（10）山本健吉『柿本人麻呂』（新潮社・一九六二）。
（11）山下欣一「奄美のノロとユタの呪詞について　オモリとマレガタレの対比」一九九二（『芸能』四〇六号）。

五　ことばと禁忌

（1）益田勝実「言霊の思想」（『言語』一九七九・8―1・大修館書店）。
（2）『伊賀上野・諏訪の民俗』（近畿大学文芸学部文化学科・民俗学教室・一九九三）。
（3）拙論「早乙女像の探索」（『稲作民俗文化論』雄山閣・一九九三）。
（4）拙著『神と自然の景観論　信仰環境を読む』（講談社学術文庫・二〇〇六）。
（5）拙論「峠通過の儀礼と文学」一九七七（『國學院雜誌』第七十八巻第三号）。

Ⅱ　民謡再考

一　子守唄と子守の民俗

（1）（2）渡辺富美雄・松沢秀介『子守歌の基礎的研究』（明治書院・一九七九）。
（3）斎藤和枝『高野山麓の民俗　花園村の歌と年中行事』（名著出版・一九八五）。
（4）（5）日本放送協会編『日本民謡大観・近畿篇』（日本放送出版協会・一九六六）。

（6）小論に収めた静岡県関係の事例は、足立鍬太郎『南豆俚謡考』（麗沢叢書刊行会・一九二六）、北村柳下・杉本光子『駿遠豆の俚謡』（静岡郷土研究会・一九五六）並びに市町村史誌類、さらに、筆者の収集資料によっており、注記は省略した。
（7）臼田甚五郎『子守唄のふる里を訪ねて』（桜楓社・一九七八）。
（8）『懐山のおくない』（静岡県天竜市教育委員会・一九八六）。
（9）前掲（7）に同じ。
（10）吾郷寅之進・真鍋昌弘『わらべうた』（桜楓社・一九七六）。
（11）前掲（7）に同じ。
（12）右田伊佐雄氏は『子守と子守歌　その民俗・音楽』（東方出版・一九九一）でこの歌をとりあげて類歌を紹介している。中に、〽橋の下には　お亀がいやる　お亀捕りたや　竹欲しや　〽竹が欲しけりゃ　竹屋へ行きゃれ　竹は何でもござります、という歌詞を紹介している。筆者は、河内長野市天見の田中キミヱさん（明治三十四年生まれ）から、末尾の部分を次のように聞いた。「お亀捕りたや竿ほしや　竿がほしけりゃ竹屋へ行きゃれ　竹屋主《あるじ》は藁之助」――なお、奈良県吉野郡天川村の梶本いそのさん（大正九年生まれ）の伝える類歌は一七七頁に収載している。「ネンネコロイチ」という歌い出しは、「天満の子守唄」以外にも各地で使われ、様々な表現を導いている。
（13）前掲（1）に同じ。
（14）（15）北原白秋編『日本伝承童謡集成』第一巻子守唄篇（三省堂・一九七四）。

(16) 山本健吉『柿本人麻呂』(新潮社・一九六二)。
(17) 子守唄の類型分類は江戸時代の釈行智や柳田國男・町田嘉章・浅野建二などが手がけており、右田伊佐雄氏は『子守と子守歌　その民俗・音楽』の中でそれらの諸説を整理した上で詳細な自説を述べている。また、渡辺富美雄氏は前掲書(注1)の中で、民謡を、眠らせ歌・遊ばせ歌・口説歌の三つに分類している。渡辺氏の言う口説歌は、子守奉公の子守達がつらい自分の立場を嘆く内容のものである。ここでとりあげたものは、渡辺氏の言う口説歌であり、子守をする少女達の怨嗟・嗟嘆を述べたものである。

三　民謡と囃し口

(1) 柳田國男は一九二七年「民謡の今と昔」の中で踊歌・木遣唄の「囃し」について言及している。中で、「踊歌には、殊に囃子が多い。恐らくこれは、相手が目に見えぬ精霊であったことに原因があるのだと思ふ。いまは「どつこい〳〵」になつて居るが、これは「どこへ」のことであらう。「なんだそれ」即ち疑問から出てゐる言葉である……」といった、「囃し詞の語源・発生」に関する発言は注目される(『定本柳田國男集』第十七巻・筑摩書房・一九六二)。
(2) 折口信夫は、一九二八年「翁の発生」の中で、「はやすと言ふのも、伐る事なのです。はなす・はがす(がは鼻濁音)など〻一類の語で、分裂させる義で、ふゆ・ふやすと同じく、霊魂の分裂を意味してゐるらしいのです」と述べている(『折口信夫全集』第二巻・中央公論社・一九五五）。一九七二年刊の『日本民謡辞典』（仲井幸二郎・丸山忍・三隅治雄編・東京堂出版）の「はやしことば」の項には、前記の柳田・折口の見解をふまえたものと思われる次の記述がある。「単なるうたの調子を整える声楽的な意義は第二義以降のものであり、根源的には、ある種の唄に必ず入れねばならなかった呪力をもったことばであったのではないかと思われる」

(3) 今井通郎『日本歌謡の音楽と歌詞の研究』（学術文献普及会・一九六七）。
(4) 金井清光『歌謡と民謡の研究・民衆の生活の声としての歌謡研究』（桜楓社・一九八七）。
(5) 新村出編『広辞苑』（岩波書店・一九五五）。
(6) 仲井幸二郎・丸山忍・三隅治雄編『日本民謡辞典』（東京堂出版・一九七二）。
(7) 町田嘉章・浅野建二編『日本民謡集』（岩波書店・一九六〇）。
(8) 「立神」については次の論がある。仲松弥秀「「イノー」の民俗」一九九〇（『民俗文化』第二号・近畿大学民俗学研究所）、拙著『神と自然の景観論 信仰環境を読む』（講談社学術文庫・二〇〇六）。
(9) 日本放送協会編『日本民謡大観・近畿篇』（日本放送出版協会・一九六六）。
(10)(11) 静岡県文化財調査報告書第三十四集『静岡県の民謡』（静岡県教育委員会・一九八六）。
(12) 柳田國男『民謡覚書』創元社・一九四〇（『定本柳田國男集』第十七巻・筑摩書房・一九六二）。

(13) 拙論「麦の歌謡　基層民俗からの視覚」一九九二（『歌謡・研究と資料』第五号・歌謡研究会）。
(14)(15) 日本放送協会編『日本民謡大観・関東篇』（日本放送出版協会・一九四四）。
(16) 拙論「有明海生活誌」一九九一（『民俗文化』第三号・近畿大学民俗学研究所）において詳述した。

四　囃しの諸相

(1) 拙論「焼畑系芸能の発生」（『焼畑民俗文化論』雄山閣・一九八四）。
(2) 早川孝太郎『猪・鹿・狸』郷土研究社・一九二六（『早川孝太郎全集』第四巻・未来社・一九七四）。
(3) 早川孝太郎『花祭』岡書院・一九三〇（『早川孝太郎全集』第二巻・未来社・一九七二）。
(4) 渡辺富美雄・松沢秀介・原田滋『新潟県における鳥追い歌　その言語地理学』（野島出版・一九七四）。
(5) 千葉徳爾「猪・鹿の捕獲量の地理的意義　近世岡山藩の場合」（『地理学評論』第三十六巻第八号・一九六三）。
(6) 静岡県文化財調査報告書第三十四集『静岡県の民謡』（静岡県教育委員会・一九八六）。
(7)(8) 日本放送協会編『日本民謡大観・近畿篇』（日本放送出版協会・一九六六）。
(9) 阿部正信『駿国雑志』第一巻・一八四三（吉見書店版・一九七六）。

(10) 多田道太郎『遊びと日本人』(筑摩書房・一九七八)。
(11) 折口信夫「三郷巷談」一九一四(『折口信夫全集』第三巻・中央公論社・一九六六)。
(12) 拙論「稲霊の籠りと増殖」(『稲作民俗文化論』雄山閣・一九九三)。

五 民謡をめぐる時と場の習俗

(1) 竹内勉『民謡　その発生と変遷』(角川書店・一九八一)。

七 口説節の魅力

(1) 安田尚道「イザナキ・イザナミの神話とアワの農耕儀礼」一九七七(『日本神話研究』第二巻・学生社)。なお、類似の民俗行事は、大島建彦「日本神話研究と民俗学」(『講座日本の神話1 日本神話研究の方法』有精堂出版・一九七七)に集成されている。
(2) 柳田國男『妹の力』創元社・一九四〇(『定本柳田國男集』第九巻・筑摩書房・一九六二)。
(3) 倉石忠彦氏は『道祖神信仰論』(名著出版・一九九〇)で「道祖神祭祀起源説話における兄妹婚」の事例を収集している。

口誦と歌唱の力――学術文庫版あとがき

山梨県南巨摩郡早川町奈良田を訪れた折、深沢さわのさん（明治三十年生まれ）から次の話を聞いた。一月十一日は畑神様が畑に帰って来る日だとして、シデを垂らした六十センチ程の松を畑に立てた。松の前に粟の棯《しとぎ》を削ったものと干し柿を供え、家族全員でその年の焼畑・定畑に作る作物の豊作を祈った。家族は交替で鍬を持ち、「今年のアラクはやっこいやっこい」と誦しながら畑地を儀礼的に耕起した。「アラク」とは一年目の焼畑地のことである。「今年の焼畑地は軟らかい軟らかい」ということばは畑神様にお聞きいただく願いのことばであり、畑地に対する予祝のことばでもあった。

飛驒を歩いていた時、吉城郡上宝村（高山市奥飛驒温泉郷）田頃家の清水牧之助さん（明治四十年生まれ）から聞いた話が心に残っている。――自分の屋敷地であっても家を建て替える時には解体後直ちに新しい家の基礎工事にかかってはいけない。一旦、屋敷地を自然に返さなければならない。そのためには、建物を壊して平《なら》した地に植物の種を蒔くのがよい。「菜蕎麦三日《なそばみっか》」といって、蕪や蕎麦は蒔いてから三日で芽が出る。芽が出れば屋敷は自然に返ったことになるのだ。人は大地を屋敷として長い間使い続けてきた。その地霊に、ほんのいっときでも礼を尽くし、自然の状態でゆったりしてほしい、という自然に対する人の思いを、ここでは「菜蕎麦三日」という口誦句で実践につなげているのである。

志摩から熊野にかけての漁撈者から、海に釣糸や網をおろす時に「ツイ」「ツイヨ」「ツイヤ」などという言葉を発する習慣があることをたびたび耳にした。本書の「系図と名前の呪力」（一五八頁）の中で、三重県鳥羽市国崎町の橋本こはやさん（大正二年生まれ）が伝える「鮑捕《あわびと》り唄」を紹介した。〽ツイヨ　ツイヨ　ツイヨ　竜宮さんの孫よ　行ったら下されホタホタと――。ここに見られる「ツイヨ」は、竜宮の神・海の神に対して発せられる謙虚な挨拶ことばで、豊漁祈願と安全祈願につながっている。

この国においては、手のとどく過去まで、畑神・地霊・海神などに対する呼びかけや、自然とともに生きる作法が伝えられていたのである。

旧版刊行後あらたに気付いたこと、学んだことも多々ある。本書の「子守唄と子守の民俗」（一七四頁）の節で、「オロロンバイ」という不思議なことばをとりあげた。このことばが、乳幼児の不安定な魂を鎮め、また動物の騒魂を鎮めることばとして広く用いられていたことを紹介している。旧版刊行後、この説の強い裏づけになる例に気付いた。サトウハチロー作詞、仁木他喜雄作曲の『めんこい仔馬』という童謡がある。

〽濡れた仔馬のたてがみを　なでりゃ両手に朝の露　呼べば答えて　めんこいぞ　オーラ
かけていこかよ　丘の道　ハイド　ハイドウ　丘の道
〽わらの上から育ててよ　今じゃ毛並みも光ってる　お腹こわすな　風邪ひくな　オーラ
元気に高く嘶《な》いてみろ　ハイド　ハイドウ　嘶いてみろ――。

情感豊かでわかりやすい歌詞、曲調も明るく、この曲は長じても私の心に強く刻まれていた。高度経済成長期にさしかかった昭和三十五年（一九六〇）、横井弘作詞、中野忠晴作曲、三橋美智也歌唱による『達者でナ』が登場した。

〽わらにまみれてヨー　育てた栗毛　今日は買われてヨー　町へ行く　オーラ　オーラ　達者でナ　オーラ　オーラ　風邪ひくな　ああ風邪ひくな　離す手綱がふるえふるえるぜ――。

『達者でナ』を聞いた時、家で飼っていた馬の大きくやさしい目とともに『めんこい仔馬』の歌詞が甦った。二つの歌詞の中に傍線を引いた部分を比べてみると、『達者でナ』は『めんこい仔馬』の本歌取りになっていることがわかる。両者には飼い主と馬の交感・交情の世界があるのだが、飼い主と馬を結ぶキーワードは「オーラ」である。

学びの旅、その旅先でテレビをつけたところ、NHKの『ウィーン　歌の生まれる時』という番組が放映されており、その日は『達者でナ』がとりあげられていた。横井弘は太平洋戦争末期、茨城県内にあった部隊に配属されたのだが、もはや武器も弾薬もなく、若干の馬がいただけだった。横井はそこで馬の世話を命じられたのだが、馬に接した経験もなく、馬も全くなつかず困惑した。古参兵に馬の扱い方を尋ねたところ、馬が言うことを聞かずに暴れる時には「オーラ」「オーラ」と呼びかければよいのだと教えられた。横井はそれによって急場を凌《しの》いだ。その時の「オーラ」「オーラ」が後に『達者でナ』の中に生きたのだという。因みに馬耕《ばこう》や駄送の現場で馬を鎮めるために「オーラ」「オーラ」を使った例は青森県・長野県・鳥取県などで聞いた。「オロロンバイ」や「オーラ」は同系のことばで、人の乳幼児にも馬にも通じる重要な「鎮めことば」だったのである。

宮崎県東臼杵郡椎葉村には山にかかわる労働の古層を語る民謡が伝承されていた。向山日添の椎葉教円さん（明治四十五年生まれ）は次の唄を「山もどり唄」と呼んでいた。

〽今日もそろそろもどろじゃないか　おばね迫迫《さこざこ》日が暮るる

同村尾前の尾前ケサノさん（大正六年生まれ）は次の唄を「つれ節」と呼んだ。

〽もはやわさま達ゃ帰ろじゃないか　もはややめごろもどりごろ

竹の枝尾の中瀬守さん（昭和四年生まれ）は「萱《かや》かるい唄」、「萱かるい馬子唄」「つれ節」とも呼ぶとして次の唄を歌ってくれた。

〽おどまもどるがもどろじゃないか　おればおるほどいつまでも

曲節はいずれも椎葉村に伝わる「駄賃つけ唄」（馬子唄）と同じだった。おのおのの歌詞の中に共通性が見られる。ムラムラでこのように共通性のある歌詞の唄が歌われてきた背後にはこの地域の労働慣行が深くかかわっていた。焼畑のための伐木・火入れ・収穫、屋根萱の刈りとり・乾燥・運搬など、これらはすべて「カテアリ」「カセ」「結い」で行われていたのである。いずれも共同作業である。広い山地で作業終了を伝達するために、歌自慢の古老が、右に示した唄を朗々と歌唱する。それがその日の作業終了の告知とされていたのだった。歌唱がムラびと達を動かす力を持っていたのである。

生業や生活の場の中で機能していた民謡の様式を体験者から直接学び、それを本書に盛りこむことができたのは幸いだった。

すでに始まってはいたのだが、旧版が出てから今日に至るまでの四半世紀余の間に以下に示すもろもろの状況の変化が著しく加速した。山村や離島の過疎化、少子高齢化、時にムラの消滅、核家族化、都市集中、地域共同体紐帯の衰退——。第一次産業の衰退と産業構造の変化。こうした変容の中で、暮らしの中の口誦・共同労働における歌唱・口承、それらによる伝承は衰退の一途をたどった。通信・伝達などのデジタル化がもたらす効用とかかわる問題点、加えて新型コロナウイルスの猖獗《しょうけつ》である。密接な集い、真向かって深める対話への規制が重くのしかかる。祭礼も中止となる。人間性の涵養や文化創造、社会生活の維持にとって、対話・口誦・口承、口承による伝承は欠くことのできない営みである。

ある種の若者ことばが顰蹙《ひんしゅく》を買っているのだが、それはこの国の現代状況の反映でもある。ことばの空疎化は社会の様々な場面で見受けられる。

本書は、ことばや民謡の解説書ではないし、狭義の言霊論でもない。手のとどく過去を生きた日本人が、暮らしを立て、互いに力を合わせるために、いかに豊かな口誦や歌唱をしてきたかを知るための一つの資料なのである。

旧版の内容を是とし、時宜を得てみごとに甦らせてくださった講談社学術文庫担当の園部雅一氏、青山遊氏に感謝のまことをささげ、本書の前途に新たな読者との邂逅があらんことを願って筆を擱《お》く。

令和三年五月十日　　　　野本寛一

ま　行

や　行

ら・わ行

た　行

な　行

は　行

さ　行

索　引

あ　行

か　行

KODANSHA

本書には、民俗調査に基づく口承資料を紹介する中に、現在では差別的なものと捉えざるを得ない記述、「セムシ」「ツンボ」という表現が含まれる箇所があります。論述の必要のため、そのまま掲載することをご理解ください。差別を助長する意図は決してありません。

本書の原本は、『言霊の民俗　口誦と歌唱のあいだ』として一九九三年に人文書院から刊行されました。

野本寛一（のもと　かんいち）

1937年，静岡県に生まれる。國學院大学文学部卒業。近畿大学名誉教授。文学博士。文化功労者（2015年）。著書に『生態民俗学序説』『海岸環境民俗論』『神と自然の景観論』『地霊の復権』『近代の記憶』『生きもの民俗誌』『採集民俗論』『自然暦と環境口誦の世界』などがある。

講談社学術文庫

定価はカバーに表示してあります。

言霊《ことだま》の民俗誌《みんぞくし》

野《の》本《もと》寛一《かんいち》

2021年7月13日　第1刷発行

発行者　鈴木章一
発行所　株式会社講談社
　　東京都文京区音羽 2-12-21 〒112-8001
　　電話　編集（03）5395-3512
　　　　　販売（03）5395-4415
　　　　　業務（03）5395-3615
装　幀　蟹江征治
印　刷　株式会社廣済堂
製　本　株式会社国宝社
本文データ制作　講談社デジタル製作

ISBN978-4-06-524393-0

「講談社学術文庫」の刊行に当たって

これは、学術をポケットに入れることをモットーとして生まれた文庫である。学術は少年の心を養い、成年の心を満たす。その学術がポケットにはいる形で、万人のものになることは、生涯教育をうたう現代の理想である。

こうした考え方は、学術を巨大な城のように見る世間の常識に反するかもしれない。また、一部の人たちからは、学術の権威をおとすものと非難されるかもしれない。しかし、それはいずれも学術の新しい在り方を解しないものといわざるをえない。

学術は、まず魔術への挑戦から始まった。やがて、いわゆる常識をつぎつぎに改めていった。学術の権威は、幾百年、幾千年にわたる、苦しい戦いの成果である。こうしてきずきあげられた城が、一見して近づきがたいものにうつるのは、そのためである。しかし、学術の権威を、その形の上だけで判断してはならない。その生成のあとをかえりみれば、その根は常に人々の生活の中にあった。学術が大きな力たりうるのはそのためであって、生活をはなれた学術は、どこにもない。

開かれた社会といわれる現代にとって、これはまったく自明である。生活と学術との間に、もし距離があるとすれば、何をおいてもこれを埋めねばならない。もしこの距離が形の上の迷信からきているとすれば、その迷信をうち破らねばならぬ。

学術文庫は、内外の迷信を打破し、学術のために新しい天地をひらく意図をもって生まれた。文庫という小さい形と、学術という壮大な城とが、完全に両立するためには、なおいくらかの時を必要とするであろう。しかし、学術をポケットにした社会が、人間の生活にとってより豊かな社会であることは、たしかである。そうした社会の実現のために、文庫の世界に新しいジャンルを加えることができれば幸いである。

一九七六年六月　　　　野間省一

文化人類学・民俗学

性の民俗誌
池田弥三郎著

民俗学的な見地からたどり返す、日本人の性。一夜妻、一時女郎、女のよばい等、全国には特色ある性風俗が伝わってきた。これらを軸とし、民謡や古今の文献に拠りつつ、日本人の性への意識と習俗の伝統を探る。

1611

菊と刀 日本文化の型
R・ベネディクト著／長谷川松治訳

菊の優美と刀の殺伐――。日本人の精神生活と文化を通し、その行動の根底にある独特な思考と気質を抉剔する、不朽の日本論。「恥の文化」を鋭く分析し、日本人とは何者なのかを鮮やかに描き出した古典的名著。

1708

日本文化の形成
宮本常一著（解説・網野善彦）

民俗学の巨人が遺した日本文化の源流探究。生涯の実地調査で民俗学に巨大な足跡を残した筆者が、日本文化の源流を探査した遺稿。畑作の起源、海洋民と床住居など、東アジア全体を視野に雄大な構想を掲げる。

1717

神と自然の景観論 信仰環境を読む
野本寛一著（解説・赤坂憲雄）

日本人が神聖感を抱き、神を見出す場所とは？ 人々を畏怖させる火山・地震・洪水・暴風、聖性を感じさせる岬・洞窟・淵・滝・湾口島・沖ノ島・磐座などの自然地形。全国各地の聖地の条件と民俗を探る。

1769

麵の文化史
石毛直道著

麵とは何か。その起源は？ 伝播の仕方や製造法・調理法は？ 厖大な文献を渉猟し、「鉄の胃袋」をもって精力的に繰り広げたアジアにおける広範な実地踏査の成果をもとに綴る、世界初の文化麵類学入門。

1774

人類史のなかの定住革命
西田正規著

「不快なものには近寄らない、危険であれば逃げてゆく」という基本戦略を捨て、定住化・社会化へと方向転換した人類。そのプロセスはどうだったのか。遊動生活から定住への道筋に関し、通説を覆す画期的論考。

1808

《講談社学術文庫 既刊より》

文化人類学・民俗学

C・レヴィ＝ストロース著／室　淳介訳
悲しき南回帰線（上）（下）
「親族の基本構造」によって世界の思想界に波紋を投じた著者が、アマゾン流域のカドゥヴェオ族、ボロロ族など四つの部族調査と、自らの半生を紀行文の形式でみごとに融合させた「構造人類学」の先駆の書。
711・712

宮本常一著（解説・田村善次郎）
民間暦
民間に古くから伝わる行事の底には各地共通の原則が見られる。それらを体系化して日本人のものの考え方、労働の仕方を探り、常民の暮らしの折り目をなす暦の意義を詳述した宮本民俗学の代表作の一つ。
715

宮本常一著（解説・山崎禅雄）
ふるさとの生活
日本の村人の生き方に焦点をあてた民俗探訪。祖先の生活の正しい歴史を知るため、戦中戦後の約十年間にわたり、日本各地を歩きながら村の成立ちや暮らしの仕方、古い習俗等を丹念に掘りおこした貴重な記録。
761

宮本常一著（解説・田村善次郎）
庶民の発見
戦前、人々は貧しさを克服するため、あらゆる工夫を試みた。生活の中で若者をどう教育し若者はそれをどう受け継いできたか。日本の農山漁村を生きぬいた庶民の内側からの目覚めを克明に記録した庶民の生活史。
810

折口信夫著（解説・岡野弘彦）
日本藝能史六講
まつりと神、酒宴とまれびとなど独特の鍵語を駆使して藝能の発生を解明。さらに田楽・猿楽から座敷踊りまで日本の歌謡と舞踊の歩みを通観。藝能の始まりと展開を平易に説いた折口民俗学入門に好適の名講義。
994

柳田國男著（解説・桜田勝徳）
新装版**明治大正史　世相篇**
柳田民俗学の出発点をなす代表作のひとつ。明治・大正の六十年間に発行されたあらゆる新聞を渉猟して得た資料を基に、近代日本人のくらし方、生き方を民俗学的方法によってみごとに描き出した刮目の世相史。
1082

文化人類学・民俗学

山折哲雄著
仏教民俗学

日本の仏教と民俗は不即不離の関係にある。日本人の生活習慣や行事、民間信仰などを考察しながら、民衆に育まれてきた日本仏教の独自性と日本文化の特徴を説く。仏教と民俗の接点に日本人の心を見いだす書。

1085

宮本常一著（解説・神崎宣武）
民俗学の旅

著者の身内に深く刻まれた幼少時の生活体験と故郷の風光、そして柳田國男や渋沢敬三ら優れた師友の回想など生涯にわたり歩きつづけた一民俗学徒の実践的踏査の書。宮本民俗学を育んだ庶民文化探求の旅の記録。

1104

小松和彦著（解説・佐々木宏幹）
憑霊《ひょうれい》信仰論

日本人の心の奥底に潜む神と人と妖怪の宇宙。闇の歴史の中にうごめく妖怪や邪神たち。人間のもつ邪悪な精神領域へ踏みこみ、憑霊という宗教現象の概念と行為の体系を介して民衆の精神構造＝宇宙観を明示する。

1115

吉野裕子著（解説・村上光彦）
蛇　日本の蛇信仰

古代日本人の蛇への強烈な信仰を解き明かす。注連縄・鏡餅・案山子は蛇の象徴物。日本各地の祭祀と伝承に鋭利なメスを加え、洗練と象徴の中にその跡を隠し永続する蛇信仰の実態を、大胆かつ明晰に論証する。

1378

筑紫申真著（解説・青木周平）
アマテラスの誕生

皇祖神は持統天皇をモデルに創出された！　壬申の乱を契機に登場する伊勢神宮とアマテラス。天皇制の宗教的背景となる両者の生成過程を、民俗学と日本神話研究の成果を用いダイナミックに描き出す意欲作。

1545

赤坂憲雄著（解説・小松和彦）
境界の発生

現今、薄れつつある境界の意味を深く論究。生と死、昼と夜などを分かつ境はいまや曖昧模糊。浄土や地獄も消え、生の手応えも稀薄。文化や歴史の昏がりに埋もれた境界の風景を掘り起こし、その意味を探る。

1549